马拉松
全方位科学训练指南

心 技 力 体
WILLPOWER STRENGTH
理 术 量 能
TECHNIQUE CONDITIONING

徐国峰 罗誉寅——著

人民邮电出版社
北 京

图书在版编目（ＣＩＰ）数据

马拉松全方位科学训练指南 ：体能、力量、技术、
心理 / 徐国峰，罗誉寅著. -- 北京 ：人民邮电出版社，
2016.10
（悦动空间·跑步训练）
ISBN 978-7-115-43326-8

Ⅰ．①马… Ⅱ．①徐… ②罗… Ⅲ．①马拉松跑－运
动训练－指南 Ⅳ．①G822.82-62

中国版本图书馆CIP数据核字(2016)第200097号

◆ 著　　　　徐国峰　罗誉寅
　 责任编辑　王朝辉
　 执行编辑　杜海岳
　 责任印制　彭志环
◆ 人民邮电出版社出版发行　　北京市丰台区成寿寺路 11 号
　 邮编　100164　电子邮件　315@ptpress.com.cn
　 网址　http://www.ptpress.com.cn
　 北京九州迅驰传媒文化有限公司印刷
◆ 开本：690×970　　1/16
　 印张：15.5　　　　　　　　　2016 年 10 月第 1 版
　 字数：264 千字　　　　　　　2025 年 4 月北京第 31 次印刷
　 著作权合同登记号　图字：01-2015-8002 号

定价：79.00 元
读者服务热线：(010)81055410　印装质量热线：(010)81055316
反盗版热线：(010)81055315

**本书将带你通过知识与理论的荒林，
并用简单的方式教你如何把这些知识运用在训练和提升运动表现上。**

　　要写一写关于国峰和他的工作对我来说很容易。几年前，我因为国峰翻译了我的书《跑步，该怎么跑？》而开始与他熟识。当年我造访中国台湾，有机会跟他谈论了许多关于跑步和铁人三项的训练与教学议题，我因此对他个人身兼作家、教练和老师的身份，有着极为深刻的印象。在他身上我看到一些珍贵的人格特质——他的真，而且我从没见过他以先入为主的观念反驳他人。他在面对各种年龄层、社会阶层与知识背景的人时，都以诚恳与谦卑的态度倾听，并用自己的方式慷慨且友善地分享他的知识。他总是耐心聆听，并试着努力去了解对方说的话，而非抢着发表自己的意见。

　　"助人为快乐之本"是他的人生哲学，这让他保持好奇心，也是他致力于翻译与写作工作的一股驱动力。当我和他讨论中国古代哲学思想时，我察觉到他对于真理拥有敏锐的洞察力与智慧，再加上他对此研究主题的浓厚兴趣，完美地组合成他个人独有的观点，将如何进行马拉松训练与比赛的知识带给其他读者。

　　这本书不只是知识的汇集，它是作者经过深思熟虑、将多位研究者关于马拉松训练与运动表现的知识用自己的智慧转化而成的结晶。国峰用自己的观点带领读者理解这些晦涩的理论知识，他将带你通过知识与理论的荒林，并用简单的方式教你如何把这些知识运用在训练和提升运动表现上。我确信你能通过本书来达成自己的目标。

尼可拉斯·罗曼诺夫博士

《跑步，该怎么跑？》作者 / 姿势跑法创始人

It is an easy job to write about Kuo Feng and his work. Since I was acquainted with him several years ago as a translator of my book "Pose Method of Running", and then visiting him in Taiwan area and discussing over many topics related to training, teaching in running and triathlon, I got very nice impression on him as a person and writer, coach and teacher. There is very valuable commodity about him – he is very true in any appearance, without predisposed opinion and opposing attitude. He is generous and friendly in his approach to people of any age, social level and knowledge, with sincere attention and humble point of view on himself. He rather ready to listen others and make an effort to understand them, rather than push his point of view ahead. His life's philosophy is to help people and this is driving force behind his curiosity and efforts to translate and write books. Together with his sharp sense of the truth, intelligence, which I was a witness discussing with him ancient Chinese philosophy, and deep interest in a subject he is studying, it brings a perfect combination of someone who wants to share with you – reader, individual vision of how to accomplish your marathon training and racing.

This book is not a compilation, but thoughtful and wise interpretation of work of several different writers related to marathon training and performance. Kuo Feng is bringing to you his own vision of this difficult field of knowledge and taking you through the wild forest of facts and theories to the simple implementation to your own training and performance. This is true and right guidance from the inside man. It is a way to your successful performance and I am sure about this.

Dr. Romanov, Ph.D.

Author and Founder of the Pose Method

马拉松全方位科学训练指南
体能、力量、技术、心理

目录

马拉松的乐趣何在

让我们开始科学训练

跑步的体能该怎么练

跑步力量：
强韧的肌肉是跑马拉松的基础

跑步技术：学习不易受伤、效率与速度兼备的跑法

马拉松训练计划

跑者的意志力

跑步有什么用

比赛中的配速策略

Chapter

1

马拉松的
乐趣何在

令人满意的嗜好必须是相当没有用处、没有效率、耗费劳力或者无意义的。

——李奥帕德（Aldo Leopold）

为了让本书所讨论的问题聚焦，我们先定义马拉松这项运动。根据2014年由丹尼斯（Dennis Kipruto Kimetto）于柏林举行的马拉松赛事中创下的世界纪录（2小时02分57秒），我们把它定义为：一种至少要跑2小时，距离为42.195公里，以竞赛为目标的路跑赛。

这么长时间的运动项目，为什么有人会喜欢，而且参与的人还越来越多？我们可以从网站上的资料来看，登记在网站上的中国台湾全马赛事以及距离超过42.195公里的超级马拉松（简称超马）赛事，2011年之前每年大约都在50场以下，到了2014年已经增加至158场，而2015年还在累积上升中。可见中国台湾参与这种长距离路跑赛事的人数越来越多。

为什么有越来越多的人喜爱长距离跑步？为什么人类会愿意花这么多时间跑步？马拉松的乐趣何在？

中国台湾每年举办的全马与超马赛事场数			
年份	全马场数	超马场数	总计场数
2006年	18	5	23
2007年	12	2	14
2008年	24	10	34
2009年	28	9	37
2010年	32	9	41
2011年	41	9	50
2012年	48	18	66
2013年	72	24	96
2014年	125	33	158
＊从网站资料统计而来			

人类是最耐跑的哺乳动物

关于这些问题，我们可以先从其他也会跑步的哺乳动物开始思考。"动物"，顾名思义是一种会移动的生物，先不考虑天上飞的和水中游的，陆生动物的移动方式大致有3种：走路、跑步与跳跃。走路与跑步的差别是后者存在腾空期；跳跃也有腾空期，但它与跑步的差别是没有转换支撑的动作，下肢是同时支撑与同时离地。以跳跃为主要移动方式的动物大都生活在澳大利亚，像袋鼠，它们利用两条腿同时撑地施力，使身体腾跃离地前进。走与跑，都是利用下肢交替支撑地面来移动，这是由于移动的基本要素是身体的某部分必须先找到支撑点，其他部位才能开始移动，例如我们右脚撑在地上，左脚才能往前跨，所以不管是走路或是跑步都必须先形成支撑点才能移动（这一点在介绍跑步技术的第5章会详细解说）。这种交替支撑的移动方式比较有效率，所以动物进化的方向大多是往走和跑这个移动模式前进。

走和跑的差异在于后者存在腾空期，也就是跑步的移动过程中，存在一段身体任何一个部位都不与地面接触的时间。如果我们接着问会跑步的哺乳动物有哪些，我们可以很快想到狗、猫、马、牛、羊与人等，当你把这些会跑步的哺乳动物都列出来后就会发现，似乎只有人类是两条腿，其他的动物都是4条腿。

事实上，目前地球上的哺乳动物会用两条腿跑步的只有人类而已。也因此，人类成为最耐跑的陆生哺乳动物，原因是4条腿的哺乳动物在跑动时，每跑一步，当它的前腿和后腿在身体下方交叉时，内脏会因为惯性而往前冲，接着压缩到肺部，把空气挤出去，使得它非得吐气不可；当它的前腿往前跨出时，内脏又往后移动，肺的空间随之扩大，空气又自动被吸进来。因此4条腿的动物，受制于生物力学上的构造，每跑一步必须要呼吸一次。由于它们的呼吸被迫跟着步频一起加快，跑动时的急促呼吸变成它们的天性，也就是说4条腿的哺乳动物们无法享受悠闲慢跑，也无法边跑边聊天（假如它们有说话能力）。而人类从猿进化到能直立行走之后，垂直排列的脏器不受水平移动影响，就此摆脱了被迫一步吐一步吸的限制，这项进化让我们能跑好几步才呼吸一次，也让我们能够做到边跑边调整呼吸这件其他哺乳动物做不到的事。

当然，只有这项特征还无法让人类变成最耐跑的陆生哺乳动物。除了两足站立之外，另两项耐跑的关键是无毛且会笑。先谈无毛。虽然人类并非完全没有毛发，但只有人类是大部分皮肤表面都没有浓密毛发覆盖的陆生哺乳动物（鲸鱼和海豚也是无毛的哺乳动物，但它们不会跑步），因此人类可以很容易把跑步过程中所产生的体热排出体外。像狗这类长满毛发的动物，就只能通过大口喘气把体热排掉，不像人类全身上下的皮肤都可以排热。大部分的哺乳动物之所以无法长时间跑步，正是因为毛发太浓密，体热积在体内排不出去，造成肌肉与器官因过热而罢工，所以它们跑不长并非因为体力不行，而是由于长距离奔跑后散热不易。

那么会笑跟耐跑有什么关系？关家良一（日本超级马拉松名将）在环台祈福路跑途中，时常展露笑颜跟前来加油打气与陪跑的朋友合照，但到了第5天他的脚踝开始疼痛不已，接下来小腿也开始浮肿，但他每天还是强撑着跑80～100公里，最后还是完成了13天环台路跑的挑战。除了两足与无毛这两种因素让他能在短短几天内跑完台湾一圈之外，另一个让他能撑下去的关键是苦中作乐，这是只有人这种动物才有的能力。在长跑过程中，人类的大脑会产生内啡肽（Endorphin），让跑者在身心煎熬之中还能产生愉悦感（Runner's High）。再者，我们的意识能在辛苦中自我勉励，还能够自行分心，把注意力集中在莫大痛苦中的狭小角落。在漫长的跑步过程中，我们都曾试着转移注意力，想着过往的好友，想着亲爱的家人。人类可以通过想象力来忽视身心的痛苦，在痛苦中微笑。

运动与懒惰，
同是动物求生与延续生命的必要手段

经过归纳，动物活动身体的主要目的有四：猎捕采食、求偶、逃避天敌与养活后代。

用最少的能量来获取食物与传宗接代是每一种生物都有的本能，只是各家的专长不一，例如猎豹的瞬间爆发力、猴的长手臂、瞪羚有力的双腿等。过度消耗体力求生对于动物来说非常不利，很容易被环境淘汰掉。身为动物，实在无法像植物一样那么轻松，在原地打开枝叶进行光合作用就能活下去，但动物的优势在于，当气候变化时，随时能迁徙离开，自由自在多了。

长距离移动的能力，是动物为了逃避气候变化、找寻食物或繁衍后代所进化出来的，就像能长途洄游的鲑鱼或是天生适合长跑的人类，那是我们的基因制造出来谋生的工具。

 ## 为何我们懒得运动

然而，除了获取食物、逃跑、求偶与繁衍这些必须消耗能量的身体活动之外，尽量保存体力也是动物的天性，这是进化至今各种动物的生存之道。这种动物的共同天性，会限制它们不要没事就外出跑个数十公里。就像动物园里的猎豹，每天把它喂得饱饱的，尽管它的百米加速能力为全球动物之冠，但它才懒得在园子里练习冲刺，消耗过剩的能量。

我们人类，不过只是芸芸众生之一，同样具有优秀的"保存能量"基因。在这个现代化社会中，我们不像自然界的动物为了生存必须不断活动身体，我们不必再为了温饱从事消耗体力的猎捕和采集活动。运动的正当理由消失了！所以现代人懒得运动是正常的，跟动物园里的动物一样，当所有活动身体的目的都满足了之后，"保存能量"的基因就会位居高位，它的指令是：能不动就尽量不要动，谁知道明天会不会有饭吃，身体的能量还是得省着用。

农业时代的人类，还需要为了食物而进行体力劳动，还要看天吃饭。但进入工业与科技时代之后，只有极少部分的工作需要活动四肢，食物有机器帮忙采收、生产与运送，社会有极精密的分工制度，也没有天敌需要躲避逃跑，连谈恋爱都有交通工具与网络之便，在台湾，80%的约会活动都是静态的（会相约一起去跑马拉松的情侣已经算是稀有动物）。我们失去了活动身体的理由。

现代化社会中的人类，除了职业运动员，已不太需要靠运动谋生。但身体里"尽量保存能量"的基因指令仍然存在，食物与后代都有着落了，能不动当然最好。所以，现代人懒得运动，是有道理的。我们有充分的理由拒绝消耗不必要的能量（是指除了猎捕采食、逃避猎食者、求偶、养活后代之外所有不必要的活动耗费的能量）。

可是基因却没料到，有一种动物不用付出太多体力就能生存，因此原本是生物进化过程中身体的绝佳储存能量——脂肪，变成了人类的噩梦。哺乳动物是由高度"防减肥机制"的基因所制造出的求生机器，这样的基因才能制造出自然界最有利于生存的生物。这也是肥如此难减的原因！

从另一个角度来看，远古人类进行了数十万年的猎捕与采食活动，所以"活动身体"的基因也潜藏在我们的身体里，只是当我们活动身体的原始目的消失时，这种基因才被藏在底下，"尽量保存能量"的优先级别更高。

 为何我们喜欢跑马拉松

我们仍存在着"活动身体（运动）"的基因，只是借此获取食物的目的不存在了。耗体力的工人、吃不饱的乞讨者，不太会以跑马拉松为休闲方式，但在人们的生活渐渐富足之后，运动成为一种休闲活动。为何世界上会有一大群人喜欢花钱去跑个42.195公里，甚至更远的距离呢？我认为有下列几项理由，促使我们把长跑基因拉到超越懒散的高度。

为了休闲与兴趣而跑

我们先从最大的理由谈起："只是为兴趣而跑的！""当作休闲跑跑而已啦！"这是我听到的跑者提到的最多的理由。这些跑者有个特点，他们不求成绩，以快乐与休闲为目的，是名副其实的休闲马拉松跑者。所谓"休闲"，《说文解字》定义"休"为"息止也"，白话的意思是：停下来好好呼吸。"闲"（繁体字写作"閒"）是指门缝处所透进的月光，后来引申为正事与正事之间的空闲时间，像是小时候上学的课间十分钟或目前的周休二日。把这两个字的含义综合起来，我们可以把"休闲"定

义为：在正事与正事之间的时间缝隙中，从事一种没有目的性的行为，以这种行为作为生活中的片刻休息。所以跑步绝不算是奥运马拉松选手的休闲活动，跑步是选手的正事，无法让他们获得休息的目的。若你有一份正职，时常在下班后换上运动服出去跑步，时常在周末到外县市参加马拉松比赛，这些训练和比赛都能让你感到放松，也让你在上班日更为专注，如此你就是名副其实的休闲马拉松跑者。

这一类休闲型跑者，除了为了放松，还会为了兴趣而跑。所谓"兴趣"，又可分为"兴"味与"趣"味。何谓兴味？"兴"这个字读成一声时可当动词用。在跑步过程中，由于脱离了计算机、手机、工作与家人的羁绊，脑袋能处于空白的状态，在这种状态中最容易"兴"起过去的回忆、情感，或者产生新的创意或灵感，这些都是跑者的内在风景，与外在的景物无关；而所谓的"趣"味，是你在跑步时感受到外物所带来的愉悦感，像是天上的云、河岸的水鸟或是路边跟着你跑上一段的小朋友。

有些将跑马拉松当作兴趣的跑者，也许说不清楚为什么要把马拉松当成嗜好，作家李奥帕德（Aldo Leopold）做了最好的诠释，他说：

嗜好究竟是什么？它和一般追求的事物之间的分界线在哪里？我一直无法圆满地回答这个问题。乍看之下，我很想说，令人满意的嗜好必须是相当没有用处、没有效率、耗费劳力或者无意义的。[1]

马拉松这种运动，不就正是一种"相当没有用处、没有效率、耗费劳力或者无意义的"运动吗？想要移动42.195公里的话，汽车和摩托车的效率比跑步高多了！

为了变强而跑

另一种类型的跑者，并非只是为了兴趣和嗜好而跑，他们为了变强，有目的性地锻炼自己的身体。有些人变强是为了得名次登上领奖台的荣誉感、为了拿奖金、为了突破个人最好成绩（PB），或只是追求更快的速度、看到不一样的风景。这一类跑者会在闲暇时进行跑步训练，但跑步无法让他们达到休息的状态，训练大都附带有严格与痛苦的特性。他们与休闲马拉松跑者刚好相反，心里始终存在着目标，需要靠意志力来进行痛苦的高强度间歇训练，不像休闲跑者能通过跑步放松身心，这

---

1 李奥帕德：《沙郡纪年》（台北：天下文化，2005年，250页）。

一类跑者需要进行超负荷训练才能变强。跑步训练与比赛过程中的兴趣因素是很少的，它们不太能兴起什么感受或灵感，也没有什么趣味。训练与竞赛大多需要动用意志力，需要不断忍耐无趣与痛苦。

那他们为什么喜欢？

理由有很多，我们将在第 8 章"跑步有什么用"中仔细阐述，但我要先提出最引人入胜的一点：升级（Level Up）。

因为升级的感觉无与伦比。在马拉松的赛场上，时间是等级的证明。突破自己极限的证据是你的完赛时间，从全马5小时，一步步过关斩将，进步到"破4"甚至"破3"的成绩，就像是角色扮演游戏中角色想要升级就要不断练功，等级越高就要累积越多经验值才能再升上一级。他们用数字来量化自己身体的极限。升级的成就感会让人沉迷，让人想一直练下去。如果你也是一位对于变强与升级充满热忱的跑者，这本书正是为你而写的。

Chapter **2**

让我们开始
科学训练

随性练，不只会随性地进步，
也会随机产生运动伤害；
科学化训练能帮我们确立目标与降低运动伤害发生的概率。

训练是为了变强。对马拉松这种竞赛来说，所谓"变强"，具体来说就是用更短的时间跑完42.195公里。"想要变强，科学训练是最有效与最安全的方法。"若从《说文解字》来看"科"这个字，它是会意字："从禾从斗，斗者量也"。所以科学一词可以说是一种"测量"的学问；再从西方角度来看"科学"一词的基本含义，它是指"用理性客观的方法所验证过的知识"。因此，本书谈"科学训练"，是把过去研究学者用理性客观的科学方法所验证过的训练知识，整理、诠释、转化成书，再分享该如何检测自己目前的能力，传授该如何排定周期化的训练计划，该如何进行个人化的调整，以及该如何客观地利用量化数据检验自己是否确实变强。

身体素质由力量和体能组成

当我们谈跑步科学训练的知识时，可以分为体能、力量与技术三大领域来谈。所以本书接下来将把跑步训练分成跑步体能、跑步力量与跑步技术。

世界上运动科学发展较完善的国家，大都在政府组织下成立国家级的训练研究中心，例如美国在1978年成立的美国力量与体能训练协会（National Strength and Conditioning Association，NSCA），或是澳大利亚的力量与体能训练协会（Australian Strength and Conditioning Association，ASCA），英国也有力量与体能训练协会（UK Strength and Conditioning Association，UKSCA）。这些协会成立的目的就是提升教练与选手在力量（Strength）与体能（Conditioning）训练上的专业知识与实践能力。从单位的名称就可以看出，他们的研究重点放在"Strength"与"Conditioning"上。Strength翻译成"力量"没有太大问题，但我们一般把Conditioning翻译成"体能"，则并不恰当。因为Condition字面上的意思是"调节"与"适应"，比较接近"身体的调节适应能力"。但后续的用语，我们还是用体育界已经习惯的"体能"一词。力量其实也在体能（身体的调节适应能力）范畴之中，但由于力量是所有体能特质中最关键的一环，所以特别被提出来研究。

由此可知不管是哪一种运动，都必须强化该运动所特别需要的身体素质，才能呈现优异的运动表现，而身体素质正是由力量与体能这两大范畴所组成的。不同的运动种类当然有不同的技术，但力量与体能的知识就具有普遍性，不管是什么运动都可以拿来运用。换句话说，力量与体能正是所有运动的基础，在训练时必须与技术搭配，针对不同运动项目所需强化的能量系统与肌肉功能做调节适应。

因此，我们可以将跑步能力分解成体能、力量、技术三大部分，也就是说，你的马拉松成绩是这3种能力混合后的表现。这三者既相辅相成，反过来也会互相牵制。只有当你的体能与力量的根基够扎实稳固之后，才能保证你在42.195公里的跑步过程中一直有效地控制身体维持有效的技术动作——身体始终保持着优美、流畅的跑步动作。

将身体打造成长跑机器

你可以把身体想象成一辆赛车，"体能"是指心肺耐力与身体输出能量的续航力，就像赛车的发动机效能、供油、排气系统与油箱大小，心肺耐力不足就像是一部质量不佳的发动机，很容易缩缸。"力量"就像赛车上各种传动系统的机械性能，如果轮轴不够强韧，发动机再好也没用；如果避震系统不好，车体也容易损伤。"技术"是指控制身体的能力，就像赛车手操控技巧的优劣。假若赛道上每辆赛车的性能都一样，决定胜负的因素则是不同赛车手的操控技术，就算用同样的车，一级的赛车手就是可以开得比别人快。

这3种能力同等重要，缺一不可，但对一位刚开始练马拉松的跑者来说，最先要加强练习的是力量。因为身体的相关肌群如果不够强韧，而体能又进步得很快，受伤的风险就会提高。试着想象一下：在面包车上面装上法拉利的发动机，车体、轮轴、轮框就很容易出问题。

太多人在报名全马后担心跑不完，一开始训练时就将跑量加得很大，就算运气好没受大伤，但由于体能进步太快，力量没跟上，在比赛或高强度训练中一加大马力，身体便出了状况。所以，虽然马拉松是长距离运动，一开始仍要先以力量训练为重，等身体够强之后，再把训练重心移到体能上，这时你的身体就可以变得"很皮实"了！换句话说，皮实的身体不是通过一直增加跑量或强度来达成，而是通过力量训练。

对于马拉松这项竞赛来说，好的跑步技术可以让身体以最少的力气（力量与体能）用相同的速度跑完全程，就像是优秀的F1赛车手能使轮胎磨耗与汽油耗损降到最低一样。跑步技术的知识长期以来一直被忽视，直到尼可拉斯·罗曼诺夫博士（Dr. Nicholas Romanov）的书《跑步，该怎么跑？》（*Pose Method of Running*）出版之后才开启了跑者们对跑步技术的新视野。但跑步技术是无法独立学会的，因为技术是建立在体能与力量的基础上的，如果你的心肺耐力不佳或肌肉力量不足，有些技术动作是做不到或做不久的。所以我们说这三者之间是相辅相成的，就算你身体素质再好，如果不知道加速的基本物理原理在于加大前倾角度，你就会深陷于一连串的间歇训练中而无法突破最佳成绩；反之，尽管技术的知识都学全了，但如果力量与体能不好，也会维持不了理想中的标准动作。

马拉松训练金字塔

如果曲轴失效，整部发动机也跟着失去功能。

体能、力量和技术像是一个金字塔（三角锥）底部的基础，缺一不可，速度位于三角锥的顶点。当这3种能力平衡发展时，速度才能稳定提升。

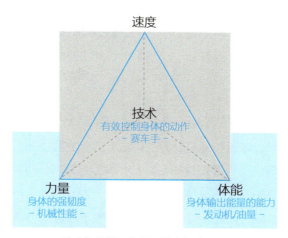

速度与体能、力量和技术间的关系

如果身体的其中一种能力不足，图中的三角锥会因某一边较低而偏向某一边，顶点自然比较低。就像体能不足时即使技术再好，你的速度仍然无法有效提升一样。另外，也不能只是过度锻炼其中一种能力，虽然如此也能提高速度，却会被没有同

时提升的另两种能力拖累，通常使得训练效果不明显。对马拉松来说，不只训练效果受限，过度发展体能忽视力量与技术，如前所述反而很容易造成运动伤害。

突破个人最佳成绩（破PB）可不只是单纯提高速度，让身体习惯快跑的压力就能变强。速度只是最后的结果，体能、力量和技术三者才是让你破PB的根本原因，只要分别从这3个根本基础下手，稳固基础，平衡发展，你的速度自然就会提升。

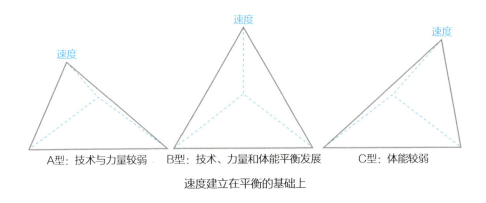

速度建立在平衡的基础上

科学不谈教练对错，只追寻自然的原理

道常无为而无不为。（老子《道德经》第三十七章）

"无为"就是什么都不要做吗？不是的。一般人认为"无为"就是把"为"否定掉，是什么都不做！老子的意思不是这样的。我们要先了解"有为"所代表的是"私心"。当一个教练自以为是，他就是以私心而为的教练。当教练以自以为是的价值观去判断并强迫选手都跟他一样（追随他的价值观或判断），那就是"有为"。世上的父母常常如此，以自己的价值观判断或强迫孩子跟自己一样。就像父母说："这好吃！孩子，赶快吃赶快吃。"子女："我觉得不好吃。"父母："好吃啦，我跟你讲好吃就好吃。快吃！""哎呀！你这小孩子就是不懂，这可是高级货，还挑嘴。"

这就是父母强迫子女追随自己价值观的例子之一。父母或是领导者们常说："这是为你好"，便是所有的"有为者"常用的借口，想把自己的价值观或判断强加在他人身上的借口。本书强调科学化的马拉松训练，所以我们不会说"跟着练就对了"，我们写这本书的目的是把主观私人的训练经验给消解掉，试着以客观的科学训练来阐述训练的方法（给你钓竿），而非硬把某份训练课表或个人经验（鱼）塞给你。

科学训练所追求的是顺应自然，重力即自然界一切物体移动的起源，所以本书在跑步技术部分所谈的不是一种新发明出来的方法，而是自然的原理，我们的身体要顺从与适应它。在谈体能训练时我们也是要先了解人体的能量系统与变强的周期性，才有顺应的依据。当我们谈科学训练时，其实就是一种让身体顺应自然的训练。

科学训练的核心概念在于量化

没有量化，就没有科学训练。对耐力运动来说，最初始的量化指标就是成绩，例如原本5公里跑20分钟，训练3个月后在同样的道路上可以跑到19分钟，就是进步了；或是在同样的训练课表中跑出更快的时间，例如同样进行10次400米的间歇跑，平均每次的时间都比上礼拜更快了。"固定距离内所跑出的时间"确实是进步的具体指标，但你无法确定这种进步到底是体能、力量还是技术变强的结果，也就是说你不知道现在的你哪一项较强或较弱，那么就会无法对症下药，制定课表与训练时就会无从下手，变成蒙着眼练，蒙对了就进步，蒙错了再换另一种训练法，训练效率自然很低。

关于量化，力量训练是三者中最容易做到的，因为它可以通过重量、重复次数和组数来量化某次的训练压力是多少，以及训练到哪一些肌群。例如某次的课表是：硬拉3组80公斤×4，这是在训练最大力量。训练量能通过重复次数和组数来控制，也可以通过重量来控制训练强度与观测未来的训练成效。例如原本蹲举一次的最大重量是60公斤，3个月后可以负重80公斤，如此最大力量进步的成果就非常明显。肌肉耐力也可以依此进行进步幅度检测，但爆发力的成果就很难量化了，因为3个月后可能重量不变，但举起的速度加快。目前市面上的穿戴式装置还无法测量出抓举等爆发力动作过程中的速度。这是监控装置的限制。跑步技术和体能训练的量化也碰到同样的困难，但在科技的辅助下，这两种能力的量化技术应用已逐渐普及。

跑量越大，进步越多吗

现在马拉松界最重视的一个数字是里程数，大多数的跑者是通过不断增加跑量、累积训练里程数来追求更好的成绩，可是这种训练方式对于全马已经跑到3小时30分钟的人来说，效果并不大（当然，极少数人可能还有效果）。但大多数的跑者仍十分迷信跑量，这是可以理解的，因为每个人刚开始练习跑步时只要练习成绩就会一直进步，所以初期训练的成绩会跟跑量成正比。

以下图为例，一位原本完全没有跑步经验但平常会主动去健身房训练的上班族，刚开始其实就算不用进行跑步训练，快走也能在7小时左右完成一场马拉松，随着跑量的增加，马拉松成绩也会越来越好，当每周跑量超过80公里时，全马突破了4小时的关卡……这种甜头大家刚开始都尝得很过瘾，所以大家会理所当然地认为跑得越多，成绩当然也会越好。

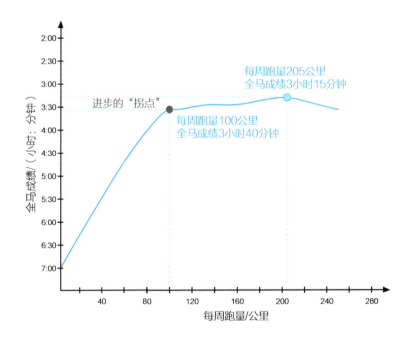

但变强后如果还要变更强的话其实没那么简单（不然奥运选手只要比谁练得多就好了），以上图中的这位选手为例，他每周跑量达到100公里后（依原本的训练方式），再把跑量往上增加，训练效果的变化曲线却变得很平缓，进步的幅度很小……但他很想进步，所以跟着跑团里的大哥大姐们练得更多了，每周跑量达到205公里，

他的全马成绩也的确进步到了3小时15分钟，但身心同时变得相当疲惫。为了再进步，他再加大跑量到每周220公里，甚至240公里（平均每天跑30～35公里），没想到成绩竟然不进反退（因为太过疲劳了，身体吃不消）。

从这位选手的进步曲线图我们可以了解到：一开始先以低强度累积跑量的确是关键，不但成绩会进步，也能协助你打好体能的基础。但训练量到了80～120公里之后，来到进步的"拐点"，拐点的位置因人而异。拐点之后进步的关键就不再是里程数而是训练的质量。所谓训练质量，就是训练量的调配问题，也就是该如何把相同的训练量"调配"成效果较佳的训练处方，这就是科学训练在讨论的问题。其中，对于马拉松这种耐力型运动来说，体能训练最为重要，因此也最需要被量化与调控，所以接下来我们先从马拉松的体能训练谈起。

Chapter 3

跑步的体能
该怎么练

练体能就像在建造金字塔，
地基打得好，
才能叠得又稳又高！

量化体能的关键指标：
最大摄氧量（VO₂max）

我的孩子在2015年1月底来到这个世界，在产房里看到她出生后所做的第一件事就是哇哇大哭，与此同时吸到了人世间的第一口空气。我们呼吸的主要目的，是为了让空气中的氧气通过肺泡交换到血液中，再由心脏这个有力的帮手输送到全身去进行代谢，产生能量供各种器官及肌肉等使用。人活着，就需要消耗氧气，就算安静不动时也是一样。就算在最深沉的睡眠里，心脏在跳、血液在流，自律神经系统仍管理着身体各系统的运作，你的身体需要运用最低限量的氧气，才能活下去。

当你开始活动身体时，肌肉的用氧需求增加，此时就要通过血液运送更多的氧气过去，氧气被送到有需求的肌纤维组织，再交换进入线粒体中跟能量与酶进行化学反应，代谢成为三磷酸腺苷（ATP）和体热，ATP可供肌肉收缩使用以驱动骨骼，体热经过血液送到皮肤再经过汗水蒸散排出。这个运作过程很完美，让我们能利用身体储存的能量来跑完一场全马，就像汽车利用油缸里储存的燃料来驱动车体前进一样。

那么体能的高下从何判别？是身体储存燃料的多寡吗？体能优劣与否并非由油箱的大小来决定，而是由**发动机的效能**。我们在比较每个汽车发动机的效能时，主要看它有几毫升，还有它里头有几个气缸，像我父亲的 TOYOTA CAMERY 里有一个3000毫升的V6发动机，意思是发动机里头有6个气缸来驱动曲轴，每个气缸500毫升，总共3000毫升，燃料越多，产生的动能也越大。

关于体能的高下从何判别这个问题，要先了解身体里的发动机在哪里——在肌纤维里的线粒体。因为驱动肌肉伸缩的ATP都是从线粒体里代谢而来，线粒体就像身体里的微小气缸，气缸越多，所能产生的动能越大。但在这个微小气缸里代谢的过程还需要氧气、燃料和其他酶，当肌肉间的毛细血管越密集（能送越多氧气进去）、酶浓度越高，输出的效能就越高。但我们如何知道身体里能量输出的效能有多少呢（每分钟代谢多少ATP）？方法很简单，我们可以先忽略细节，因为能量消耗与氧气消耗之间有着基本的对应关系：**消耗1升的氧气可产生5千卡（1千卡=4185焦）的能量与热量**。因此，我们可以直接从身体在运动过程中总共消耗了多少氧气（摄氧量），知道身体里的发动机总共创造多少能量出来，再把氧气量除以时间，效能就量化了。

当我们把油门踩到底，功率加到最大时，会得到一个氧气最大消耗量，在运动生理学上的专业术语称为"最大摄氧量"（VO₂max），它指的是身体每分钟每公斤体

重所消耗的氧气量，谁测量出来的数值最高，谁的体能就最好。

因此，最大摄氧量就成为评估耐力跑者有氧能力的最佳指标。优秀长跑选手的最大摄氧量可超过70毫升/（公斤·分钟），也就是这位跑者在最激烈的运动状况下，每分钟每公斤体重可以消耗70毫升的氧气，而一般甚少进行耐力训练的人通常都在40毫升/（公斤·分钟）以下。

目前最大摄氧量的世界纪录，来自于挪威的奥斯卡·斯文森（Oskar Svendsen），1994年出生的他，于2012年的最大摄氧量测试中，创下了惊人的97.5毫升/（公斤·分钟）的世界纪录，打破了同样来自挪威的前世界纪录保持者埃斯本·赫隆·伯利格（Espen Harald Bjerke）所创下的96毫升/（公斤·分钟）；斯文森目前为一位职业自行车选手，并于2012年的自行车世界锦标赛中夺得青年组（U23）个人计时赛冠军。

我们该如何知道自己的最大摄氧量

一般实验室中的最大摄气量测试，都会在跑步机或固定式脚踏车上进行，受试者在脸上戴上面罩（用于收集呼出的每一口气），并运用气体分析仪来测量消耗的氧气量。以跑步机为例，跑者在测试刚开始时先从低强度慢跑开始，每隔一段时间提高跑步机的速度，一直重复此动作直到受测者无法维持该速度为止，分析仪器会记录下受测者在整个过程中所呼出的气体，并分析当中的含氧量，从而得知受测者在运动过程中消耗了多少氧气（亦即摄取了多少空气中的氧气）。由于摄氧量随着运动强度的增加而等比例增大，因此在受测者衰竭前的摄氧量会达到"高原值"，这就是他们的最大摄氧量。但我们不可能每回在路上跑步时都戴着面罩进行监控，因此最大摄氧量的测试只限于在实验室或医院进行。

如果我想要知道自己的体能等级，有没有比较简易的测试方式呢？有的。美国运动医学学会（ACSM）给出一套公式，可以预测出跑者的最大摄氧量。事前有两项准备工作。

1. 测试前几天的训练要先减量，让身体恢复，测出来的数据会比较准确。

2. 需要一台可以调坡度的跑步机。

测试前先站在跑步机上逐渐把速度调整到每小时9.6公里，再把坡度调到2%，当作热身。接着，每2分钟调整一次速度，各阶段的速度如下表，跑步强度会越来越高，直到你在该阶段无法撑完2分钟为止。

测试进程	维持时间/分钟	速度/（公里/小时）	坡度	最大摄氧量/［毫升/（公斤·分钟）］
0	2	9.6	2%	38.54
1	2	10.4	2%	41.46
2	2	11.2	2%	44.38
3	2	12	2%	47.3
4	2	12.8	2%	50.22
5	2	13.6	2%	53.14
6	2	14.4	2%	56.06
7	2	15.2	2%	58.98
8	2	16	2%	61.9
9	2	16.8	2%	64.82
10	2	17.6	2%	67.7
11	2	18.4	2%	70.6
12	2	19.2	2%	73.5
13	2	20	2%	76.4
14	2	20.8	2%	79.3
15	2	21.6	2%	82.2
16	2	22.4	2%	85.1
17	2	23.2	2%	88

你最后停在哪个阶段，就可以依上述表格对照找出自己的最大摄氧量。假设有位跑者A的体重是65公斤，跑到阶段10的时候撑不下去了，我们就知道他的最大摄氧量是：67.7毫升/（公斤·分钟），也就是说每分钟他的身体可以消耗4.4升的氧气（67.7×65=4400毫升=4.4升）。因为我们知道消耗1升的氧气可产生5千卡的能量与热量，所以跑者A每分钟最多可以产生22千卡的能量与热量（4.4×5=22千卡）。这22千卡，并非全部都能够拿来当作你跑步的动能，大部分都会变成无用的体热。就像火力发电厂一样，设备越先进，把煤炭燃烧后转换成电能的百分比就越高。这就像**发动机的功率**，也是运动科学中常说的经济性（Economic）。

代谢能量＝动能＋热能，动能比例较高代表跑步的经济性较好

没有经过耐力训练的人，有氧代谢的效能为17%～18%，接受过训练的一般跑者大约为20%，长年训练的精英马拉松选手可到22%～23%。研究显示，有氧代谢的效能跟肌肉内的慢缩肌比例成正比，而训练年数跟慢缩肌比例也成正比。以上述的例子而言，如果跑者的有氧代谢效能是20%，身体每分钟所生成的22千卡中，只有4.4千卡（22×20%）变成动能，其余17.6千卡都变成热能。

最大摄氧速度

在《丹尼尔斯经典跑步训练法》一书中，从作者提出的"最大摄氧速度"就可以具体看出身体的发动机在功率上的差异，它表示的是身体在消耗氧气的最大上限（也就是最大摄氧量）时所跑出的速度。这个数值跟发动机的功率密切相关。作者丹尼尔斯在书中自述：

40年前，我有一位队友在测试中发现他的最大摄氧量为73毫升/（公斤·分钟）。当时我也测了最大摄氧量，令我相当灰心，只有63毫升/（公斤·分钟）。但有趣的是，在4000米的现代五项赛事中我却常常赢过他，所以我决定研究一下，看他在低于最大强度的配速时，身体消耗氧气的情况。

运动科学中所谓的"经济性"就像发动机的功率，采用大功率发动机的汽车可以用等量的汽油跑出更长的距离，某些效率较佳的跑者同样也能以较低的耗氧量跑出相同的速度。因此两位最大摄氧量相近的跑者不一定会有接近的运动表现，还需要考虑两者跑步技术上的差异，最大摄氧速度正是评价实际跑步表现的良好指标。假设跑者A的最大摄氧量为67.7毫升/（公斤·分钟），跑者B为75毫升/（公斤·分钟），理论上由于跑者B的最大摄氧量较高，其长跑表现应该更为出色，但如果跑者B是一位技术很糟的跑者，而跑者A却拥有极佳的跑步经济性，在马拉松比赛中，跑者A也许并不会落后跑者B太多，甚至能赢得比赛。跑者A就好比一辆具有大功率发动机的赛车，虽然跑者A发动机的容量没有比跑者B更大，但由于跑者B的发动机功率低，纵使可燃烧氧气的量比跑者A多很多，但大多转化成热能，而实际转化成跑步动能的能量跟跑者A差不多，同时还要排出更多的体热，造成身体的额外负担，导致跑者B在比赛中后段由于燃料不足或身体过热而越跑越慢；反而跑者A却能有效地运用燃料，用相同的速度跑到最后。

马拉松的燃料来源

运动之所以令许多人讨厌，是因为你必须主动地燃烧身体里储存的能量，它是一种带有痛苦成分的"输出"过程，就像把身体某一部分切下来当柴烧，虽然不会流血，也不是进手术室开刀抽脂，但拿掉属于自己的一部分总是让人感到痛苦。运动强度越高，由于必须快速把原本属于自己身体的一部分给燃烧掉，产生的痛苦也就越强烈。运动越快速，痛苦指数越高。而且不幸的是：虽然高强度运动可以更快速地使用储存在身体里的燃料，但这些燃料大部分都不是脂肪（肥肉），而是糖类（糖原或血糖）。

脂肪与糖

也许你曾有过这样的经验：在一次长时间的身体活动过程中觉得头晕目眩，感到极度饥饿，而且全身都使不上劲儿，只想坐下来休息。这是因为血糖过低所造成的。人类的大脑非常耗能，而且只依赖血糖供应能量，所以如果你在长时间运动下导致血糖低到无法使大脑正常运作，身体会自动释放肝脏中的糖原以保持血糖浓度。

虽然糖和脂肪都是身体可以运用的燃料，但使用的发动机却不同。糖类就像可以被瞬间燃烧的汽油，能够快速产生能量让肌肉动起来，而且它不管在有氧或无氧系统中都能被当成燃料；脂肪却只能被有氧系统所利用（后面会详细说明何谓有氧系统）。也就是说当我们冲刺快跑时用不到脂肪，主要是利用无氧系统燃烧糖类产生能量供肌肉使用。因为脂肪得太慢了，根本来不及供给。

脂肪就像油腻且不易燃烧的煤油[1]，需要大量的氧气其燃烧效率才能提高。糖原就像高挥发性的汽油，只要氧气一出现就会快速燃烧，只是无法持续太久。这就是糖类在剧烈运动中会被快速消耗殆尽的主要原因。但在低强度的运动中，能量来源就会转换为以脂肪为主。由此可知，燃烧脂肪的比例会随着运动强度的上升而下降。

如同前述我们拿汽车发动机作比喻：把肌肉里的线粒体想象成发动机的气缸，当化油器将燃料和氧气送来此处，火花塞传送电流将两者点燃，以受到控制的爆炸来驱动活塞上下运行驱动汽车前行，就像肌肉驱动骨骼前后移动一般。只不过我们人体里的肌肉细胞运用燃料的效率非常高，因为它们可以同时在不同跑步强度下以不同的比例燃烧糖和脂肪这两种燃料，由于这两种燃料可以同时燃烧，所以不易燃烧的脂肪可以被容易燃烧的糖原所点燃。顺道一提：这也是为什么相关部门会推行

---

1 煤油是一种对石油进行分馏后获得的碳氢化合物的混合物。由于煤油的组成成分并非绝对相同，因此不同产地的煤油特征可能差别很大。相比起汽油，煤油比较黏稠，比较不易燃，其燃点在55～100摄氏度之间。

333运动（每周运动3天，每次运动心率达130次/分钟，每次运动要持续30分钟），因为在刚开始跑步的前10多分钟，易燃的糖（汽油）首先燃烧，等过了20分钟后汽油的火焰才会开始蔓延到不易燃烧的脂肪上，就像用汽油来点燃煤油一样，汽油很容易一下就烧完了，但煤油却可以烧很久。当脂肪烧起来，扎实的有氧代谢过程（燃脂过程）就此展开。所以如果能让心率达到130次/分钟[2]，保持30分钟，最后的10分钟就能燃烧脂肪。这是最佳的有氧耐力训练方式，对马拉松跑者所需的能量系统来说也是相当关键的强度，还是LSD长跑训练的主要目的，本章后面会详述。

虽然强度增加时燃烧脂肪的比例降低了，但其实你仍在燃烧脂肪（注意下图中y轴为百分比数值，并非重量）。比例降低是因为在高强度的运动状态下会燃烧更大量的糖类，也就是分母变大了。这是比例问题。

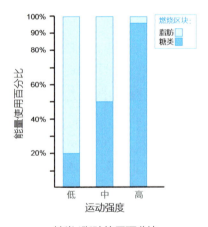

糖类/脂肪使用百分比

 为了避免撞墙期，马拉松跑者要训练身体燃烧脂肪的能力

一位训练有素的体重65公斤跑者平均每跑1公里需要燃烧60千卡，大约是麦当劳餐点中一块麦乐鸡块的热量。

---

2 有效燃烧脂肪的心率不一定是130次/分钟，这个数值因人而异，本书在第3章会详述。

糖类储存在血液、肝脏与肌肉中，在运动过程中肝糖原又可经过裂解回到血液中供肌肉与大脑使用。但糖类的储存量是有限制的，它不像脂肪可无限制地储存在身体里。我们在前面提过的跑者A，他的体重为65公斤，体脂肪为10%，也就是说全身总共有6.5公斤的脂肪，1克的脂肪可以产生9千卡的热量，因此全部燃烧殆尽的话总共可以产生6500×9=58500千卡的热量（大约是975块麦乐鸡块）。那么跑者A体内有多少糖呢？一般来说65公斤正常人体内的血液中平均存在大约6克的血糖[3]，据估计，他在肝脏和肌肉中分别储存了94克肝糖原与410克的肌糖原[4]。1克的糖类能产生4千卡热量，也就是说跑者A中身体的糖总共可以产生（6+94+410）×4=2040千卡的热量。

经过测量，这位跑者平均每跑1公里需燃烧60千卡热量。我们来看看最极端的例子。

- 把身上的脂肪燃烧殆尽总共可以跑58500÷60=975公里。

- 只用糖作为燃料来跑可以前进2040÷60=34公里。

脂肪的储存位置（徐国峰绘制）

某位体脂肪只有10%的跑者，只用身上的脂肪所产生的能量，几乎可以跑完台湾地区一圈（当然，这只是理论值，身体在能量耗竭前，肌肉和其他生理系统会先衰竭，不然就会是先睡着）。但糖不同，虽然它燃烧的效率比较高，但体内糖类的储存量有其上限，脂肪却可以无限制地储存在内脏周围以及堆积在血管与真皮、肌肉之间（见上图），所以人可以无限制地胖下去。单就"储存量"这个理由，跑者就应该多多训练身体燃烧脂肪的能力。

另一个更关键的理由是，大脑与中枢神经系统只能用血糖来运作，大脑不收脂肪。也就是说，当运动强度提高，过多的血糖被拿去给肌肉使用，为了维持血糖浓度（正常值在800～1200毫克/升），身体会自动把肝糖原分解成葡萄糖，并释放到

---

[3] 身体中血糖的浓度通常被控制在一个很小的范围内，普遍在800～1200毫克/升之间，而一位正常成年人身体里的血液量相当于体重的7%～8%。精英跑者会趋近于上限，就文中65公斤的精英跑者A而言，全身的血液量约为65×8%=5.2升。因此跑者A身体中的血糖总含量的上限为5.2×1.2=6.24克。顺便提一句，饭前血糖浓度是否超过1260毫克/升是医学界判定是否有高血糖病症的上限值。

[4] 一般人的肝脏平均储存75～90克糖原，肌肉的平均储存量为250克，但马拉松跑者长期训练，肌肉中的储存量会比一般人多。

血液中[5]，大脑的能量供给来源短缺时，它就会下令要你停止运动："嘿！我比较重要，血糖要留给我用！不要再跑了！"这也是血糖过低时，身体会使不上劲儿的原因。当你肝脏中的糖原消耗殆尽，血糖也下降到大脑正常运作的安全值[6]，身体内部就会产生一股深深的无力感，不想再跑的负面情绪也被放大，在赛场上我们一般称此情况为"撞墙期"。

身体运用脂肪的能力相当重要，因为如果没有这种能力，血糖会被快速地消耗掉。况且，血糖是大脑与中枢神经系统唯一依赖的能量来源，只要血糖少于大脑维持正常运作的最低限度，不管你的体能有多强，身体都会很快地失去运动能力。如果我们能训练身体在较高强度的情况下，使用更多比例的脂肪，在马拉松的赛程中保留更多宝贵的血糖，就能避免撞墙期。

那么要怎么练呢？方法就是把以脂肪为主要燃料的有氧系统锻炼得更强大！

强化你的有氧系统

首先，我们要再说明一次，有氧系统与无氧系统之间的主要差别在于前者需要氧气参与代谢，但无氧系统不需要，所以它产生能量的速度很快，但无氧系统有两个缺点：（1）会产生副产物乳酸；（2）作用时间非常短，短到对马拉松跑者来说几乎是无用武之地，除非你是冠军选手，有可能要跟对手在最后几百米一决高下，但这种情况对99%以上的跑者来说都不存在，用不到的系统就不太需要特意去训练。

3种能量代谢系统在不同跑步竞赛项目的动力供应百分比

5　肌糖原只能供给肌肉细胞使用，不能提升血糖浓度。在正常情况下，人体内每公斤肌肉约储存15克的糖原。

6　当血糖低于500毫升/升时就会有强烈的无力与饥饿感，血糖低于300毫升/升就会失去意识。

但我们在此还是要了解一下无氧系统的这两种系统，其一为磷酸-肌酸系统（ATP-PCr System）[7]，它主要是靠肌酸产生能量，但肌酸在肌肉中的含量很少，4～12秒就用完了，能量生成的速度非常快，就像火箭燃料一样。我们跑百米时用到的主要能量就是肌酸。如果超过12秒，再用同样的速度跑下去，由于肌酸用完了，身体就会开始动用前12秒所代谢出来的副产物——乳酸来产生能量，也就是进入乳酸系统（Lactic Acid System），虽然这种系统所能供给的能量也很有限，但它跟磷酸-肌酸系统一样产能的速度够快（虽然还是没有前一种系统快），当你要在1分钟内跑完400米时，肌肉所需要的不是很多能量，而是要很快拿到能量来让肌肉快速收缩。

简单来说，无氧系统的功能就在"够快"，但以无氧系统为主的跑步方式，最多只能撑2分钟。2分钟之后，就开始由有氧系统主导。从下图我们可以了解到，一位在60秒内冲刺400米的跑者，几乎全部采用无氧系统产生的能量（前10秒是磷酸-肌酸系统，后50秒很快地转成以乳酸系统为主）。因为身体的能量代谢系统并非完全从无氧或有氧中二选一，而是以不同的比例混合运转产生能量供肌肉使用。

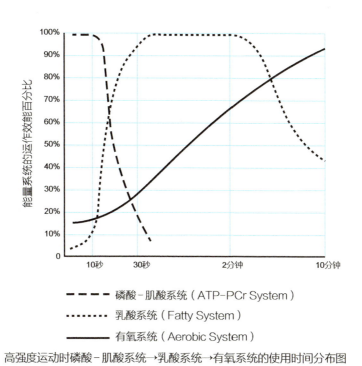

- - - - 磷酸-肌酸系统（ATP-PCr System）

········· 乳酸系统（Fatty System）

——— 有氧系统（Aerobic System）

高强度运动时磷酸-肌酸系统→乳酸系统→有氧系统的使用时间分布图

---

7 ATP-PCr中文称为"三磷酸腺苷-磷酸肌酸"，简称"磷酸-肌酸"。

我们从上图可以看出某位跑者在一次10分钟的高强度测试过程中，其身体能量系统的转变情况。刚开始时磷酸-肌酸系统是主要的供能系统，但乳酸系统与有氧系统也已经开始投入产能的行列，只不过前10秒大都以磷酸-肌酸系统为主，但在开始冲刺的20秒后两大无氧系统形成交叉，代表供能比例达到一致。到了第30秒，乳酸系统取代磷酸-肌酸系统，成为主要的供能系统。在这一过程中，有氧系统的运作效能不断攀升。冲刺超过2分钟，若要维持同样的强度继续跑下去，由于乳酸大量积聚，乳酸系统的效能开始下降，有氧系统也就渐渐取而代之成为主要的供能系统。有氧系统能够维持非常长的时间，主要的原因就是它是以脂肪为燃料，而且副产物还是无害的二氧化碳和水，跟无氧系统比起来，有氧这条路的产能效率不怎么高（产能的速度很慢），但它的产量大，续航力强，正是全马跑者需要的能量供应系统。

	无氧系统		有氧系统
燃料来源	糖类		糖类、脂肪
氧气	不需要		需要
能量 生成路径 维持时间	磷酸-肌酸系统 12秒以内	乳酸系统 45秒～2分钟	来自糖酵解或脂肪酸的有氧代谢 45分钟～2小时 训练有素的超马选手可以维持10多小时
产生能量	不管是哪一种能量系统，产生能量的过程都产生肌肉中的线粒体，最终释放出来的能量都是ATP（Adenosine Triphosphate），ATP无法被储存，因为ATP在合成后必须于短时间内被消耗，所以线粒体只有在需要时才会把它释放出来供肌肉使用。ATP是真正促进肌肉工作（收缩）之化学物质		
副产物	乳酸		二氧化碳＋水
能量产生速度	较快		较慢

选手在百米竞赛中的能量有98%来自无氧代谢，但在马拉松竞赛中，则有90%的能量来自于有氧系统。上述这些数据和说明主要是想让大家了解，马拉松跑者真正的训练重点在于强化身体的有氧系统。接下来读者可能要问："如何让有氧系统的效率提升？"

为了建立强大的有氧系统，我们首先要学习的是有关训练强度和周期化的知识。

定义训练强度

如果无法指出一份课表的训练目的，它就不值得练！

监控训练强度一直是科学训练十分重要的一环，运动强度太高或太低都无法达到良好的训练效果。所谓的训练主要是由训练时间与训练强度所构成。训练时间和距离非常容易量化。例如：节奏跑10分钟、间歇跑3分钟6趟、休息15秒。任何人只要有时钟或手表就可以轻松掌控训练时间，然而训练强度却很难说清楚。这也是我们刚开始从事教练工作时，所碰到的最大问题。以下面两个课表为例。

1. 800米×8趟，用力跑。

2. 2小时LSD，轻松跑。

看到这两份课表，学员常会问："教练，用力跑是尽全力的意思吗？""轻松跑要跑多慢？"对于学员来说，无法体会"用力""轻松"这种形容词在训练上的意义，其实，连当时开出这份课表的我也不知道要如何回答他们的问题。更何况，在团体训练中每个人的基础不同，所以我们将课表2更明确地描述为："今天轻松跑的强度是每公里4分半，连续跑2小时。"如此的量化方式的确是更为具体，但每公里4分半的配速对某些人来说已经要相当勉强才能撑完2小时，一点都不轻松。

要如何在同一份课表中，让每个人的轻松与用力程度都一致？换另一种更简洁的问法：我们要如何定义训练强度？

为了解决这个难题，我们参考了很多相关的跑步训练书籍，最后我们挑选了丹尼尔斯博士（Jack Daniels', Ph.D.）所著的《丹尼尔斯经典跑步训练法》（*Daniels' Running Formula*）一书作为主要参考。丹尼尔斯博士被全球最著名的跑步杂志《跑者世界》（*Runner's World*）誉为世上最佳跑步教练，他曾经在男子现代五项中赢得两次奥运会（1956年奥运会铜牌，1960年奥运会银牌）与一次世界锦标赛的奖牌；到目前已经拥有近50年的教练与指导世界级顶尖长距离跑者的经验。《丹尼尔斯经典跑步训练法》为他的经典著作，此书理论与实务俱备，极受世界各地跑者欢迎，其中更专门为跑者划分了五大训练强度（本书会再加上一个过渡区间强度），由低至高分别为E→M→T→A→I→R。这6种强度各有不同的训练目的与意义，为了让跑者更加了解各种训练课表的目的，右侧二维码中的视频与文字将作仔细说明。

视频一：能量系统

 E强度帮你打下扎实的有氧基础

"E"是"轻松跑"（Easy）的简称，此强度的训练目的是为有氧系统打下稳固的基础。因为在长时间的E强度训练后，能够有下列数种效果。

- 慢缩肌与结缔组织变得更强韧，因此能避免运动伤害。
- 心脏收缩肌肉的力量增加（心搏量增加），因此能提升每次心跳所输出的血液量。
- 血液中的红血球数量增加。
- 提升肌肉端的用氧能力，包括：
  - 使肌肉端的毛细血管增生；
  - 促进线粒体增生；
  - 有氧酶浓度升高。

E强度的训练强度是最低的，它的主要目的是增加肌群中肌纤维、肌腱与韧带的强韧度，避免之后较高强度训练的运动伤害；接着，最主要的目的是为身体的有氧系统打下稳固的基础，此种强度的训练虽然也能刺激到心肺系统，但主要的目的还是在提升肌肉端的用氧能力，促进肌肉组织中的线粒体与毛细血管增生，提高有氧酶浓度。既然这一级强度的目的是打下体能的基础，所以关键在"慢"。记得在进行E强度训练时千万不要跑得太快，过高的强度会让身体长时间处于无氧状态，这样将无法有效地达到上述的训练目的。

E课表的强度是你可以边跑边聊天的配速（Conversational Pace）

我们常听一些教练或跑者说："如果你想要跑完一场全程马拉松，你最好在比赛之前先进行几次32公里以上的长跑训练，或是跑几次3～4小时的长跑才能确保安全完赛。"但对于大部分的跑者，特别是刚接触马拉松的新手来说，32公里的长跑训练也许就要花4～5小时才能完成，这对于他们来说实在太严苛了，对他们来说不需几次，一次就可能进入伤兵名单。因为就算是精英马拉松跑者也几乎不进行这种超过4小时的长跑训练。

也许你还是会感到疑惑："可据我所知很多精英马拉松选手都会一次练跑32公里，甚至更长距离啊！"事实的确是如此，但我们要注意的是时间，而非距离。这些精英跑者完成32公里LSD的时间通常都会落在2～2.5小时，因此对他们来说这种距离才是刚好的。

也许你还是抛不开跑量，忍不住追问："我的全程马拉松成绩是4～5小时，真的不用练到这么久吗？"我们的回答是：请你放心，并非要你减少训练量，只是希望你不要一次练跑那么长的时间。我们希望刚接触马拉松训练的跑者都能先建立起一个重要的观念：**刺激身体的能量系统是以时间计算，而非距离，身体并不会知道跑了几公里，只会知道今天主人"总共"刺激了有氧系统多久时间**。假若一周练习跑步的时间是7小时，我们绝对不希望你只练两次课表排成3小时与4小时的长跑，长期"暴饮暴食"的结果只会伤身。

国际知名铁人教练乔·弗里尔（Joe Friel）在《超长耐力训练》（*Going Long*）中也对LSD作出与丹尼尔斯博士类似的建议，书中提到长跑训练超过2.5小时将会大幅增加身体恢复的时间，也就是说如果进行一次长达3小时的E强度长跑训练，与一次2小时的E长跑相比，前者的成本会较高，2小时的LSD也许一天就恢复了，但3小时则可能需要两天以上的时间，这样将会影响之后几天的训练安排，因为如果安排更多的恢复日，代表训练的次数减少，整个训练计划的效率也就变低了。

但我们也不会把课表排成平均每天跑1小时，因为时间太短会让肌肉端的有氧系统不能很好地适应。课表要怎么排，这是周期化的问题，后文会详细解说。在此我们要了解的是：体能训练都应该是根据训练时间来安排（不要用距离），对马拉松跑者而言，E强度的训练至少30分钟才有效，但最长不要超过2.5小时。时间过长的慢跑训练并不会带来更多的好处，除非你正在准备超级马拉松（距离大于42.195公里的长跑比赛），才要再加长LSD训练的时间。

M强度是跑马拉松赛事时的平均配速

"M"是"马拉松"（Marathon）的简称。M强度的训练效果跟E强度相同，只是强度往上提高一级，主要目的是通过模拟比赛强度以提高比赛的自信心。此强度的主要训练目的如下。

- 模拟比赛强度。
- 提升掌握配速的能力。
- 训练马拉松比赛时的补给技巧。

我们把M强度定义为全程马拉松的比赛强度，它比E强度略快一些，因此它是进行LSD训练时的另一种选择（在练LSD时，你可视当天情况在E强度和M强度间选择训练强度）。此级强度是马拉松跑者最主要的训练强度，目的是强化跑步的相关肌群，提升有氧耐力，也能让跑者先熟悉马拉松配速；但与E强度长跑不同，M强度长跑的单次训练时间最好不要超过110分钟（1小时50分钟）。

M课表的强度是你参加全程马拉松时的配速，也正是练习补给的绝佳时机

在进行M强度长跑训练时，我们建议同时进行补给训练，让身体适应在跑步时进食与消化。在某些E强度的长跑训练时，建议不要补充其他碳水化合物（糖类）或喝能量饮品，只要补充水和电解质即可。如此，在E强度的训练过程中就可以教会身体节省使用肌肉中的糖原，亦可藉此强化身体代谢脂肪的能力。然而，在马拉松比赛时，由于强度的提升，身体使用糖类的比例会增加，为了避免血糖降低，在比赛中能补充一些能量对提高成绩是有帮助的，所以M强度长跑就是训练补给的最好时机，让身体习惯在M强度时消化、吸收，让血糖维持稳定，但不管是什么样的练习都要记得适时补充水分。

T强度训练能够有效扩展跑者的有氧区间

"T"是"阈值"（Threshold）的简称，也就是乳酸临界点的意思。它有下列主要训练目的。

- 扩展有氧耐力的区间。
- 提升身体耐受乳酸与排除乳酸的能力。
- 让身体在更严苛的配速下维持更久的时间。

T课表的强度是你乳酸刚好达到临界点时的配速

进行T强度训练时，乳酸产生的量刚好等于排除的量，当身体在这种强度的刺激下，乳酸阈值才会有效地提升。在T强度下的移动速度称为临界速度，你只要能知道自己在跑步时的临界速度是多少，在那个速度下就能最有效地训练身体耐受乳酸与排除乳酸的能力。久而久之，临界速度就会随之提升，有氧区间也会跟着扩大。

注：这里我们定义的有氧区间是指在E/M两种强度时，有氧代谢产生能量的比例大于无氧代谢，并非完全没有无氧代谢参与。

T强度的训练类型与维持时间

一般而言，在临界速度下至少要能维持20～30分钟才算是T强度，因此在训练T课表时一定要扪心自问：在这个配速下我能维持20～30分钟吗？如果不行，请把配速降低一点。切记：恰当的T配速是感觉"痛快"（Comfortably Hard），并非只有"痛苦"（Hard），若跑到只剩痛苦的感觉那已经进入无氧区间的强度了；但如果觉得太轻松的话，请不要提升配速，而是延长训练时间或是增加组数。训练方式有两种，其一是节奏跑（Tempo Run），其二我称为巡航间歇（Cruise Intervals）。

这两种训练的差别在于节奏跑是用T强度定速跑20分钟；而巡航间歇是分成好几趟，每趟的强度跟节奏跑一样，但中间会进行短暂的休息。两种训练方式都各有优点。因为稳定的节奏跑要求你在严苛的配速下维持一段相当长的时间，若你在练习时能做到，将能大大提升比赛的信心，也能提高身体对乳酸的耐受度，但节奏跑对刚接触T强度训练的跑者来说会很辛苦，因为他们的乳酸耐受能力不佳，所以先以间歇的方式，让身体习惯乳酸达到临界点的情况，过了适应期后再练节奏跑会比较顺利。

跑者至少应维持T强度20分钟，才能够称为节奏跑。当跑者从较为轻松的配速加速到T强度时，前半段都不算，只有用T强度前进的部分才可被称为节奏训练。我们把节奏跑的训练时间限制在20分钟，如果单次训练中想增加T强度的训练量（其实对大部分跑者而言，20分钟的T配速通常一次就足够了），建议增加组数，因为维持T强度20分钟以后，排乳酸的机制会开始变弱，训练效果反而比较差。例如"T强度20分钟×2，每趟中间休息4分钟"会比直接进行"T强度40分钟"的训练效果好。但只有训练有素的跑者，才能在同一份训练课表中把"20分钟的T配速"练习两次甚至3次。如果T配速的练习时间少于20分钟，而且进行好几次，两次之间还有休息，那么当天的训练只能被归类为巡航间歇。巡航间歇的特点是：训练强度为T，训练时间介于5分钟和20分钟之间，训与休之比为5∶1，重复两次以上。

T强度训练实际会遇到的问题

■ 节奏跑是否能够练到20分钟以上？有些教练与跑者会谈到节奏跑要练到60分钟，但据我们了解，精英马拉松跑者在比赛中后段最多也只能维持60分钟的T强度（他们会留在比赛关键时刻使用），而且是在有计划的休息和减量训练之后才能做到。可以想见，用T强度跑60分钟，对身体的负荷很大（而且一般跑者也很难在训练中用T强度维持60分钟）。

■ 如果当天的课表是长跑，如何把节奏跑加进去？假如单次的训练量是90分钟，你可以在前60分钟进行M强度的训练，过程中逐渐加速，直到最后30分钟时再用T配速跑20分钟，最后10分钟回到E/M强度当作恢复跑。有些人会把整份90分钟的训练课表归类为节奏跑，但其实只有T强度那20分钟才算是节奏跑。

■ 训练到后面时，体能进步了，需要提高临界速度（T配速）吗？在巡航间歇中，因为强度并非最高，到最后几次会很想加速，但必须忍住，别急于加速，你要知道加速后的效果跟原本的T配速是一样的，所以没必要把自己搞得更累。在实际训练时，若你觉得之前的强度不够"痛快"，不要加速，而是减少休息时间、延长训练时间或增加组数。当你之后比赛的成绩确实进步了再来提高T配速（节奏跑和巡航间歇的强度要一样，想要知道自己的T配速或T心率，请参考后面章节）。

A强度是T强度和I强度之间的无氧过渡区

"A"是"无氧"（Anaerobic）的简称，从A强度开始进入无氧区间（无氧代谢产生能量的比例开始比有氧区间高）。在《丹尼尔斯经典跑步训练法》一书中并没有论及此区间，因为丹尼尔斯认为A强度并没有特定的训练目的，它只是T强度与I强度之间的过渡区。但为了在使用心率计时不漏掉这段强度的心率，我们还是要把这段区间考虑进去。难道在A强度时无法达到T强度的训练效果吗？当然不是，只是因为强度过高，此时乳酸过多，你可能维持不了太久，甚至跑不完设定的次数，如此一来训练效果当然会打折扣，而且由于强度太高，痛苦的程度将会大大增加，甚至会影响到后来的训练。因此A强度不但会把自己搞得很累，而且练不到接下来要谈的I强度，使你无法提升乳酸阈值，也无法有效提升最大摄氧量。

但经过研究，我们认为这个强度还是有一些可取之处的，最主要的是它有助于提升有氧代谢的效能。我们前面提过，线粒体在产生跑步能量的过程中也会产生热能，热能的比例越低，表示有氧代谢的效能越好。虽然A强度无法提高最大摄氧量，但跑者维持A强度的时间会比I强度长很多，因此它对有氧代谢效能的帮助会比I强度大！另外，A强度训练还有下列两个目的。

- 能够让身体学会从乳酸过量恢复到有氧区间的能力。
- 可以当成距离5～10公里的比赛配速。

5公里比赛配速跟A配速相当

I强度是为了刺激最大摄氧量的配速

"I"是"Interval"的简称，代表此级强度最主要的是"间歇训练"。它具有下列3个主要训练目的。

- 刺激最大摄氧量，扩大有氧容量。
- 提升有氧代谢的效能。
- 锻炼心理意志。

I强度是最痛苦的训练强度

I强度的心率介于最大心率的97% ～ 100%。当训练强度逼近最大心率时，也同时逼近最大摄氧量，会对摄氧系统形成极大的压力，身体经过适应，进而能够提升摄氧容量（Oxygen Uptake Capacity）。由于此级的强度很高，在比赛中最高只能维持11 ～ 12分钟，所以I强度并非用在长距离比赛中。对马拉松跑者而言，I强度的主要目的是提升最大摄氧量，也就是提高身体从空气中摄入氧气的能力。但大部分刚开始进行I强度训练的人都无法撑过6分钟，为了能在训练时延长此级强度的总训练时间，才会利用间歇的方式进行训练，例如跑I强度3分钟休息3分钟，这样才能让身体在此级强度的总训练时间增加。

那么I强度的间歇要如何训练呢？让身体维持在如此高强度训练的时间，每一趟应保持在3 ～ 5分钟，训练和休息的时间比应为1：1，这样才能让每一趟都维持在最大摄氧量的强度。休息的时间要足够，才不会让乳酸来不及排除，造成肌肉过于疲劳，以至于下一趟训练达不到同样的摄氧量，导致训练效果受限。例如I强度3分钟×6趟，每趟之间休息3分钟，休息太久摄氧量会降下来，休息太少则会太快累积乳酸，造成之后几趟配速下降，反而达不到训练目的。我们常听到的"亚索800"（快跑800米与休息之间反复进行的训练方式）其实就是一种I强度的间歇训练。

在I强度时，我们强迫身体的摄氧量达到最大值。通常从起跑线开始以I配速开始跑，摄氧量要花1.5 ～ 2分钟的时间才会达到最大值。摄氧量达到最大值的意思，是储存在体内的糖类与脂肪将以最快的速度代谢成ATP供肌肉使用。这种快速输出的过程将非常痛苦，此时你的心率会飙高逼近最大值，血管里血液流动的速度也会达到极速（血压升高），来不及排除的乳酸大量累积在肌肉和血液中，每一趟跑到最后都会有喘不过气来的感觉……种种压力使得I强度的训练让跑者感到极为痛苦。这种痛苦，在2分钟后会变得更加难以忍受，你随时都想停下来，以"I强度3分钟×6趟"的课表来说，最后1分钟能锻炼跑者面对巨大痛苦还继续往前迈步的意志力。

 # R强度是在提升跑步的经济性

"R"是"Repetition"的简称，表示高强度反复训练的意思。它的主要训练目的如下。

- 锻炼无氧系统与刺激肌肉神经反射。
- 提升最快速度。
- 提升跑步经济性。
- 消除E/L课表训练后肌肉伸缩速度变慢的副作用。

可能有些人会疑惑，为什么在最大心率之上还有一级？因为R强度已经超过有氧系统，对马拉松跑者来说R强度不是在练体能，它主要的训练目的是提高跑步的经济性。为什么它可以提高跑步的经济性呢？首先我们要了解最大心率代表的含义：心脏所能负载的输血能力，但在强度超过最大摄氧量时，血液提供氧气产生能量的速率已经赶不上消耗的速率。无氧系统提供能量的效率比有氧系统高很多，所以你能跑得更快。

因此在R强度进行训练时，最大心率不是很重要，要达到特定的配速才比较重要。也就是说，R强度训练并非在训练有氧代谢能力，对马拉松跑者来说它是在训练肌肉快速伸缩的模式，进而提升运动效率。简单来说，就是快跑和慢跑的技巧会有些微差异，而快跑的技巧只有让身体处在高速下才能学会。例如时常有人问："要怎么练步频？"能刺激肌肉神经反射的R配速训练就是提高步频的有效训练之一。

R强度训练属于无氧系统，主要是培养你的速度感，并试图让你在高速中找到更轻松的训练方式（即能以更轻松的状态完成该速度的练习）——这是丹尼尔斯教练认为能有效增进跑步经济性的训练方式，所以R强度的训练都是以200～400米为主，若目标是练马拉松，就不用再拉长。但对于800米或1600米这种短距离跑者来说，需要拉长到800米，才能锻炼到无氧系统中的乳酸系统。但不管每趟的距离为何，总里程通常不会超过3公里。

R强度并不是在练体能，而是在练神经肌肉反射能力，所以关键在加大双脚的幅度

R强度训练的休息时间跟前面T强度巡航间歇与I强度间歇训练不同，不太需要客观以几比几来定休息时间，你可以主观的用本体感受来判断，直到你感觉自己下一趟也能跑到与前一趟相同的速度，所以在进行R强度训练时必须完全恢复后才能开始下一趟。由于R强度训练的目的是提高速度与跑步的经济性，所以休息时间不是重点，重点是每趟都要能跑出一样快的速度。在R强度训练时，休息太久只会造成两个后果：其一是身体变冷导致僵硬；其二是训练拖得太长，压缩了你从事其他活动的时间。

此外，R强度训练虽然速度最快，但这种训练方式对于提升最大摄氧量的帮助不大，因为训练时间短，又休息很久，你来不及达到最大摄氧量就跑完了，并不会对最大摄氧量系统带来足够的刺激。

 ## 马拉松跑者的体能金字塔

既然R强度可以提升跑步的经济性，I强度可以提升最大摄氧量，我们一直练R

强度跟I强度不就好了吗？摄氧量提升后，速度就可以一直加快。没错，刚开始进行I强度的间歇训练，我们进步很快，但也很危险。因为我们的体能就像一个金字塔，R强度跟I强度位于金字塔的顶端，只练这两种强度的结果就像在地基不稳的金字塔顶端不断往上加盖，一开始的确可以马上提升速度，但体能金字塔也很容易倒掉，造成运动伤害或过度训练。一开始先练E强度，把体能的基础打好。这种打底的工作，虽然速度不会显著提升，也比较枯燥，但当你把体能金字塔的基础建得又稳又宽之后，再往上练M/T/I/R强度时，你的体能金字塔会变得更为稳固，而不是只进行高强度间歇训练那种摇摇欲坠的体能（后面谈到周期化训练时，会详细说明要如何安排各强度的训练时程）。

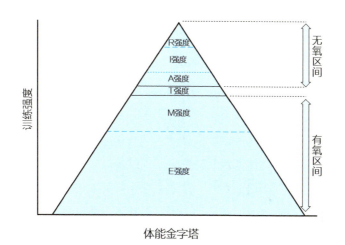

体能金字塔

前面曾说明，不论强度是高还是低，有氧系统与无氧系统都会同时运作，只是比例不同。以R强度为例，有氧系统所产生的能量非常少，由于速度很快，身体要快速产生能量供肌肉使用，有氧系统根本来不及供应，所以大部分的能量都由无氧系统供应。但R强度是以无氧代谢为主，不需要用到氧气，所以R强度的摄氧量并非最大，I强度才是摄氧量最大的强度。

也就是说，当我们从E强度开始，每两分钟加一级强度：E→M→T→A→I，摄氧量会不断地往上攀升，直到I强度达到最大值。从E强度爬升到I强度的过程中，不只摄氧量不断增加（有氧代谢的能量增加），同时无氧代谢的能量也在攀升，攀升的结果是无氧代谢的副产物——乳酸的产量也变多了。但庆幸的是，有氧代谢除了能燃烧糖类与脂肪之外，乳酸也能通过燃烧来产生能量，也就是我们所谓的"排乳酸能力"。这种能力在E/M两种强度都还游刃有余，乳酸不会累积，能及时被代谢掉。

当强度超过T时，乳酸增加的量将超出排除量，它们就会开始累积在肌肉与血液中，此时肌肉会发胀，身体为了把血液中的乳酸快速运到肝脏与其他肌肉代谢掉，就会加快心跳与呼吸。来不及排除的乳酸使得肌肉变酸、变硬，运动能力也会逐渐下降（其实身体就是通过这个机制来限制你的运动能力，以免你超出极限）。了解乳酸的成因后，你可能会想到：那是否在增加到某种跑步速度后，刚好可以让乳酸增加的量等同于排除的量，我们就能用较快的速度一直跑下去都不会变慢。

没错！乳酸处于动态平衡时就称为"乳酸阈值"（Lactate Threshold，缩写为LT）。在LT时，就像你一直把乳酸倒进漏斗中，虽然快溢出来，但由于下方的斗孔一直在排乳酸，漏斗刚好处在欲满不满的动态平衡状态。在此种状态下的跑速，称为你的临界速度。这个临界速度就成为定义训练强度的关键，低于T强度我们就称为有氧区间，此时有氧代谢能量比例大于无氧代谢；高于T强度就属于无氧区间，此时无氧代谢的比例已经大于有氧代谢。

血液乳酸浓度

监控运动时的血液乳酸浓度同样是十分可靠的方式，相比起摄氧量更能够在实际训练时采用。具体方法是让跑者于训练暂停时抽取血液，再通过仪器分析血液中的乳酸浓度，但缺点在于跑者必须要停下来才能让专业人士顺利进行抽血程序，因此跑者并不能在运动的同时得知当下的血液乳酸浓度（跑步机或固定式自行车除外），无法及时监控，而且并不是所有跑者都可以接受不断抽血；通常也只有非常顶尖的选手，为了能够最精确地控制训练强度才会选择这种方式，普通跑者很少会在训练时监控乳酸浓度。因此在训练时比较常用的方式是监控LT时的临界速度（T配速）与心率（T心率）。

为何精英选手可以潇洒冲过终点

下面这张图是两个跑者的最大摄氧量和LT的比较图，我们将两个跑者称为红选手和蓝选手，他们的最大摄氧量（VO$_2$max）很接近，约等于每公斤体重每分钟消耗69毫升的氧气。但红选手的LT位于70%的VO$_2$max，蓝选手却只有60%。

这代表在跑速同样是每小时7公里的情况下，红选手还是以有氧代谢为主，还可以边跑边讲话，而蓝选手已经驱动无氧代谢系统，乳酸也开始累积，这个速度维持不了几分钟蓝选手就会大口喘气、肌肉僵硬、心跳加速、速度越来越慢，此时红选手还可以张口大叫蓝选手快点跟上，但蓝选手已经连应答的力气都没有了。

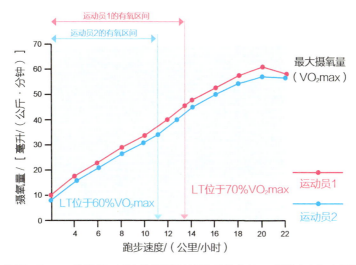

拥有相同VO₂max的选手，耐力的强弱取决于LT的高下，LT越高有氧容量就越大

两人有同样的VO₂max，也就是有相同的最大输出功率，所以若他们的力量与技巧也都一样，短距离的运动表现也会差不多，但在长跑时最大输出功率并不是最重要的能力，而是耐久力，用前面解释过的术语来说，就是跑者的LT有多高，说得更精准一点："LT有多接近VO₂max"，两者越接近代表你的耐力越好。

我最感到好奇的就是，那些奥运等级的长跑精英选手，为什么每次跑到终点都一副好像刚跑到家门口的便利店，买完东西的轻松模样，不喘也不痛，冲过终点时还能挥手致意，为什么他们不再用力一点跑出破纪录的成绩呢？

其实正是因为他们的VO₂max和LT已经非常接近，看起来不会喘是因为在比赛时强度还在LT附近，但不能再快了，只要再加快一点点就会超过LT逼近VO₂max。由于两者太靠近了，稍微超过一点乳酸就快速积累，速度会立即大幅度下降。所以他们跑到终点可以如此从容，同时他们也必须小心，不能越线。马拉松体能训练的其中一项目标，就是让LT逼近VO₂max，才能扩大有氧区间，让你在高速下还能跑得不疾不徐！[8]

---

8 世界级马拉松选手的LT可以逼近90%的VO₂max。

肌肉酸痛与肌肉疼痛

　　不管是进行高强度的间歇训练、低强度的轻松慢跑，还是当我们处于休息状态时，身体其实都在产生乳酸，只是产生的多寡不同而已。进行低强度训练时由于乳酸一产生就被排除掉了，不太容易感觉得到；但当我们进行高强度的间歇训练时（数组亚索800），由于此时的运动强度非常高，乳酸产生得多且迅速，身体无法马上排除，因此在最后几趟时都会感受到明显的肌肉酸痛，甚至训练结束都半小时了仍然十分难受。

　　此时肌肉的痛，确实是由于身体里过多的乳酸所造成的。但大部分跑者仍然会误解，以为每次在高强度训练后隔天的肌肉疼痛也是由于乳酸仍然累积在身体内所引起的，但其实运动（特别是高强度运动）24～48小时后的肌肉疼痛跟乳酸并没有关系，而是一种迟发性肌肉疼痛（Delayed Onset Muscle Soreness，缩写为DOMS）所引起的。这种疼痛的起因是肌肉在高强度运动时受到剧烈的摩擦与拉扯，造成肌肉纤维发炎与轻微断裂。

　　不管是精英选手抑或是刚入门的新手，在运动后的1～2小时内乳酸都会完全被排除掉（通过血液循环至肝脏，再重新合成葡萄糖供身体使用），因此相隔一两天的肌肉疼痛，跟乳酸可说是一点关系都没有。

找到自己的训练强度区间

　　训练强度的区间可以从两个角度确定，分别是配速和心率区间。

利用丹尼尔斯的跑力表来找到自己的训练配速区间

　　丹尼尔斯教练所开发的跑力表（VDOT）正是采用配速来决定训练强度，通过特定的方式测验出跑者目前的能力（如5公里、10公里测验），再推断出适合他的训练配速，以达到该有的训练强度；在心率装置还没有普及时，配速对耐力选手来说可说是最主要的强度指标。

按照配速训练的缺点是难以按照当下的身体状态进行调整，且难以配合当下的外在环境做出调整，像是坡度。例如在平路是以5分钟/公里的配速来进行E强度训练，但到了5%～6%的上坡如果继续以这个配速前进，强度也许就达到M强度甚至更高了。比赛的氛围也是一个因素，只要参加过比赛的人就会知道，刚出发时可以跑得比平常快很多，而且也不太会喘，但那通常只是假象，如果不加以克制，比赛后半段就会尝到苦果。因此，用心率计就能更有效地控制强度。但配速对没有心率装备的人，或是经过多年训练且对自身状况十分了解的选手来说仍然十分实用。

 ## 利用《丹尼尔斯经典跑步训练法》中的跑力表

那么我们该如何找到自己的训练配速区间呢？可以采用丹尼尔斯博士所开发出来的跑力表，先找到自己的跑力，再用跑力来对照出自己的各级配速。

"跑力"一词源自《丹尼尔斯经典跑步训练法》一书，作者杰克·丹尼尔斯（Jack Daniels）以此值来定义跑者的能力等级。它并不等于最大摄氧量（VO₂max），而是身体实际的最大摄氧量、跑步经济性、跑者的意志力结合后的指标。跑力越高代表你的跑步实力越强。试想，即使两个人拥有相同的最大摄氧量（通常最大摄氧量越高有氧能力越强），但跑者A比跑者B拥有更好的跑步经济性（摄氧所产生的是较多的能量而非体热），因此跑者A的跑力会比跑者B高。你可以把它想成生理上达到最大摄氧量时的跑步速度。假设两个人有相同的最大摄氧量，一个人跑步技术比较高明或是意志较为坚韧，那他的跑力也就会比较高。

接下来我们要教你如何用跑力表来找到自己的各级配速。

在找自己目前的跑力和各级配速时，必须用最近比赛（或测验）的结果，不能用你希望达到的目标成绩。

假设跑者A某次比赛的5公里成绩为17分03秒，在表5.1找到5000米的字段，接着往最左（或最右）的一栏找出跑力为"60"。但如果用5公里和10公里测验所得出的跑力不同怎么办？答案很简单：以测出结果最高的跑力为准。

接着再用表5.2即可找到不同等级的配速，分别为：

- E配速＝每公里4分15秒至4分49秒；

- M配速＝每公里3分52秒；

- T配速＝每公里3分40秒（400米跑道每圈88秒）；

- I配速 = 每公里3分23秒（400米跑道每圈81秒）；
- R配速 = 200米间歇配速37秒（400米间歇配速75秒）。

丹尼尔斯就是利用这种方式，一个个地将跑力找出来，再分别给出适合不同跑力的训练配速。注：下表中的7:49表示7分49秒，4:49:17表示4小时49分17秒。

《丹尼尔斯经典跑步训练法》中文版第五章　表5.1（有修改）

跑力值	1500米	1600米	3000米	3200米	5000米	10公里	15公里	半马	全马	跑力值
30	8:30	9:11	17:56	19:19	30:40	63:46	98:14	2:21:04	4:49:17	30
31	8:15	8:55	17:27	18:48	29:51	62:03	95:36	2:17:21	4:41:57	31
32	8:02	8:41	16:59	18:18	29:05	60:26	93:07	2:13:49	4:34:59	32
33	7:49	8:27	16:33	17:50	28:21	58:54	90:45	2:10:27	4:28:22	33
34	7:37	8:14	16:09	17:24	27:39	57:26	88:30	2:07:16	4:22:03	34
35	7:25	8:01	15:45	16:58	27:00	56:03	86:22	2:04:13	4:16:03	35
36	7:14	7:49	15:23	16:34	26:22	54:44	84:20	2:01:19	4:10:19	36
37	7:04	7:38	15:01	16:11	25:46	53:29	82:24	1:58:34	4:04:50	37
38	6:54	7:27	14:41	15:49	25:12	52:17	80:33	1:55:55	3:59:35	38
39	6:44	7:17	14:21	15:29	24:39	51:09	78:47	1:53:24	3:54:34	39
40	6:35	7:07	14:03	15:08	24:08	50:03	77:06	1:50:59	3:49:45	40
41	6:27	6:58	13:45	14:49	23:38	49:01	75:29	1:48:40	3:45:09	41
42	6:19	6:49	13:28	14:31	23:09	48:01	73:56	1:46:27	3:40:43	42
43	6:11	6:41	13:11	14:13	22:41	47:04	72:27	1:44:20	3:36:28	43
44	6:03	6:32	12:55	13:56	22:15	46:09	71:02	1:42:17	3:32:33	44
45	5:56	6:25	12:40	13:40	21:50	45:16	69:40	1:40:20	3:28:26	45
46	5:49	6:17	12:26	13:25	21:25	44:25	68:22	1:38:27	3:24:39	46
47	5:42	6:10	12:12	13:10	21:02	43:36	67:06	1:36:38	3:21:00	47
48	5:36	6:03	11:58	12:55	20:39	42:50	65:53	1:34:53	3:17:29	48
49	5:30	5:56	11:45	12:41	20:18	42:04	64:44	1:33:12	3:14:06	49
50	5:24	5:50	11:33	12:28	19:57	41:21	63:36	1:31:35	3:10:49	50
51	5:18	5:44	11:21	12:15	19:36	40:39	62:31	1:30:02	3:07:39	51
52	5:13	5:38	11:09	12:02	19:17	39:59	61:29	1:28:31	3:04:36	52
53	5:07	5:32	10:58	11:50	18:58	39:20	60:28	1:27:04	3:01:39	53
54	5:02	5:27	10:47	11:39	18:40	28:42	59:30	1:25:40	2:58:47	54
55	4:57	5:21	10:37	11:28	18:22	38:06	58:33	1:24:18	2:56:01	55
56	4:53	5:16	10:27	11:17	18:05	37:31	57:39	1:23:00	2:53:20	56
57	4:48	5:11	10:17	11:06	17:49	36:57	56:46	1:21:43	2:50:45	57

续表

跑力值	1500米	1600米	3000米	3200米	5000米	10公里	15公里	半马	全马	跑力值
58	4:44	5:06	10:08	10:56	17:33	36:24	55:55	1:20:30	2:48:14	58
59	4:39	5:02	9:58	10:46	17:17	35:52	55:06	1:19:18	2:45:47	59
60	4:35	4:57	9:50	10:37	17:03	35:22	54:18	1:18:09	2:43:25	60
61	4:31	4:53	9:41	10:27	16:48	34:52	53:32	1:17:02	2:41:08	61
62	4:27	4:49	9:33	10:18	16:34	34:23	52:47	1:15:57	2:38:54	62
63	4:24	4:45	9:25	10:10	16:20	33:55	52:03	1:14:54	2:36:44	63
64	4:20	4:41	9:17	10:01	16:07	33:28	51:21	1:13:53	2:34:38	64
65	4:16	4:37	9:09	9:53	15:54	33:01	50:40	1:12:53	2:32:35	65
66	4:13	4:33	9:02	9:45	15:42	32:35	50:00	1:11:56	2:30:36	66
67	4:10	4:30	8:55	9:37	15:29	32:11	49:22	1:11:00	2:28:40	67
68	4:06	4:26	8:48	9:30	15:18	31:46	48:44	1:10:05	2:26:47	68
69	4:03	4:23	8:41	9:23	15:06	31:23	48:08	1:19:12	2:24:57	69
70	4:00	4:19	8:34	9:16	14:55	31:00	47:32	1:08:21	2:23:10	70
71	3:57	4:16	8:28	9:09	14:44	30:38	46:58	1:07:31	2:21:26	71
72	3:54	4:13	8:22	9:02	14:33	30:16	46:24	1:06:42	2:19:44	72
73	3:52	4:10	8:16	8:55	14:23	29:55	45:51	1:05:54	2:18:05	73
74	3:49	4:07	8:10	8:49	14:13	29:34	45:19	1:05:08	2:16:29	74
75	3:46	4:04	8:04	8:43	14:03	29:14	44:48	1:04:23	2:14:55	75
76	3:44	4:02	7:58	8:37	13:54	28:55	44:18	1:03:39	2:13:23	76
77	3:41+	3:58+	7:53	8:31	13:44	28:36	43:49	1:02:56	2:11:54	77
78	3:38.8	3:56.2	7:48	8:25	13:35	28:17	43:20	1:02:15	2:10:27	78
79	3:36.5	3:53.7	7:43	8:20	13:26	27:59	42:52	1:01:34	2:09:02	79
80	3:34.2	3:51.2	7:37.5	8:14.2	13:17.8	27:41	42:25	1:00:54	2:07:38	80
81	3:31.9	3:48.7	7:32.5	8:08.9	13:09.3	27:24	41:58	1:00:15	2:06:17	81
82	3:29.7	3:46.4	7:27.7	8:03.7	13:01.1	27:07	41:32	0:59:38	2:04:57	82
83	3:27.6	3:44.0	7:23.0	7:58.6	12:53.0	26:51	41:06	0:59:01	2:03:40	83
84	3:25.5	3:41.8	7:18.5	7:53.6	12:45.2	26:34	40:42	0:58:25	2:02:34	84
85	3:23.5	3:39.6	7:14.0	7:48.8	12:37.4	26:19	40:17	0:57:50	2:01:10	85

《丹尼尔斯经典跑步训练法》中文版第五章　表5.2（有修改）

跑力值	E（Easy）/L（Long）		M（马拉松配速）		T（阈值配速）		
	1000米	1600米	1000米	1600米	400米	1000米	1600米
30	7:27~8:14	12:00~13:16	7:03	11:21	2:33	6:24	10:18

跑力值	E（Easy）/L（Long）		M（马拉松配速）		T（阈值配速）		
	1000米	1600米	1000米	1600米	400米	1000米	1600米
31	7:16~8:02	11:41~12:57	6:52	11:02	2:30	6:14	10:02
32	7:05~7:52	11:24~12:39	6:40	10:44	2:26	6:05	9:47
33	6:55~7:41	11:07~12:21	6:30	10:27	2:23	5:56	9:33
34	6:45~7:31	10:52~12:05	6:20	10:11	2:19	5:48	9:20
35	6:36~7:21	10:37~11:49	6:10	9:56	2:16	5:40	9:07
36	6:27~7:11	10:23~11:34	6:01	9:41	2:13	5:33	8:55
37	6:19~7:02	10:09~11:20	5:53	9:28	2:10	5:26	8:44
38	6:11~6:54	9:56~11:06	5:45	9:15	2:07	5:19	8:33
39	6:03~6:46	9:44~10:53	5:37	9:02	2:05	5:12	8:22
40	5:56~6:38	9:32~10:41	5:29	8:50	2:02	5:06	8:12
41	5:49~6:31	9:21~10:28	5:22	8:39	2:00	5:00	8:02
42	5:42~6:23	9:10~10:17	5:16	8:28	1:57	4:54	7:52
43	5:35~6:16	9:00~10:05	5:09	8:17	1:55	4:49	7:42
44	5:29~6:10	8:50~9:55	5:03	8:07	1:53	4:43	7:33
45	5:23~6:03	8:40~9:44	4:57	7:58	1:51	4:38	7:25
46	5:17~5:57	8:31~9:34	4:51	7:49	1:49	4:33	7:17
47	5:12~5:51	8:22~9:25	4:46	7:40	1:47	4:29	7:09
48	5:07~5:45	8:13~9:15	4:41	7:32	1:45	4:24	7:02
49	5:01~5:40	8:05~9:06	4:36	7:24	1:43	4:20	6:56
50	4:56~5:34	7:57~8:58	4:31	7:17	1:41	4:15	6:50
51	4:52~5:29	7:49~8:49	4:27	7:09	1:40	4:11	6:44
52	4:47~5:24	7:42~8:41	4:22	7:02	1:38	4:07	6:38
53	4:43~5:19	7:35~8:33	4:18	6:56	1:37	4:04	6:32
54	4:38~5:14	7:28~8:26	4:14	6:49	1:35	4:00	6:26
55	4:34~5:10	7:21~8:18	4:10	6:43	1:34	3:56	6:20
56	4:30~5:05	7:15~8:11	4:06	6:37	1:33	3:53	6:15
57	4:26~5:01	7:08~8:04	4:03	6:31	1:31	3:50	6:09
58	4:22~4:57	7:02~7:58	3:59	6:25	1:30	3:46	6:04
59	4:19~4:53	6:56~7:51	3:56	6:19	1:29	3:43	5:59
60	4:15~4:49	6:50~7:45	3:52	6:14	1:28	3:40	5:54
61	4:11~4:45	6:45~7:39	3:49	6:09	1:26	3:37	5:50
62	4:08~4:41	6:39~7:33	3:46	6:04	1:25	3:34	5:45

续表

跑力值	E（Easy）/L（Long）		M（马拉松配速）		T（阈值配速）		
	1000米	1600米	1000米	1600米	400米	1000米	1600米
63	4:05~4:38	6:34~7:27	3:43	5:59	1:24	3:32	5:41
64	4:02~4:34	6:29~7:21	3:40	5:54	1:23	3:29	5:36
65	3:59~4:31	6:24~7:16	3:37	5:49	1:22	3:26	5:32
66	3:56~4:28	6:19~7:10	3:34	5:45	1:21	3:24	5:28
67	3:53~4:24	6:15~7:05	3:31	5:40	1:20	3:21	5:24
68	3:50~4:21	6:10~7:00	3:29	5:36	1:19	3:19	5:20
69	3:47~4:18	6:06~6:55	3:26	5:32	1:18	3:16	5:16
70	3:44~4:15	6:01~6:50	3:24	5:28	1:17	3:14	5:13
71	3:42~4:12	5:57~6:46	3:21	5:24	1:16	3:12	5:09
72	3:40~4:00	5:53~6:41	3:19	5:20	1:16	3:10	5:05
73	3:37~4:07	5:49~6:37	3:16	5:16	1:15	3:08	5:02
74	3:34~4:04	5:45~6:32	3:14	5:12	1:14	3:06	4:59
75	3:32~4:01	5:41~6:28	3:12	5:09	1:14	3:04	4:56
76	3:30~3:58	5:38~6:24	3:10	5:05	1:13	3:02	4:52
77	3:28~3:56	5:34~6:20	3:08	5:02	1:12	3:00	4:49
78	3:25~3:53	5:30~6:16	3:06	4:58	1:11	2:58	4:46
79	3:23~3:51	5:27~6:12	3:03	4:55	1:10	2:56	4:43
80	3:21~3:49	5:24~6:08	3:01	4:52	1:10	2:54	4:41
81	3:19~3:46	5:20~6:04	3:00	4:49	1:09	2:53	4:38
82	3:17~3:44	5:17~6:01	2:58	4:46	1:08	2:51	4:35
83	3:15~3:42	5:14~5:57	2:56	4:43	1:08	2:49	4:32
84	3:13~3:40	5:11~5:54	2:54	4:40	1:07	2:48	4:30
85	3:11~3:38	5:08~5:50	2:52	4:37	1:06	2:46	4:27

跑力值	I（I配速）				R（R配速）				
	400米	1000米	1200米	1600米	200米	300米	400米	600米	800米
30	2:22	—	—	—	1:07	1:41	—	—	—
31	2:18	—	—	—	1:05	1:38	—	—	—
32	2:14	—	—	—	1:03	1:35	—	—	—
33	2:11	—	—	—	1:01	1:32	—	—	—
34	2:08	—	—	—	1:00	1:30	2:00	—	—

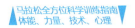

续表

跑力值	I（I配速）				R（R配速）				
	400米	1000米	1200米	1600米	200米	300米	400米	600米	800米
35	2:05	—	—	—	0:58	1:27	1:57	—	—
36	2:02	—	—	—	0:57	1:25	1:54	—	—
37	1:59	5:00	—	—	0:55	1:23	1:51	—	—
38	1:56	4:54	—	—	0:54	1:21	1:48	—	—
39	1:54	4:48	—	—	0:53	1:20	1:46	—	—
40	1:52	4:42	—	—	0:52	1:18	1:44	—	—
41	1:50	4:36	—	—	0:51	1:17	1:42	—	—
42	1:48	4:31	—	—	0:50	1:15	1:40	—	—
43	1:46	4:26	—	—	0:49	1:14	1:38	—	—
44	1:44	4:21	—	—	0:48	1:12	1:36	—	—
45	1:42	4:16	—	—	0:47	1:11	1:34	—	—
46	1:40	4:12	5:00	—	0:46	1:09	1:32	—	—
47	1:38	4:07	4:54	—	0:45	1:08	1:30	—	—
48	1:36	4:03	4:49	—	0:44	1:07	1:29	—	—
49	1:35	3:59	4:45	—	0:44	1:06	1:28	—	—
50	1:33	3:55	4:40	—	0:43	1:05	1:27	—	—
51	1:32	3:51	4:36	—	0:43	1:04	1:26	—	—
52	1:31	3:48	4:32	—	0:42	1:04	1:25	—	—
53	1:30	3:44	4:29	—	0:42	1:03	1:24	—	—
54	1:28	3:41	4:25	—	0:41	1:02	1:22	—	—
55	1:27	3:37	4:21	—	0:40	1:01	1:21	—	—
56	1:26	3:34	4:18	—	0:40	1:00	1:20	2:00	—
57	1:25	3:31	4:14	—	0:39	0:59	1:19	1:57	—
58	1:23	3:28	4:10	—	0:38	0:58	1:17	1:55	—
59	1:22	3:25	4:07	—	0:38	0:57	1:16	1:54	—
60	1:21	3:23	4:03	—	0:37	0:56	1:15	1:52	—
61	1:20	3:20	4:00	—	0:37	0:55	1:14	1:51	—
62	1:19	3:17	3:57	—	0:36	0:54	1:13	1:49	—
63	1:18	3:15	3:54	—	0:36	0:53	1:12	1:48	—
64	1:17	3:12	3:51	—	0:35	0:52	1:11	1:46	—
65	1:16	3:10	3:48	—	0:35	0:52	1:10	1:45	—
66	1:15	3:08	3:45	5:00	0:34	0:51	1:09	1:43	—

跑力30以下的人怎么办？

我个人在东华大学曾开过两学期的马拉松课，来修课的同学大都是没有跑步训练背景的新人，第一次测跑力时都以5公里为基准，一半以上的同学都在30分以下，根本测不出跑力。那时只能要求同学全部都以跑力最低值的30为基准来找出自己的各级配速。原本在图书第二版中，丹尼尔斯所设计的跑力表是从30～85。但到了第三版，为满足许多入门跑者的要求，丹尼尔斯把跑力的最低值从30降到20。

《丹尼尔斯经典跑步训练法》中文版第五章　表5.3（有修改）

时间			R		I			T		M		
1600米	5公里	跑力值	200米	300米	200米	400米	400米	1000米	1600米	时间（小时：分钟）	1000米	1600米
9:10	30:40	30	1:08	1:42	1:11	2:24	2:33	6:24	10:18	4:57	7:03	11:21
9:27	31:32	29	1:10	1:45	1:14	2:28	2:37	6:34	10:34	5:06	7:15	11:41
9:44	32:27	28	1:13	1:49	1:17	2:34	2:42	6:45	10:52	5:15	7:27	12:02
10:02	33:25	27	1:15	1:53	1:18	2:38	2:46	6:56	11:10	5:25	7:41	12:24
10:22	34:27	26	1:19	1:57	1:21	2:44	2:51	7:09	11:30	5:35	7:56	12:47
10:43	35:33	25	1:21	2:02	1:24	2:48	2:56	7:21	11:51	5:45	8:10	13:11
11:06	36:44	24	1:24	—	1:27	2:55	3:02	7:35	12:13	5:56	8:26	13:36
11:30	38:01	23	1:27	—	1:30	3:01	3:08	7:50	12:36	6:08	8:43	14:02
11:56	39:22	22	1:30	—	1:33	3:07	3:14	8:06	13:02	6:19	8:59	14:29
12:24	40:49	21	1:33	—	1:36	3:13	3:21	8:23	13:29	6:31	9:16	14:57
12:55	42:24	20	1:37	—	1:40	3:21	3:28	8:41	13:58	6:44	9:34	15:26

但检测距离只有1600米和5000米两种。他建议入门跑者先用这两种距离的比赛或测验成绩，看个人的成绩介于哪两个跑力值的范围内，就可以找到建议的训练强度。

对于刚接触跑步的初次马拉松比赛挑战者而言，这是个很有用的表格，请注意最后的字段"M"里头有一栏"时间"，那是此跑力所对应的全马时间。比如说，假设你的5000米测验成绩是35分30秒左右，跑力是25，你的初次马拉松比赛目标可以设在5小时45分钟，M配速即为每公里8分10秒，差不多是大部分人快走可以达到的速度。这样想起来，是否变得不那么困难了呢？

利用耐力网的跑步能力检测功能

丹尼尔斯书中的表格很好用，但缺点是每次测验或比赛完都要重新翻书，造成不少困扰，所以我们过去一直想把所有的数据输入数据库，设计一个网页，直接输入距离与成绩后就能显示目前各种强度的配速为何。直到最近，在与耐力网团队的合作努力下，我们完成了跑力检测的在线版，网址：http://www.center4gaming.org/c4g/index.php/estimate/index。

在线检测第一步：输入成绩

泳力检测	跑力检测	骑力检测	力量检测	心率区间检测

5km最佳成绩 ▾ **00:18:36** 检测

在耐力网"能力检测"页面中先单击"跑力检测"，在下拉菜单中选择目标赛事的距离，再输入近期比赛或测验的最佳成绩，网站中左下侧表格显示的是具有相同跑力的人，在其他比赛距离的最佳表现成绩，这些成绩只是参考用，让你知道同一个跑力值的跑者在其他距离跑出的成绩为何。

下方显示其他距离能跑出的成绩（如下）

右下栏的表格才是重点，它是你练习跑步时训练配速的依据（可分别用配速和时速表示）。

建议您每一种训练应该进行的配速

	1K	400M	200M
E配速上限			
M配速	00:04:59	–	–
T配速	00:04:14	–	–
I配速	00:04:00	00:01:35	–
R配速	00:03:41	00:01:28	–
		00:01:22	00:00:40

配速　时速

更新您的跑力

检测结果：假设5公里的成绩为18分36秒，输入后所获得的检测结果可见E/M/T/I/R 5级配速（第一栏为每公里的时间、第二栏为每400米的时间），单击"时速"则可调整为"公里/小时"。

请注意：跑力值最小为20，也就是5000米跑42分24秒，如果你的实力在此之下，系统仍会显示跑力值为20。

 # 心率是目前最佳的体能量化指标

对耐力运动来说，最原始的量化指标就是成绩，例如原本5公里跑20分钟，训练3个月后在同样的跑道上可以跑到19分钟，毋庸置疑，这就算变强了。但只看测验或比赛成绩，你会不确定进步的到底是体能、力量还是技术。尤其对于马拉松这种耐力型运动来说，体能训练是最重要的，所以也最需要被量化。原本量化体能这件事相当困难，但科技进步后出现了心率监控装置，让我们可以实时监控与记录训练心率，因为心率可以当成体能训练强度的相应指标，跑得越用力，心率自然也越快。

身体里的各种细胞中，能产生"动作电位"的细胞主要是神经细胞与肌细胞，也就是神经和肌纤维这两种组织，它们都能动，而且大脑具有主动权，它能下指令控制身体各部位的肌肉该怎么动；但其中有一块肌肉不受大脑的控制，那就是心脏，因为它本身就具有自律心肌细胞，不用命令它，它本身就能产生节律性的"动作电位"带动心肌细胞进行有规律的收缩，将血液送往全身组织。

心脏像是压缩帮手

当身体各部位的器官或组织的血液需求量增加时，例如气温升高时为了排除体热，或是苦思难题时大脑需氧量大增，或是运动强度增加时各部位肌肉需要更多能量与氧气，心脏跳动的频率（心率）就会自动升高。

计算心率的标准是心脏每分钟的跳动次数（Beat Per Minutes，缩写为BPM）。普遍来说，一般人的心脏在处于静止的情况下，每分钟会跳动60～90次，运动时心跳会加速，耐力较好的跑者在同等运动强度下的心率会比正常人来得低。

简单来说：心率可以反映目前你的身体对于血液的需求量。当你跑得更快时，前倾角度增加，脚掌要拉得更高，落地也变重，肌肉的负荷与收缩范围变大，身体

要更快速地把能量和氧气运送来供给肌肉使用，除此之外还要赶快把肌肉大量运动后所产生的副产物运走。以上运送工作就是由血液来做的，运送的需求量越大，心脏输出的血液量（心输出量）也越多，而心输出量＝心率×心搏量。所以当身体提出更大量的血液需求时，心率就会自动升高。

那么，提升心搏量（心脏每跳动一次所输出的血液量）不也能增加心输出量吗？没错，虽然心脏的大小在成人后就几乎不会改变，但通过有氧训练，心脏的力量会增加，许多马拉松跑者会发现，长期训练后心率会变得很低，那就是因为心搏量变大后，心脏已经不需要跳得那么快就能应付相同的活动量。

对于耐力跑者来说，当运动强度提高时，不管是在平坦路段提高速度或是进入陡坡要反抗重力向上爬，心脏都需更费力地输出更多的血液。心脏像是压缩帮手，当身体的需求量越大，它压缩的频率就要跟着提高。所以，心率其实是一个被动而非主动的数据。

心率跟摄氧量成正比

跟配速比起来，心率还是一个更为精准的强度指标。

虽然量化训练强度最精确的数据是最大摄氧量的百分比，由它直接可以看出你的身体每分钟使用多少氧气，藉此了解每分钟身体消耗了多少能量，但我们不可能每次训练都戴着面罩采集呼出的每一口气做分析，因此我们退而求其次，使用心率当指标。根据美国国家力量与体能协会所出版的《力量与体能训练》（*Essential of strength training and conditioning*），当运动强度增加时，特别是处于最大摄氧量的80%以下时，心率与摄氧量将会呈线性关系同时上升，最大摄氧量80%以上，心率的上升会趋于平缓。但大体上两者还是呈现正比关系。

由于两者间的密切关系，耐力跑者最常使用心率来定义运动强度，在《丹尼尔斯经典跑步训练法》一书中，同样是以最大心率的百分比作为各种训练强度的指标。

找出跑步时的最大心率（Heart Rate Maximum，缩写为HRM）

若要使用心率作为监控训练强度的指标，首先我们要找出自己的最大心率，才能依百分比算出各强度区间的训练心率。大部分的人会直接采用网络或书本上的公式进行计算，但那非常不妥，原因在于公式计算出来的最大心率是某个年龄的平均值，若把这个年龄的最大心率都等同于公式计算的结果，那可犯了相当严重的错误。

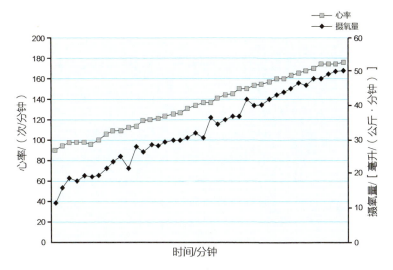

当强度提高时，摄氧量和心率之间的关系图。摘自*Heart Rate Training*, figure 1.3, P16。

从网络上能搜索到数种最大心率计算公式，可以整合成下列6种

	公式名称	公式	推估心率/（次/分钟）
公式1	Age adjusted	220－年龄	189
公式2	Ball State University	214－（0.8×年龄）	189
公式3	Londeree & Moeschberger	206.3－（0.711×年龄）	184
公式4	Miller et al	217－（0.85×年龄）	191
公式5	Heart Zones®（Male）	[210－（0.5×年龄）－（0.1×体重）]＋4	192
公式6	Heart Rate Training	202－（0.55×年龄）	185

　　不管用何种公式，计算出来都不一定是你实际的最大心率，而是那次实验针对特定的人群所分析出来的实验结果。以我来说，年龄31岁，体重65公斤，用这6种公式所计算出来的最大心率可见于第三栏：最低184次/分钟，最高192次/分钟，而我实际用心率计测出来的最大心率是192次/分钟，跟公式估算值差距不大。但对某些人来说可差多了，我们用公式1，计算55岁的跑者的最大心率是220-55=165次/分钟，但165次/分钟并非这位跑者实际的最大心率，而是55岁跑者的平均最大心率，他实际测出来是185次/分钟。所以如果把公式用在特定的个人身上就会有误导的问题。以下为丹尼尔斯博士曾在书中举的两个例子：

　　我测试过他们多次，测试出来实际的最大心率远低于他们用公式推出来的预测值。有一位30岁的男性跑者，以最严谨的方式测出最大心率为148次/分钟，他到了55岁测出来的最大心率为146次/分钟。你可以想象这跟用年龄推估出的差距有多大。如果你告诉这位跑者在30岁时用他推估出来的最大心率（220-30=190次/分钟）的86%来训练，那代表心率需要到163次/分钟，这对实际最大心率只有148次/分钟的他来说根本不可能。

另一位受试者在25岁时所测出的最大心率是186次/分钟（比公式推估的220-25=195次/分钟低），这一位跑者到50岁时测出的最大心率反而提高到192次/分钟（比公式推估的220-50=170次/分钟高很多）。我的意思是如果你要用心率来监控相对的训练强度，你必须很清楚你个人目前实际的最大心率为何；总而言之，要知道自己最大心率的最佳方式还是实测。

在此，我们提供室外与室内的实测方式。

室外的最大心率检测方式：操场版

- 检测场地：400米操场。
- 检测距离：3公里（操场7.5圈）。
- 确认心率监测器正常运作：戴上心率计，先试跑1圈后，按脉搏算15秒的心跳数再乘以4，看是否跟心率监测器显示的心率一样。
- 检测的内容：在400米的操场上连续跑7圈半，强度逐渐提高，从第五圈开始，每圈结束都要看一下你的心率的数值，确认自己的心率持续上升（若没有上升就要再提升速度），并在最后的半圈使尽你全身的力量，拼命去跑，冲出你最快的速度。
- 结果：心率计在最后半圈所记录到的心率，几乎已经跟真正的最大心率非常接近了，足以当作确定训练心率区间的依据。

室外的最大心率检测方式：爬坡版

- 检测场地：坡度10～15度的上坡路段，长度约400米。
- 确认心率监测器正常运作：戴上心率计，先试跑1趟后，按脉搏算15秒的心跳数再乘以4，看是否跟心率监测器显示的心率一样。
- 检测的内容：用全力上坡跑约400米，抵达后记录下当时的心率，接着慢慢走下坡再休息3分钟。休息结束后，再跑一次，一样用尽全力跑。假设你前一次的心率是180次/分钟，你可以想象这次要达到181～183次/分钟，之后跑下坡再休息3分钟。

休息结束后，再跑一次，直到再也测不出更高的心率为止。

- 结果：如果第四次所测得的心率还比前一次高，下坡后改休息5分钟，之后再跑一次，直到你全力跑后量出来的心率等于或低于前一次的心率为止。但如果这一次跑出来的心率低于前一次，你也确定已经用尽全力了，那你就可以直接以前一次量到的数据为准。

最大心率并不会提升！

很多人误以为最大心率会随着不断的训练而提升，但其实最大心率并不会提升，每个人的最大心率皆是由先天决定的，并且会随着年纪而下降；但有些人可能会发现，在经过一段时间的训练之后，最大心率的确比之前更高了，难道这不是提升吗？其实并不是，这个"提升"只是因为之前的肌肉训练不足，或是当时的意志力无法让心脏跳到真正的最大值，但经过一段时间的训练后，心脏或是肌肉能力皆得到强化，所以后来测出来的最大心率才会比过去更高。因此提升的并不是最大心率，而是因为训练而让身体更能够接近极限。另外环境的因素也会影响我们的心率，在比赛时特别兴奋，心率一般会比平常要高，此时测量的最大心率通常会比一般训练时更加准确。

 ## 六大强度的心率区间——最大心率区间（%HRM）

相信很多正在使用心率装置训练的跑者都遇到过同样的问题，就是：如何用最大心率法来找出不同训练强度的训练心率区间呢？这也是我们过去最大的困惑，不同的教科书、教练或网络训练平台所定义的心率区间都不一样，让我们无所适从。其实，并无谁对谁错的问题，只是定义不同罢了。因此，我们最后采取《丹尼尔斯经典跑步训练法》一书中对各级强度的定义，分别如下。

- E强度（Easy）：最大心率的65% ~ 79%之间；
- M强度（Moderate）：最大心率的79% ~ 89%之间；
- T强度（Threshold）：最大心率的89% ~ 92%之间；
- A强度（Anaerobic）：最大心率的92% ~ 97%之间；

- I强度（Interval）：最大心率的97% ~ 100%之间；
- R强度（Repitition）：虽然速度比I配速快，但R强度训练的维持时间很短，还没达到最大心率就停止了，所以无需注意心率。

虽然这个方法暂时解决了我们对训练心率区间的困惑，但同时却又衍生出另一个问题，就是最大心率法并无法针对不同跑者的体能做出区别，也就是最大心率相同但运动能力不同的跑者，其根据最大心率法所计算出来的各级心率区间是一模一样的！这无法让我们准确得知跑者实际的训练强度，因为一个经过长期训练的马拉松跑者，与一名普通的市民跑者，就算最大心率刚好相同，但心率的训练区间不太可能完全相同，两人在运动时心率的起点本来就不一样（优秀的马拉松跑者其安静心率会比一般人低20 ~ 30次/分钟），而最大心率法由于没有考虑到个人的安静心率，等于每个人的安静心率皆以零计算，所以不管是马拉松跑者，还是久坐不动的上班族，如果两人最大心率相同，根据最大心率法所计算出来的训练心率区间都会相同。

获取安静心率的最佳时间在每日早晨

测量安静心率（Rest Heart Rate）的目的在于计算出储备心率，有了储备心率将能更准确地使用心率来监控训练强度。但我们在白天正常活动时，安静心率会受到很多因素的影响，例如天气、心情、生活压力、咖啡因等的刺激，如果在白天测量安静心率（尽管是安静地坐着），所测量出来的数据仍会跟实际上的有一定落差；所以我们最好能在早上刚起床的时候测量安静心率，以避免受到上述因素的影响。

安静心率的测量方式十分简单，只要在早上起床时先坐着（不用下床），把手指放到胸口或按压脖子，看着手表计时20秒，同时记下脉搏数或心跳数，再乘以3，得出来的数值即是你当天的每分钟安静心率；一般未经训练的成年人其安静心率大多为65 ~ 75次/分钟，但通常只要经过数个月的耐力训练后就会下降。安静心率越低，表示心肺功能越强，精英马拉松跑者的安静心率几乎都在50次/分钟以下。

由于安静心率可以作为个人有氧适能（Aerobic Fitness）的指标，体能越佳者其安静心率越低，体能越差者（或未经训练者）则安静心率会越高，因此以储备心率来设定训练强度就能够考虑到个别跑者的体能差异，让每一位跑者不因为个别的体能差异而影响训练的强度。假设现在有A、B两名跑者，他们的最大心率同样是200次/分钟，但跑者A经过长时间的耐力训练，安静心率为50次/分钟，而跑者B却才刚接触耐力训练，所以他的安静心率为较高的80次/分钟，在这种情况下，如果只采用最大心率的百分比（%HRM）来计算强度，两位跑者会得出同样的结果。

强度	%HRM	心率下限/（次/分钟）	心率上限/（次/分钟）
有氧耐力（E）	65%~79%	130	158
有氧动力（M）	79%~89%	158	178
乳酸阈值（T）	89%~92%	178	184
无氧耐力（A）	92%~97%	184	195
无氧动力（I）	97%~100%	195	200

 # 因人制宜的"储备心率法"（%HRR）

为了更准确地利用心率来监控训练强度，通过上述分析，我们认为最大心率的百分比（%HRM）确实难以根据每个人不同的体能状况加以修正，而应该纳入卡蒙内（Karvonen）等人首先提出的储备心率（Heart Rate Reserve，缩写为HRR），它把身体处于安静状态下的最低心率（安静心率）也考虑了进去：

储备心率＝最大心率－安静心率

接续前例，由于跑者A的体能较佳，其储备心率为150次/分钟，比跑者B的120次/分钟高，也就是说其实A、B两位跑者在运动时心率的起始点差了30次/分钟，因此在同样的训练强度下两者的心率应该不一样才对。但如果我们只采用%HRM来判定训练强度的话，两位跑者会得到一样的结果，由此可知%HRM并不是界定训练强度最好的方法。基于上述原因，我们希望各位跑者能采用储备心率法来确定训练心率区间。其计算公式如下：

目标训练强度心率＝目标训练强度百分比×（最大心率－安静心率）＋安静心率

如何定义储备心率的百分比

问题来了，在这个公式中的最大心率与安静心率都可以自行测量出来，而如何定义出目标训练强度百分比我们却不知道。我们从《丹尼尔斯经典跑步训练法》中知道了E、M、T、I各训练强度的%HRM区间，但书中并没有提到储备心率（HRR），

因此我们并不知道这几种训练强度的%HRR区间是多少，那么到底要如何使用储备心率来安排这5种强度呢？

我们从美国国家体能与力量协会的教科书中找到答案。运动科学家们经过研究指出，心率百分比与摄氧量百分比具有高度的关联性，从下表我们可看出%VO$_2$max与%HRR两者完全吻合。

TABLE 18.1

Relationship Between VO$_2$max, HRR, and MHR

% VO$_2$max	% HRR	% MHR
50	50	66
55	55	70
60	60	74
65	65	77
70	70	81
75	75	85
80	80	88
85	85	92
90	90	96
95	95	98
100	100	100

HRR = heart rate reserve; MHR = percentage of maximal heart rate.

不同强度下%VO$_2$max、%HRR与%HRM之间的关系

既然我们知道%VO$_2$max与%HRR完全吻合，也就是说如果我们得知《丹尼尔斯经典跑步训练法》中5种训练强度的最大摄氧量后，便可以推断出各强度的储备心率为何。而E/M/T/I/R强度的%VO$_2$max正是丹尼尔斯研究的重心，书中给出了5种强度的%VO$_2$max，见右侧表格。

强度	%VO$_2$max
有氧耐力（E）	59%~74%
有氧动力（M）	74%~84%
乳酸阈值（T）	84%~88%
无氧耐力（A）	88%~95%
无氧动力（I）	95%~100%

根据前面提到的%VO$_2$max与%HRR之间的密切性，所以我们认为各强度的%VO$_2$max区间应该可以直接转换成%HRR，并用来作为训练时的依据。接着我们将丹尼尔斯所提供的%VO$_2$max区间转换成%HRR，再重新计算A、B两位跑者5种强度的区间。

依储备心率法计算目标心率的方法：59%×（200−50）+ 50 = 139次/分钟

依此类推可以发现%HRR的方式更合乎训练的个别化原则。

下表为A、B两位跑者分别依最大心率法和储备心率法所计算出来的目标心率（跑者A的安静心率为50次/分钟，跑者B为80次/分钟，他们的最大心率都是200次/分钟）。

训练强度	最大心率法	储备心率法	
	%HRM的心率区间	A的%HRR心率区间/（次/分钟）	B的%HRR心率区间/（次/分钟）
E	130~158	139~161	151~169
M	158~178	161~176	169~181
T	178~184	176~182	181~186
A	184~195	182~193	186~194
I	195~200	193~200	194~200

我们会发现强度越低，采用最大心率法（%HRM）的误差越大。尤其对安静心率较低的跑者来说，使用最大心率法时，E/M强度的心率区间就会有较大的误差。以安静心率为50次/分钟的跑者A为例，他的最大心率为200次/分钟，若使用最大心率法，E心率区间是130 ~ 158次/分钟，但储备心率法的E心率区间是151 ~ 169次/分钟，差距相当大。这就是要使用储备心率法的缘故。但提高到了T/I强度时，两种方式计算出来的心率区间的差别就不大了。无论如何，从以上A、B两位跑者的比较表中可见，以%HRR为准的训练强度确实会比%HRM更能够"因人制宜"。

 ## 为什么在练LSD时，心率会一直往上升

很多使用心率计进行训练的跑者都会发现，在进行LSD训练时，明明都维持着同样的配速，但心率计上所显示的心率却总是会不断地往上升，到了训练的后段为了不让心率超出E强度的上限（79%），只好把配速放慢，让心率回落到E强度区间之内。但心中不禁还是会产生疑问：在长跑训练时如果心率快要超出区间上限，到底是该放慢配速让心率下降，还是要维持着原来的配速，让心率超出区间呢？

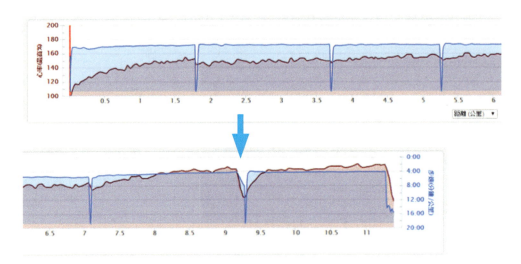

上图截取自（2015年）7月在Garmin Connect上的一段记录，当时我正进行11公里的长跑训练，前4段E强度慢跑的配速都在5分30秒左右（蓝线之间的凹槽为喝水时间），在最后进行了两段M强度跑，配速都维持在4分钟左右。蓝色区域为跑者的配速，红色区域为心率，可以看到蓝线几乎都处于同一个水平面上，而红线却呈现不断上升的趋势（不管是前4段的E强度还是后两段的M强度）。E强度跑的心率从刚开始平均140次/分钟，到7公里时已经到达160次/分钟附近，在这7公里之间心率增加了近20次/分钟；而M强度跑则从刚开始的160次/分钟，到结束时接近190次/分钟，在短短4公里之间上升了接近30次/分钟。

虽然跑者在训练E强度或是M强度时跑步配速并没有太大的变动，但心率却随着时间的拉长而不断上升，这种现象称为心率飘移（Cardiovascular Drift）。心率飘移是指在用定配速的方式进行长时间耐力训练时（跑步或骑车等长时间运动），虽然配速都维持在稳定的范围之内，但心率却会随着时间而不断上升。至于上升的幅度又会因为个人的体能状况而产生差异，有氧能力越差的人心率上升的幅度会越大，相反有氧能力越好的人上升的幅度会越小。但很多使用心率计训练的初学者会误以为只要配速不变，心率应该也会处于稳定的状态才对，特别是在进行长跑时这个现象会更为明显。出现心率飘移的主要原因如下。

1. 长时间运动后心脏力量减弱，必须增加跳动次数。

2. 水分流失后，心脏负担加大。

3. 体温上升或处于高温环境，身体必须把更多血液运到皮肤表面进行散热。

这些因素造成每次心跳的心输出量（Stroke Volume）下降，为了输出同样的血液量，只好加快心率来达成，特别是在湿热环境中进行耐力训练时，此现象将会更加明显。因此观看计算机上面的训练过程中的心率曲线时，就算全程以十分稳定的配速进行训练，心率线依然会为一条向左倾斜的斜线，而非水平线。

理论上跑步能力越高的选手，根据心率训练长跑会越准确，因为优秀的耐力选手由于接受过长期的耐力训练，心肺能力对于长时间运动具有较佳的适应能力；但对于刚入门的新手来说，即便是以同样的配速前进，持续到20～30分钟后心率就会持续攀升，经过一段时间的耐力训练后，心肺系统才能具有更好的能力，心率在长跑训练中将会趋向稳定；同理可得，假若日后在进行LSD时发现心率数据跟之前比起来都更为稳定，就代表你的体能已经提升到更高的层次了。

 ## 训练时要看心率，还是看配速

- **E强度：**

一般来说，在进行LSD训练时定配速会比定心率更加严苛。因为定配速时不考虑心率飘移，就算心率升高，你还是得强迫自己维持刚开始时的配速，所以对身体的压力会越来越大。我们建议在训练计划刚开始执行的头几个星期的E课表都以心率为主，先让身体逐渐适应长时间跑步训练，同时累积训练量，到了快比赛时再改成定配速的训练。

对于初跑者来说，建议采用跑走间歇的模式进行长跑训练，因为长跑时的心率持续攀升将会使其失去E强度的训练效果，而且痛苦程度也将会大增。跑走间歇既能让跑者的心率维持在适当的训练区间，又能降低受伤的风险，同时亦能大幅延长初跑者的训练时间［（4分钟慢跑+1分钟快走）×8组，会比一次30分钟慢跑来得简单］，达到更佳的有氧训练效果。因此，在安排训练计划时，本书提供的"18周初马完赛计划"中的LSD课表会以定心率方式进行，以减轻对身体的压力。

如果当天的E强度跑属于轻松恢复课表（例如轻松的30分钟E强度跑），那么应该以心率为主，将心率控制在E强度的区间内即可，也就是说如果心率开始超出E强度的区间，就应该要把配速降下来，以达到恢复的目的。

- **M强度：** M强度是马拉松训练中最重要的强度，我们会刻意分为定配速和定心率的训练方式，理由说明如下。

M配速的训练主要是让身体习惯以更快的配速（比E配速快）持续一段时间，

E和M强度的训练目的与效果相同，而M强度训练的好处是可以增加比赛时的信心。

M心率的训练是训练身体在该压力下能维持一段时间，而这个压力又会随着身体的逐步适应而逐渐变小，因此我们就能够在同样的压力下跑出更快的配速，所以最终可能会变成M心率的速度比训练初期检测出来的M配速快；或是当压力变小后，能以原始的配速跑更久。所以在全马比赛的时候我们都会建议用M心率去跑，除了避免上下坡跟风向等问题之外，按心率跑更能够跑出自己最好的成绩。

对于全马在4小时以内完赛的跑者而言，M课表若在1小时以内，请以M心率的上限来跑（89%HRM或84%HRR）；若在1小时以上，请以M心率的中间值（84% ～ 89%HRM或79% ～ 84%HRR）跑前半段，后半段时间请以前半段的均速来跑（心跳一定会飙高，但不要管它），目的是强迫身体在定速下维持输出一样的动能。由于到后来有氧系统的效能会变差，我们要强迫它在变差的情况下维持一样的动能输出。例如今天的主课表是M强度100分钟，可以把课表拆成：M心率50分钟+前段平均配速跑50分钟。

- T强度：依配速进行训练，若前5分钟无法达到T心率区间，即开始改以心率为依据。

- I强度：依配速进行训练，若前两趟无法达到A心率（92%HRM以上或88%HRR以上），下一趟开始改以心率为依据。

- R强度：全都以配速为主。

如何得知自己的训练是否有效

 训练量该如何算——距离？时间？——认识"训练点数"

许多人在训练时都会用距离来计算训练量，例如：A与B两位体能相近的跑者，跑者A说我上星期跑了100公里，跑者B说上星期我的跑步训练量是80公里，单纯以距离来看似乎是跑者A练得比较多，但如果实际观察他们的训练情况，每次跑者A都慢慢跑，不像跑者B每次训练都在练节奏跑或间歇，那对跑者B来说这一周所累积的训练压力就比较大。

用时间来计算训练量也会碰到一样的情况，纯粹记录一周练跑10小时与一周练跑15小时，并无法判断谁的训练量比较大。所以了解训练量的关键在于量化强度。前面我们已经定义了6种训练强度与5种心率区间，接着我们要为这6种训练强度设好特定的系数，强度越高，系数也越大。

强度	E	M	T	A	I	R
系数	0.2点/分钟	0.4点/分钟	0.6点/分钟	0.8点/分钟	1.0点/分钟	1.5点/分钟

耐力网可以更精确地量化你的训练成效

你每次训练完毕可以将系数乘上各强度的训练时间来计算，例如课表是30分钟E强度跑，那么训练量为30×0.2=6点。你可以在耐力网的"我的记录"中采用手动输入的方式，在E强度中输入30分钟，将会得出与预排课表相同的训练量，因为两者的计算方式是相同的。

以上的算法相对于以往只能通过手动计算来说虽然方便，但其实并不够精准。《丹尼尔斯经典跑步训练法》一书同时提供了一个全面的训练点数表格，里面提供了每一种强度之下训练点数各为多少，具体见下表（有修改）。

E强度（轻松跑）								
跑力值百分比	最大心率百分比	心率	1分钟	5分钟	10分钟	20分钟	30分钟	60分钟
59%	65%		0.100	0.500	1.00	2.00	3.00	6.0
60%	66%		0.110	0.550	1.10	2.20	3.30	6.6
61%	67%		0.122	0.610	1.22	2.44	3.66	7.3
62%	68%		0.135	0.675	1.35	2.70	4.05	8.1
63%	69%		0.150	0.750	1.50	3.00	4.50	9.0
64%	70%		0.167	0.835	1.67	3.34	5.00	10
65%	71%		0.183	0.915	1.83	3.66	5.50	11
66%	72%		0.200	1.000	2.00	4.00	6.00	12
67%	73%		0.217	1.085	2.17	4.34	6.50	13
68%	74%		0.233	1.165	2.33	4.66	7.00	14
69%	75%		0.250	1.250	2.50	5.00	7.50	15
70%	75.5%		0.267	1.335	2.67	5.34	8.00	16
71%	76%		0.283	1.415	2.83	5.66	8.50	17
72%	77%		0.300	1.500	3.00	6.00	9.00	18
73%	78%		0.317	1.585	3.17	6.34	9.50	19
74%	79%		0.333	1.665	3.33	6.66	10.00	20

续表

M强度（马拉松配速跑）								
跑力值百分比	最大心率百分比	心率	1分钟	5分钟	10分钟	20分钟	30分钟	60分钟
75%（5:00）	80%		0.350	1.750	3.5	7.0	10.5	21
76%（4:40）	81%		0.367	1.835	3.7	7.4	11.1	22
77%（4:20）	82%		0.392	1.960	3.9	7.8	11.7	23.5
78%（4:00）	83%		0.417	2.090	4.2	8.4	12.6	25
79%（3:40）	84%		0.442	2.210	4.4	8.8	13.2	26.5
80%（3:20）	85%		0.467	2.340	4.7	9.4	14.1	28
81%（3:00）	86%		0.492	2.460	4.9	9.8	14.7	29.5
82%（2:50）	87%		0.517	2.590	5.2	10.4	15.6	31
83%（2:20）	88%		0.550	2.75	5.5	11.0	16.5	33
84%（2:05）	89%		0.583	2.92	5.8	11.6	17.4	35
T强度（阈值/间歇跑）								
跑力值百分比	最大心率百分比	心率	1分钟	5分钟	10分钟	20分钟	30分钟	60分钟
83%	88%		0.550	2.75	5.5	11.0	16.5	33
84%	89%		0.583	2.92	5.8	11.6	17.4	35
85%	89.5%		0.600	3.00	6.0	12.0	18.0	36
86%	90%		0.617	3.09	6.2	12.4	18.6	37
87%	91%		0.650	3.25	6.5	13.0	19.5	39
88%	92%		0.683	3.42	6.8	13.6	20.4	41
10千米强度								
跑力值百分比	最大心率百分比	心率	1分钟	5分钟	10分钟	20分钟	30分钟	60分钟
89%（60:00）	92.5%		0.700	1.40	3.5	7.0	14.0	21.0
90%（50:00）	93%		0.723	1.45	3.6	7.2	14.4	21.7
91%（40:00）	94%		0.763	1.53	3.8	7.6	15.2	22.9
92%（35:00）	95%		0.800	1.60	4.0	8.0	16.0	24.0
93%（30:00）	96%		0.840	1.68	4.2	8.4	16.8	25.5
94%（27:00）	97%		0.883	1.77	4.4	8.8	17.6	26.5
I强度（I配速）								
跑力值百分比	最大心率百分比	心率	1分钟	5分钟	10分钟	20分钟	30分钟	60分钟
95%（21:00）	97.5%		0.900	1.80	4.5	9.0	18.0	27.0
96%（18:00）	98%		0.917	1.83	4.6	9.2	18.4	27.5
97%（15:30）	98.5%		0.940	1.88	4.7	9.4	18.8	28.2
98%（13:30）	99%		0.960	1.92	4.8	9.6	19.2	28.8
99%（12:15）	99.5%		0.983	1.97	4.9	9.8	19.6	29.5
100%（11:00）	100%		1.000	2.00	5.0	10.0	20.0	30.0

续表

R强度（R配速）								
跑力值百分比	最大心率百分比	心率	1分钟	5分钟	10分钟	20分钟	30分钟	60分钟
105%（7:02）			1.25	2.5	3.75	6.25	12.5	25
110%（4:40）			1.50	3.0	4.50	7.50	15.0	30
115%（3:00）			1.75	3.5	5.25	8.75	17.5	35
120%（1:43）			2.10	4.2	6.301	10.50	21.0	42

　　从上表中可见，丹尼尔斯博士把各级最大心率百分比（%HRM）皆对应出每分钟的训练点数值，例如今天跑了30分钟E强度，心率有10分钟落在71%，10分钟落在73%，最后10分钟落在75%的话，计算出来的训练量将会是1.83+2.17+2.50=6.5点（与前面算出来的6点相差0.5点），采用这种算法将会比预排课表的算法更为精准，因为它是根据每分钟身体所处的强度心率区间进行计算，但缺点是难以人工计算，而且一般也很难取得每分钟心率所对应的最大心率百分比为何，不过计算机却可以轻松解决这个问题，经过我们与耐力网工程师团队的一番努力后，我们让系统在接收到GPX文件后采用上表中每分钟所对应的训练点数，再乘以各强度的训练时间来计算出更准确的训练量，也因此即使同样是30分钟E强度跑，上传GPX文件后会与本书安排的训练计划所计算出来的训练量略有不同，这也可以解释为何预排课表中的训练量与训练完上传GPX文件的训练量会有些微落差。

 ## 量化你的训练成效

　　E、M强度训练很容易得知训练是否有效，只要看训练时间是否达到课表所定的时间便可以了，例如当天课表是进行60分钟的E强度长跑，只要在训练时都把心率控制在E强度区间持续60分钟，那么这就算是一次很好的训练；就算是E、M强度混合的课表，只要看这两种强度心率区间是否都有合乎课表的训练时间，便可得知当天的训练效果如何，越接近课表的时间代表该次的训练越有效率，但如果要检视T强度与I强度的训练效果就没有那么容易了。

　　实际进行过T强度或I强度训练的跑者都有过这种经验，就是课表上虽然是说要进行5趟5分钟的T强度跑，或是6趟3分钟的I强度间歇跑，理论上在训练结束后应该分别会完成25分钟的T强度或是18分钟的I强度，即使在训练时完全都按照课表进行，且心率都控制在T强度或I强度的区间，但回家上传到耐力网后也会发现上面所显示的训

练时间总是不会跟课表的训练时间一致，例如T强度只训练到20分钟，或是I强度只有10分钟等。此时你心中不禁会产生些疑问，为什么总是无法达到课表上所要求的总训练时间？难道在训练时还不够努力吗？还是要超出预定的训练时间才是好的训练？

T强度的有效训练比值

我们在评估T强度与I强度的训练成效时常会遇到一个问题，就是这两种强度的课表到底实际需要训练到几分钟才算是有效率的练习？例如当天的课表是T强度跑5分钟×4次，即这次T强度的理想训练时间是20分钟，但由于跑者从安静心率上升到T心率（或更高的I心率）需要1.5～2分钟的时间，因此T、I强度的实际训练时间通常会比理想训练时间来得短，假设当天达到T强度心率区间的实际训练时间共15分钟，代表有5分钟时间处于上升阶段或是超出应有强度，但我们并不能说没有达到理想的20分钟就是一次不好的训练，因为心率的上升过程也算是T强度训练的一部分。

但在扣除上升时间的情况下，是绝对不会出现实际训练时间为20分钟的，那么到底跑者要达到多大的比例才算是良好有效的训练？实际训练时间过低或过高又代表着什么含义？因此我们想要制定出一套标准，让大家知道自己当天按T强度或I强度课表训练时，训练效果如何；首先说明这个比值的计算方式，再说明到底要达到哪一个比值才算是一次好的训练。

我们定出T强度之有效训练比值的计算公式如下：

$$T强度之有效训练比值 = \frac{T强度之实际训练时间}{T强度之理想训练时间}$$

以上式为例，T强度之实际训练时间为15分钟，理想训练时间为20分钟，那么当天的训练比值为0.75（15除以20），如果实际训练时间为18分钟，则比值为0.9（18除以20）；比值越大代表训练效果越好。计算出有效训练比值后，我们还需要一套标准来评估训练的效果，例如计算出的数值0.9，到底训练效果有多好？或是计算出数值0.5又代表什么含义？因此我们根据过去训练的经验，再加上分析不同基础跑者的数据，定出了计算出来的这些数值的含义，见右表。

T强度之有效训练比值的含义
（包括巡航间歇跑与节奏跑）

比值	含义
> 0.95	过度训练
0.86~0.95	良好训练
0.76~0.85	有效训练
0.56~0.75	有待改善
0.45~0.55	刺激不足
< 0.45	无效训练

根据上表，假如当天计算出来的有效训练比值是0.7，代表当天的训练效果属于"有待改善"，所以请在下次训练时注意心率处于T强度区间的时间。

虽然上面说过"比值越大代表训练效果越好"，但也有一种例外情况：当天的T强度理想训练时间是20分钟，而实际训练时间却高达20分钟甚至超出更多。这有两种可能：第一是看错课表内容了，把20分钟看成30分钟；第二是没有遵照课表预定的时间，原本只需要跑20分钟，但却因为当天自我感觉非常良好，跑了25分钟才停下来，最后得出实际训练时间为22分钟，有效训练比值为1.1。假若每次训练都超出课表预定的训练时间，那么过度训练将会离你越来越近。因此我们同时也定出了过度训练的比值，只要有效训练比值超出0.95，我们就将其定义为"过度训练"。

I强度的有效训练比值

I强度理应可以用以上同样的计算方式，但许多跑者在实际训练I强度时，并不容易达到I心率区间，尽管跑者已经感觉用尽全力，但仍然无法达到该有的心率区间（最大心率的97%～100%或储备心率的95%～100%），特别是在冬天温度较低时，心率总是难以上升到最高。此外对于初跑者来说，要在训练时达到如此高的心率确实十分困难，且有一定的风险。基于此，我们在计算I强度的实际训练比值时，除了要看I心率的训练时间外，同时亦需考虑A心率的训练时间。

根据美国运动医学学会（缩写为ACSM）的教科书，虽然高强度（最大心率的90%～95%）的训练比起中强度（最大心率的70%～85%）更能提升最大摄氧量，但其实对于新手或是刚接受耐力训练的人［他们的最大摄氧量通常不到40毫升/（公斤·分钟）］，训练时心率只要达到最大心率的70%～90%便已经能有效刺激他们的最大摄氧量。

书中同时提到，提升有氧能力的最低训练强度，需要随着有氧体能水平的提升而增加，进行较高强度的有氧训练才能使进步空间加大。因此，顶尖选手如果要对最大摄氧量做出有效的刺激，在I强度训练时必须达到I心率。综合以上，我们为了更准确地衡量I强度的训练效果，在计算I强度的有效训练比值时，同时会把A强度（最大心率的92%～97%或储备心率的88%～95%）的训练时间加入，计算公式如下：

$$I强度之有效训练比值 = \frac{I强度之实际训练时间 + （A强度之训练时间 \times 0.7）}{I强度之理想训练时间}$$

A强度需要乘上0.7的原因，在于当我们跑完一次I强度间歇时，每次休息的心率下降过程都会经过A区间，但由于这段下降的时间实际上并没有太大的刺激效果，所以我们把70%的A强度当作是有效刺激部分，其余的30%则不计算在内，因此真正在训练时刺激最大摄氧量的时间为I强度的实际训练时间+A强度训练时间的70%。

I强度之有效训练比值的含义

比值	含义
> 0.85	过度训练
0.66~0.85	良好训练
0.46~0.65	有效训练
0.41~0.45	有待改善
0.25~0.4	刺激不足
< 0.25	无效训练

马拉松的周期化体能训练进程：
E→I→T→M

如前所述，体能训练就像建造金字塔，需要一定的施工进程，体能才能够较稳健地增长。若是随性训练，体能当然也会进步，但就像没有地基的土砖屋，盖不高，若硬要往上加盖，就有倾倒的危险。

我们把体能训练的进程分为4个周期，分别是基础期、进展期、巅峰期与竞赛期，下面依次说明不同周期的训练目的与训练重点。

周期一：基础期

- **目的**：基础期对于马拉松选手来说十分重要。它是为了打造稳健的有氧基础（达到E强度的各种训练效果），强化身体组织以避免运动伤害，使身体能应付接下来的高强度训练。

有计划地训练，才会取得扎实的进步

- **关键强度**：以长时间的E强度为训练重点，简称为LSD（Long Slow Distance）训练。如果可训练的时间能够超过3个星期，我们会在E强度之后增加几次10～15秒的快步跑（R配速），快步跑的目的是消除LSD训练的副作用。

- **训练时间**：最好能维持6～8周。若在开始准备比赛之前已经以E强度规律练习跑步6周或更长的时间，那就可以跳过周期一，直接进入周期二。但如果是初次参加马拉松或是已经中断跑步训练很长时间的跑者，可以把基础期延长到2～3个月（8～12周）。若是从来没有在学校体育课以外的时间练过跑步，在准备第一场马拉松比赛时，周期一的训练至少需要花两个月时间。除非你平常就已经在跑，或是甚至参加过一些5公里或10公里的路跑赛，训练时程就可以缩短为6个星期，不然就会增加受伤的风险。

- **训练量**：周期一的训练都尽量以"时间"作为训练量的单位，不要想今天要跑几公里，而是跑几分钟。在练E强度时跑步强度要够低，不要超过M强度，别急，先用慢跑打好基础。

周期二：进展期

- **目的**：这个周期将会在原有的有氧基础上加入能够刺激最大摄氧量的I强度训练，以进一步提升身体跑步时的有氧代谢效能。此周期的训练强度最高，而且比全马当天的目标配速还要快，但持续时间相对比较短，目的在于刺激最大摄氧量，亦即身体摄取、运送与利用氧气的能力，让身体能够更有效率地使用氧气，当进入竞赛期时，较慢的配速会让你感觉更轻松。把潜在的最大摄氧量拉到高点，也就是把有氧容量扩大，对于下一个周期再提高乳酸阈值的帮助较大。这个时期，你可以参加练习赛来取代训练，但前提是比赛前3天改以E课表代替，比赛结束后以E强度为主的恢复跑也至少要维持3天才开始其他强度的训练。这个周期的比赛以两场为限，不宜过多。

- **关键强度**：以I强度为训练重点，其余40%的训练量维持E强度。若你的目标赛事有坡道的话，可以在坡道上练I强度的间歇，改以I心率或A心率为强度的判别基准（对于入门与中阶跑者而言，最大心率92%以上的A心率就能有效刺激最大摄氧量）。这两种强度的训练都能有效提高跑步时动能产生的比例。

- **训练频率**：I强度训练每周至少两次，最多3次。

- **训练量**：I强度的训练量应该为基础期E+R强度训练总量的6%。

周期三：巅峰期

- **目的**：维持临界速度的能力。精英跑者能在身体处于乳酸阈值时忍耐60分钟，这需要非常强大的排乳酸能力。因此这个周期的训练目的就是让身体在极端情况下还能够维持稳定的速度。

- **关键强度**：主要以T强度的巡航间歇（Cruise Interval）或节奏跑（Tempo Run）为训练重点，但仍应该持续前期的I强度训练，以维持最大摄氧量。
- **训练频率**：T强度训练每周至少两次，最多3次。I强度一次（或与T强度训练混合进行）。
- **训练量**：I强度与T强度的训练量应该为进展期的**60%**。

周期四：竞赛期

- **目的**：此周期是为了让体能达到巅峰状态，训练量开始减少，训练内容以比赛时的强度与配速为主，让身体逐渐适应比赛的强度，因此马拉松选手此时应该以等于或略高于比赛配速的训练为主。
- **关键强度**：以比赛主要配速M强度为主，T强度为辅。
- **训练频率**：M强度每周2～4次，T强度两次。
- **训练量**：竞赛期前段以维持巅峰体能为主，M强度的训练量要占巅峰期的**60%**。后段以减量为主，尤其是比赛前一到二周安排休息周。**减量的原则：练得多要减得多，练得少就减得少**（若之前训练量很大，减量期可增加至3周）。

勤于记录训练量，用以调整下一周期的训练时间：60%原则

进行周期化训练最常碰到的问题是：到了下一周期，关键强度改变了，我该如何确定训练时间如何调整？我们以基础期→进展期当作例子来说明。

周期一（基础期）因为强度低，比较不容易受伤，可以当作身体能力的测试期。当你觉得一开始基础期设定的**课表很轻松**，你可以增加每周E强度的训练时间，去测试目前的体能每周能完成多大的训练量。用前面提出的强度系数，把每次训练量（训练强度×持续时间）记录下来，再把一周的训练量加起来。当你调整E强度的训练时间到了基础期的最后几周，应该就可以确认：没错，这个量就是我一周可以练下来的。接着，你就可以将其当作调整下一周期训练时间的基准。

例如基础期倒数第二周（因为最后一周通常要减量训练，最好以倒数第二周为准）加起来的总体能训练量为82.5点（这里先不考虑力量），如果你认为这已是当前自己能练得了的最大训练量，你就可以拿它来计算进展期的训练量与I课表的间歇次数。

星期一	星期二	星期三	星期四
E 30 分钟	E 60 分钟 + 6ST	E 30 分钟	E 60 分钟 + 6ST
0.2×30=6	0.2×60=12 1.5×1/6×6=1.5	0.2×30=6	0.2×60=12 1.5×1/6×6=1.5

星期五	星期六	星期日	训练量总计
E 30 分钟	E 150 分钟 + 6ST	E 30 分钟	
0.2×30=6	0.2×150=30 1.5×1/6×6=1.5	0.2×30=6	82.5点

* E 强度的系数为 0.2 点/分钟；
* R 强度的系数为 1.5 点/分钟；
* ST 指快步跑，此处以 10 秒的快步跑为例，10 秒 =1/6 分钟，因此 6ST 的训练量 =1.5×1/6× 6=1.5。

周期二（进展期）以 I 强度训练为主，E 强度为辅。一开始因为强度提升了，你会不确定 I 强度的量要练多少比较合适。但因为你记录了训练量，此时就能依前一周期的量来设计 I 强度的训练时间。在进行马拉松训练时，我们会建议到了进展期，可以拨出基础期训练量的 60% 作为 I 强度的训练量，其余 40% 保留为 E 强度，目的是维持有氧基础能力。以上述课表为例，我们总体能训练量的 60% 为：82.5×0.6=49.5。

我们把 I 强度课表拆成两天，分别放在星期二和星期四，各安排 24 点与 25 点的量，I 强度的训练量得出来了，就能开始设想要跑几分钟（I 强度的每次建议时间是 3 ～ 5 分钟，体能越好，一开始每次的训练时间就可以越长），决定好每次的训练时间后，次数就得出来了。

星期一	星期二	星期三	星期四
E 30 分钟	I 4 分钟 ×6 次	E 30 分钟	I 5 分钟 ×5 次
0.2×30=6	1.0×4×6=24	0.2×30=6	1.0×5×5=25

星期五	星期六	星期日	训练量总计
E 30 分钟	E 150 分钟 + 6ST	E 30 分钟	
0.2×30=6	0.2×150=30 1.5×1/6×6=1.5	0.2×30=6	104.5点

* I 强度的系数为 1.0 点/分钟。

到了**周期三（巅峰期）**，将以 T/I 强度为主，E 强度为辅。我们可以用一样的方式进行评估，T 强度与 I 强度的训练量应为进展期的 60%。但要注意，每换到下一个周期，一定要接着练上一周期的强度，目的是维持，所以量不用多。以上述课表为例，我们总体能训练量的 60% 为：104.5×0.6=62.7 点。因此我们把 T 强度课表拆成两天，分别放在星期二和星期四，各安排 24 点与 24 点的量；周日安排 15 点的 I 强度训练，总共

63点的训练量。

星期一	星期二	星期三	星期四
E 30分钟	T 10分钟 × 4次	E 30分钟	T 20分钟 × 2次
0.2 × 30=6	0.6 × 10 × 4=24	0.2 × 30=6	0.6 × 20 × 2=24

星期五	星期六	星期日	训练量总计
E 30分钟	E 150分钟 + 6ST	I 3分钟 × 5次	
0.2 × 30=6	0.2 × 150=30 1.5 × 1/6 × 6=1.5	1.0 × 3 × 5=15	112.5点

* T强度的系数为0.6点/分钟。

到了**周期四（竞赛期）**，将以M强度为主，T强度与E强度为辅。我们可以用一样的方式评估M强度的训练量，**应为巅峰期总量的60%**。以上述课表为例，前一周期每周总体能训练量的60%为：112.5 × 0.6=67.5点。我们把M课表拆成3天，分别放在星期二：20点；星期四：12点；星期六：36点；总共68点的M强度训练量。

星期一	星期二	星期三	星期四
E 30分钟	M 50分钟	E 30分钟	M 15分钟 + T 20分钟 + M 15分钟
0.2 × 30=6	0.4 × 50=20	0.2 × 30=6	0.4 × 15=6 0.6 × 20=12 0.4 × 15=6

星期五	星期六	星期日	训练量总计
E 30分钟	E 20分钟 + M 90分钟	E 30分钟 + T 20分钟	
0.2 × 30=6	0.2 × 20=4 0.4 × 90=36	0.2 × 30=6 0.6 × 20=12	120点

* M强度的系数为0.4点/分钟。

给定大方向再依需求微调

介绍以上4个周期马拉松训练的要点，是想给各位读者一个设计训练计划的大方向。依据不同的跑者情况略微调整，才能符合个人需求。本书的第6章将依据跑者的不同实力与目标，设计"初马""破5""破4""破3"的训练计划，从其中可以看出我们针对不同目标的马拉松计划做了更细微的调整。例如我们设定巅峰期的T+I强度应该为前一周期每星期总训练量的60%，但对于全马想"破3"的人来说，如果能够承受训练量，可以直接把T强度的训练量提高。

Chapter 4

跑步力量：强韧的肌肉是跑马拉松的基础

体能再好，肌肉负荷不了，也没用！

你不会越跑越强，

你的身体必须够强韧才能跑那么久！

马拉松不是属于耐力运动吗，为何要练力量？力量训练不是举重、健美或球类选手在做的吗？一般人会认为马拉松是长距离耐力运动，不太需要做力量训练，但其实力量训练是避免受伤与提升技术的关键，没有好的力量就像车体松散的跑车一样，既跑不快又危险。前面章节曾提及，不管是美国运动医学学会（缩写为ACSM）或是美国力量与体能协会（缩写为NSCA），都已证实耐力运动员也需要进行力量训练，才能避免肌肉流失、预防关节和骨头受伤，对于马拉松精英跑者来说，也需要有效的力量训练才能使成绩更上一层楼。

身体并不会越跑越强

马拉松长跑虽然强度很低，但训练或比赛时间都拉得很长，是具有相当危险性的运动项目。当你的肌肉能力不足，还要强迫它重复收缩数万次（若步距为1米的话，每跑一场全马要迈42000步），长期下来不受伤也难。

作为一位马拉松跑者，相信你或多或少都听过各种跑量的传说：例如只要月跑量达到200公里，马拉松的成绩就能进入4小时以内（"破4"）；或是周跑量达到90公里，就能达成全马"破3"等。这些说法主要是认为每周或每月的跑量越大，马拉松的成绩应该会越好，当中或许有其道理。在前一章提到，一名初跑者刚开始只要能够持之以恒训练，就算每天跑个几公里还是会进步，在那个阶段基本上练多少就会进步多少。但以距离的观念来达到成绩进步，容易让我们忽略了一个重要的事实，就是我们的身体绝对不会因为跑量一直增加而变得更强，相反，如果我们没有足够强韧的身体，增加跑量只是在增加受伤的风险。

因此，我们认为正确的训练观念应该是：跑者必须先打造出足够强韧的身体，才能够接受正式的马拉松训练。一个力量不足的运动员（特别是初跑者）如果一开始就过分强调体能训练，即进行大量的长跑训练，体能会因此而快速增强，从刚开始也许只能勉强跑完3公里，到经过一段时间的体能训练后，10公里已经变得不再困难。但这种情况就好像不断替一辆老旧的房车换上更强的赛车发动机，在慢慢开的时候也许还不会发生问题，但当试着要提高速度时，车子终究会承受不住发动机全力运转下所带来的压力，其他零组件将受到不同程度的损坏，换成我们的身体就等于出现各种运动伤害。

你可以看到尽管是经验老到的选手，仍然会被肌腱炎、足底筋膜炎或是各类关节疼痛等问题困扰，并不是因为他们跑得不够多或是跑得不够久，而是因为有氧发动机的能力已经远高于自身的力量水平，才会导致运动伤害的发生。因此，作为一位马拉松跑者，请记住一句话："我们需要有足够强韧的身体才能够练那么久、跑那么长。"否则你的全马生涯将非常有限，所以，马拉松选手为了拥有足以接受长距离挑战的强韧身体，也纷纷拿起杠铃与哑铃。接下来我们从理论上来说明马拉松跑者进行力量训练的理由何在。

马拉松跑者也要进行力量训练的7个理由

 ## 理由1：预防训练与比赛时的运动伤害

初次参加马拉松的跑者大多数会觉得最后5公里很痛苦，脚很重、膝盖很痛。大部分都是由于力量不足所造成的，此时身体很容易因为下肢力量不足而改用关节与骨头去承担落地冲击。效率较高的跑姿是前脚掌着地，因为前脚掌着地时可以动用更多的肌肉协助缓冲落地冲击，避免骨头与关节受到伤害，但它也会增加肌肉的负担，所以力量不足的人很容易先用脚跟着地。虽然脚跟先着地的跑法比较轻松，但对骨头和关节所形成的冲击较大，力量不足的跑者，很容易养成这种着地习惯。只要把力量锻炼起来，肌肉就能在健康的情况下帮你支撑与移动身体，也能避免运动伤害的发生。

 ## 理由2：避免肌肉流失

耐力运动员经过长年来的训练，身体仿佛变成了一个大熔炉，所有能产生能量的东西都可以拿来烧，除了最容易烧的糖类（肝糖和血糖），以及大家最想烧个干净的脂肪之外，还有乳酸和蛋白质，也包括肌肉。运动员变强的过程就像是在整修房子，不同类型的训练整修出的房子也不同，训练是整修中"拆"的步骤，休息与恢复则是重建变强的关键。

一定要先拆，才能重建出更强的身体，但不能乱拆。所以训练强度与训练量的控制很重要。如果篮球选手常常跑10公里以上的长跑，爆发力型的肌肉就会被拆掉，拿来当作耐力型肌肉的能量来源。这是因为常做耐力型训练，身体会认为爆发力型的肌肉不重要，在进行长时间耐力训练时就拆掉它，恢复时也长不出来，因为没有通过爆发力与最大力量的训练去刺激它生长。

马拉松跑者的身材会越来越纤细也是同一个道理，除了脂肪被烧个干净之外，爆发型的肥大肌肉也被拆来当能量，长时间下来身材自然变得纤瘦。对精英马拉松选手来说，在大量的训练下，身体不只会拆掉爆发力型肌肉，连耐力型肌肉都拆，就像耐受不住寒冷的冬日，不得不把支撑房子的栋梁都拆下来当柴烧一样。所以如果不辅以适度的力量训练，刺激肌肉生长出来，任由肌肉量不断减少，受伤的风险就会提高。

 ## 理由3：提高肌肉耐力（Endurance）
——肌肉重复使用的能力

每一块肌肉都具有3种不同的能力，哪一种能力较强，全看你给的训练刺激是什么。这3种能力分别是：肌肉耐力、最大力量与爆发力。其中，肌肉耐力是马拉松跑者最需要的能力。你可以想象肌肉像是一束束的橡皮筋，富有弹性，因此能重复收缩，韧性越好的橡皮筋能用越大力量拉得越长，而且还能重复拉很多次都不会受损或断裂。所谓的肌肉耐力，就是肌肉在相同的力量下的反复收缩能力，例如在操场以1公里5分钟的速度前进，先不考虑心肺与能量代谢系统，你的肌肉能维持多久呢？可能30分钟，也可能1小时，像日本超马名将关家良一就可以维持同样的速度连续12小时以上。如果超出肌肉的负荷太久，肌肉就会开始紧绷、僵硬、抽筋，严重时甚至会拉伤。

肌肉耐力其实就是肌肉承受一定负重、持续运动的能力，通常以低负荷反复多次运动来训练，每一组休息时间为30秒，做3～5组。休息这么短的时间是为了让身体的乳酸还没代谢完全时，身体在微酸的情况下还能有持续运动的能力。操作次数为12～15RM（意即在某个重量下只能做12～15次）。但在进入最后一个周期的时候，会用更轻的负荷做3～5分钟（将最大力量转换为专项肌肉耐力）。

用1RM的百分比来当作力量的训练强度

　　1RM（One-Repetition Maximum）是指某个动作只能完成一次的最大重量，进行第二次就会失败，所以5RM即代表这个重量只能举起5次，第6次就会举不起来。你可以直接通过检测取得1RM（某个动作只能做一次的重量），或是通过公式推测。一般建议非举重选手或是自由负重的初学者以公式推测的方式来得出1RM值。目前耐力网可以满足这个需求，在力量检测页面中只要输入该动作负重的公斤数、重复次数以及你的体重就能检测出你的1RM值，并同时计算出不同目的的训练该做多少重量以及使用者的能力等级。受测者并不需要真正举起最大重量，就能得知1RM值是多少，降低受伤的风险。

　　例如：负重80公斤，你最多只能深蹲6次，因此你的6RM就是80公斤，依下面的表格我们可以知道80公斤是1RM的85%，就能推算出你深蹲的1RM约为94公斤（80÷85%）。

	1RM	2RM	3RM	4RM	5RM	6RM	7RM	8RM	9RM	10RM	12RM	15RM
%1RM	100%	95%	93%	90%	87%	85%	83%	80%	77%	75%	67%	65%

运动生理学家找出了1RM与其他负重间的关系，例如6RM的重量是1RM的85%。

 ## 理由4：提高最大力量

　　既然最大力量是指肌肉的最大力量，那么它对马拉松这种耐力运动而言应该没有直接影响吧？直观来看是如此，因为跑步时脚掌落地支撑与拉起所需的力量都非常小，都是肌肉能够重复收缩几百、几千下的低负荷运动模式，但马拉松跑者还是需要锻炼最大力量，为什么呢？因为最大力量是肌肉的3种能力的源头，最大力量提升后，肌肉耐力与爆发力也会跟着提升。当你进入最大力量训练期的时候，每个星期至少训练两次，至多3次，每次至少间隔48小时，每个动作的强度是1～6RM，做3～5组，每组之间休息时间2～5分钟。训练最大力量时需要想象自己很快地把重量举起来，不过实际上速度还是很慢，因为重量太重，但这样足以刺激募集更多肌纤维。

肌肉越大，力量越大吗？

在长期观察马拉松跑者训练与比赛的过程中，我发现他们的身材都不壮硕，但他们的力量却比练出大肌肉的人大很多。这个现象引起我的兴趣。为什么这些精英选手身材瘦小又没有肌肉曲线，但他们身体所输出的功率却能如此巨大呢？原来是因为他们每条神经能控制的肌纤维比较多，也就是他们能同时聚焦比较多的肌肉。肌肉聚焦能力较强的选手，就能在游泳、骑车、跑步等耐力型运动中发挥出更大的力量。

所以跑者们举重的目的不在练得更壮，太大的肌肉反而有碍长跑的表现。在进行最大力量训练时，并不会把重点放在提高肌肉量上，而是提高神经聚焦肌肉的能力。若只做跑步训练而不进行负重式的力量训练，肌纤维的聚焦能力就会安于现状，无法提升。这也是跑者需要进行力量训练的原因。

 ## 理由5：加强肌肉快速且有力收缩的能力——爆发力

爆发力（Power）是单位时间内的输出功率，说白了就是能量输出的速度。同样是10公斤的重量，向上举起的时间越短，爆发力越强，就像是篮球选手能很快地跳起来封盖对手，跳得快的人也更容易抢到篮板。爆发力强的马拉松选手脚掌触地的时间也能缩短，步频和脚掌离地的高度因而可以提升。

爆发力的训练强度是最大力量的30%～50%，动作完成的时间越快越好，重量4～8RM，休息时间2～4分钟，一般需要4～6周的养成才会进步。基本上爆发力训练是全周期都可以做，只是频率多少的问题，刚开始每周练一次，到后期才会增加到每周两次。

 ## 理由6：强化跑者所需的核心

核心肌群存在的主要目的是维持身体直立与保护内脏。对跑者来说，若能拥有强健的核心肌群，则可提高身体的稳定性，使身体维持在框框内（防止身体摆动幅度过大）。这是由于身体要先有**活动度**（Mobility），才会有平衡感与**稳定性**（Stability），之后才针对**移动能力（Movement）**来训练。所以我们在训练核心时应以稳定的深层肌群为主，先提高身体的稳定性（活动度需要靠拉伸、按摩与物理治疗师的协助），身体才不会在加速与提高步频时乱晃，损失过多能量；而且稳定性是移动能力的基础，练好核心后移动能力才能有所提升。

核心肌群的训练方式很多，但跑步时不会像做仰卧起坐那样有屈体前弯的动作，不需要太强大的腹直肌（8块腹肌太强大反而有害），也不需要像投手需要强大的腹内/外斜肌才能投出极快的球速，所以本书所整理的动作是以训练跑者最需要的两种核心能力为主：**抗拉伸与抗旋转**，动作的细节与训练方式，在下面会详细说明。

理由7：身体是一个完整的动力链，不能分开练

什么是身体的动力链？请想象从天花板垂下一个链条，你握着最下端的一环，甩动一下，你会发现链条的其他部分也会跟着摆动。**人的身体也是一样，上半身与下半身的动作会互相影响，也会互相合作，而我们要的是让影响降到最低，使各肌群间合作的效力达到最高。**动力链的概念是我在与某位物理治疗师的谈话中获得的。许多人的身体，由于动力链的中间卡住了，所以无法发挥出应有的力量，也会使卡住的那个点累积过多的负荷。链条的强度取决于最弱的那一环，卡住的那点通常就是最弱、活动度最差的点。

跑步看起来像是用下肢在移动身体，但其实臀部才是力量的关键点，学会启动臀部才能减少落地时小腿与膝关节的负荷。当动力链中的臀部被打通后，上下半身的力量才串得起来，才不会脚跑脚的，手摆手的。这也是跑者还要练上半身的缘故，如果肩膀与手臂的力量不足，就像是链条的上端生锈了，那就算下端的每一个环扣都没问题，它的摆动幅度还是会被锈蚀的上端所限制。也就是说，当你的上半身没力时，双腿的活动度也会跟着下降。

另外，打通动力链与提升跑步技术两者也具有相辅相成的效果，它们都能使你朝向优美流畅的跑姿迈进。精英跑者大多能做到这一点，因此他们的身体外形看起来很匀称，也没有明显的大块肌肉，却能输出很高的功率，主要就是因为他们能调动更多肌群来完成同一动作，像是跑步的支撑、提脚与跨步，都需要全身的肌肉与筋膜一起配合。动力链的流畅度跟核心稳定度息息相关，这也是我们一再强调抗拉伸与抗旋转的原因。

为何我们要特别训练跑者的臀部肌肉

大部分的都市人都容易坐上数小时，例如在办公室或教室坐上数小时，上下班在公交车上或是自己开车时是坐着，回到家看电视时也是坐着，我正在打这段文字时也是坐着……而这些间断的时间加起来很容易就会超过8小时了。尽管你已经在一个星期当中安排规律的运动，甚至已经是一名马拉松跑者，但长时间的坐式生活依旧会给你的身体带来不良的影响，其中最直接的影响就是我们的臀部，长时间久坐将会导致臀部肌群退化，使它们变得虚弱无力，尤其是当我们跑步时，臀部肌群本身的作用是帮助我们吸收从地面传递上来的反作用力，如果臀部肌肉因久坐而丧失这个功能，这些冲击力将会由腿部的其他肌肉或关节来承受。如果由大腿与小腿来承受的话，长跑时的续航力必定受到影响，原因很简单，试想现在有一根笨重的大木头，需要3个工人才能搬运到3公里远的地方，但其中一个工人当天却生病了，没办法跟其他两个一起工作，剩下两个工人只好照样运送木头，当然他们必定需要耗费更多的力气才能成功运送这根木头，原本3个人搬一根木头一直走3公里都不用休息，但现在剩下两个人可能走不到2公里就要停下来休息了。大腿跟小腿就好比这两个工人，而无力的臀部就是那个生病的工人，原本是由三大肌群来支撑上半身的重量，但生病的臀部却把工作都交给大腿跟小腿，自然跑步的续航力会因此而受到影响。

而如果冲击力是由关节来吸收的，那么问题就更严重了，我们或多或少都听过或亲身体验过跑者最常遇到的运动伤害，如跑者膝、下背痛、胫前疼痛等，其实这些伤害的起因很有可能来自于无力的臀部，在长时间跑步下由于腿部肌肉逐渐疲乏，无法继续承担这些冲击力，肌肉无力就只好交由关节来承担。不同的跑姿会产生不同的结果，如果冲击力集中在胫骨附近就会发生胫前疼痛，冲击力集中在膝盖附近就会发生各种膝盖疼痛。

那么要如何得知自己的臀部功能是不是正常呢？其实方法很简单，要测试臀部肌肉在跑步时有没有支撑力，在下次进行跑步训练时把手放在臀部，当脚落地支撑时感受一下臀部有没有同时收缩"变硬"，如果每一步臀部都是"软软"的话，那就表明你的臀部没有办法为你吸收跑步时所带来的冲击力。

既然我们知道臀部是如此重要，那么要解决臀部无力的问题，就必须针对臀部的肌群进行锻炼，像是蹲举（Squat）、硬拉（Deadlift）、弓步（Lunge）等皆是锻炼臀部的有效动作，因为这些训练动作都能有效刺激臀部，让臀部重新学习正确的发力模式与时机，锻炼后的臀部就好比那个生病的工人康复后回到工作岗位，可与另外两个工人一起把木头运到更远的地方。

马拉松的力量该怎么练

许多跑者之所以排斥力量训练是觉得它很浪费时间（其实是因为大多数人都做了很多无谓的动作，无法锻炼到跑者所需的肌群，所以效果不明显），而且大部分喜欢跑步的人会觉得力量训练很无趣，做完后常常要酸个两三天，使得身体无法进行正常的跑步训练。重点是，力量训练的效果不能马上显现，而且通常前几个月还会让你跑得更差，所以很少有跑者会特别针对力量做训练。如果上网搜索"力量训练"（或去健身房问教练），获取的训练动作琳琅满目，更会让你无所适从。

我们先来了解一下力量训练可以被归纳成哪3种类型。

类型一 徒手训练（Body Weight Exercises）：
对于刚从事运动训练的人来说，徒手训练可说是最好的力量训练方式，因为需要承受的负荷只有自己的体重，所以十分方便执行，在健身房、家里、办公室等处皆可以随时进行，是许多入门跑者的选择。但当跑者的力量提升时，自身体重已经无法带来刺激效果，继续采用这种训练方式等于白练，身体不会再因为这种方式变强。

徒手训练中最符合跑步功能性训练的代表动作之一：

弓步蹲

类型二 器械式训练（Machine Exercises）：
器械式训练泛指所有借助器械［如大腿推蹬机（Leg Press Machine）、史密斯机器（Smith Machine）等］来完成动作的训练，虽然同样能训练到肌肉的力量，甚至在相同的动作中能够比自由负重的训练强度更高，但器械式训练的缺点是缺乏功能性（Functional），也就是说从器械所获得的能力无法有效地转换到实际的跑步表现中。例如马拉松所需的肌肉功能有：单脚平衡、移动时的稳定度、下肢各肌群同步启动（动力链）、高步频所需的快速伸缩力，以及强大的肌肉耐力，所以功能性训练就是希望把力量训练中所获得的能力转化成在马拉松赛场上的运动表现。但器械式训练大部分都以训练单一肌群为目标，平衡、稳定度、动力链、快速伸缩力都练不到。这些器械对于健美选手来说十分有效，因为他们的目标就是要在身体上打造出一块一块的大肌肉，但跑者不是健美型选手，成块的肌肉反而会限制跑步表现。以股四头肌训练机（Quadriceps Machine）为例，运用这个机器时往往是采用坐姿，而且机器会限制住身体的其他部位，只有大腿前侧能够移动，而且是跟随着机器的轨道移动，纯粹在训练大腿的股四头肌。但实际生活中或是运动中很少有动作是只动用到单一肌群来完成的，试想，投篮时手臂旁边会有轨道帮助你修正方向吗？又或者在跑步时身体会使用躺姿或是坐姿来让双腿发力吗？在马拉松比赛时会有人在旁边扶着你跑吗？思考一下这些问题，你就会开始远离这些器械，并开始投入自由重量的训练。

采用器械时最具代表性的训练：

大腿前侧（股四头肌）训练机

类型三　自由重量训练（Free Weights Exercises）：自由重量训练是指只使用杠铃、哑铃，并只靠自身力量来完成训练动作，没有其他器械或轨道辅助。由于没有器械辅助，加上动作的技巧门槛高，因此这种训练会比较困难，然而克服这个困难是非常有意义的，通过自由重量训练将获得更多好处（相较于其他两种训练）。由于自由重量训练大多属于全身性的动作，肌肉间的同步协调能力将会得到改善。以瞬发高翻（Power Clean）为例，进行这个动作时的主要作用肌群是臀大肌、大腿跟小腿的所有肌群，同时又需要核心肌群来维持整个躯干的稳定，让下肢所发出的力量能有效地传递到手臂再传递到杠铃上，使杠铃从低点（地面/膝盖）通过下肢的力量而上升到高点（肩上），而在接杠的时候由于没有任何东西支撑我们的身体，所以势必要动用全身的肌群来维持身体的稳定平衡，这样才能确保身体不会被杠铃的重量推倒。因此瞬发高翻这个动作除了能有效锻炼下肢爆发力以外，平衡能力、核心力量以及关节稳定度等皆能得到提高，而这些能力其实都

自由重量训练中具有代表性的关键动作：

瞬发高翻

十分贴近实际运动时的动作模式，因此瞬发高翻这个训练动作能轻易地转换到实际运动表现上。大家都知道跑步是一种双腿不断交替的重复动作，且同一时间只会由单脚来支撑整个身体，所以如果双腿在支撑（单脚支撑）很短时间的情况下还能稳定身体把力量发挥出来，实际的运动表现自然会更好。

综合以上说明，运动员如果想要打造既强韧又实用的身体，自由重量训练绝对是最好的选择。接下来，我们整理出最适合跑者做的几个力量训练动作，介绍给大家。

本书把跑步的力量动作分成三大类别，再将三大类别各分成几项共15个关键动作，其他动作都可以归纳其下，接着再分难易度。

分法概述如下。

类别一：核心力量动作。

类别二：力量动作。

类别三：爆发力动作。

 ## 核心力量训练动作与其变化式

目的：强化跑者的核心肌群，避免能量因躯干转动而损失，同时串起身体的动力链，使身体各部位肌肉能同步发挥出力量，协力完成跑步动作。

以下所介绍的动作皆以抵抗拉伸与旋转的训练为主。所谓"抗拉伸"就是核心肌群抵抗上下、侧向拉伸的训练；以平板支撑为例，当我们只以手肘与脚尖撑在地面上时，如果核心肌群（臀部肌群也是核心肌群的一部分）没有发力收紧，腹部与臀部会因重力而往下掉，因此进行训练时我们必须用力把躯干锁紧。这种锁紧躯干的能力正是核心抗拉伸的表现，抗拉伸的能力越强，身体的姿势越不容易受疲劳的影响而变成"く"字形或驼着背跑步。

平板支撑是抵抗腹部向下拉伸的动作

核心抗旋转同样是训练身体核心肌群的稳定度，差别在于这一系列的动作是训练躯干在四肢摆动的情况下还能保持稳定，不被四肢带着转动。对于跑者来说，在跨步时常常会带动腰部旋转，躯干的转动会消耗跑者更多能量，降低跑者的效率；加入核心抗旋转的训练可以减少不必要的旋转动作。在马拉松比赛接近终点处，我们可以看到很多左右晃动、东倒西歪的跑姿，这些跑者通常都缺乏核心的训练。

跪姿抗旋转

以下4类动作，前3类分别是腹部、背部与臀部、侧腹与侧臀的抗拉伸训练，第4类是训练腹部与臀部的抗旋转能力，每一类的动作模式都相似，但随着难度的增加，身体与地面接触的面积会越来越小，接触面积越小难度越高（例如跪姿抗旋转动作，是双膝以下撑地，到了最高难度只剩单脚掌撑地）。你可以先从第一级开始尝试，如果觉得太轻而易举，那么可以往下一级挑战。不要忘记本训练的目的正是稳定性，所以切勿在不稳定的情况下就跳到下一级。

难度	腹部抗拉伸	背部与臀部抗拉伸
1	平板支撑/手肘撑	桥式/双手置于臀侧
2	平板支撑/手掌撑	超人式
3	平板支撑/单脚撑地	桥式/单脚离地
4	平板支撑/单手撑地	仰式平板支撑/手掌撑地
5	平板支撑/单手单脚撑地	仰式平板支撑/单脚离地

难度	侧腹与侧臀抗拉伸	腹部与臀部抗旋转
1	侧向平板支撑/手肘撑	抗旋转/跪姿
2	侧向平板支撑/手掌撑	抗旋转/站姿
3	侧向平板支撑/手掌撑+上方手指向天空	抗旋转/弓步+后膝着地
4	侧向平板支撑/手掌撑+转体	抗旋转/弓步+后膝离地
5	侧向平板支撑/手掌撑+上方脚抬起	抗旋转/单脚离地

腹部抗拉伸

1. 先采取俯卧撑姿势，接着改成手肘撑地。
2. 收紧核心，让肩膀、背部、臀部维持一直线，眼睛看地面。
3. 保持30秒。

注：若你觉得30秒太轻松，不用延长时间，而是进阶到难度更高的动作。

侧腹与侧臀抗拉伸

1. 左手臂在肩膀下方伸直支撑躯干，预备动作时臀部先放在地上。
2. 臀部向上抬高，直到与肩、踝在同一直线上。
3. 保持30秒。
4. 换边支撑，再重复上述步骤。

注：若你觉得30秒太轻松，不用延长时间，而是进阶到难度更高的动作。

背部与臀部抗拉伸

● 桥式动作说明

1. 身体平躺在地面上，双脚弯曲并拢。
2. 臀大肌发力缩紧，将髋关节推离地面，再慢慢放下回到起始动作。

注：在做单腿桥式时要注意两边臀部不能上下倾斜。

● 超人式动作说明

1. 身体俯卧于地面，双手向前伸直，双腿向后平伸。
2. 右手与左脚同时向上抬起，抬起时仍保持伸直。
3. 抬起时腹部与胸口紧贴地面，保持身体稳定。

腹部抗旋转（Pallof Press）

● 跪姿腹部抗旋转动作说明

1. 把弹力绳固定在稳定的支点，双手拉着绳子的另一头，置于胸前。身体以跪姿方式站稳，此时弹力绳应该有一定的张力。
2. 双手往前推直至手臂伸直，核心收紧稳定身体，抵抗弹力绳的阻力。然后慢慢将双手拉回胸前，回到起始动作。

 下肢力量训练动作与其变化式

目的：锻炼跑步的功能性肌群。

先从双脚开始，让肌肉肌腱开始适应，之后必须转向单脚的训练动作。负重则随着不同周期的训练目的来调整。

难度	硬拉	蹲举	弓步
1	硬拉/弹力绳加负荷	徒手深蹲	弓步/垂直向下蹲
2	罗马式硬拉/双手哑铃	深蹲时手臂伸直，大拇指朝天	弓步/后跨步向下蹲
3	双腿硬拉/双手哑铃	蹲举/背蹲举	弓步/前跨步向下蹲
4	双腿硬拉/双手杠铃	蹲举/前蹲举	弓步/前跨步+转体+吐气
5	单腿硬拉/单手哑铃	蹲举/过头蹲	侧弓步
6		蹲举/单腿、后腿抬高蹲	

硬拉（Deadlift）

　　硬拉对于发展身体的后侧动力链（背部、臀部、大腿后侧）是十分有效的动作，强化后侧动力链可改善跑者常常在疲劳时发生的腰下沉与驼背问题，同时亦能使身体启动髋关节，善用臀部肌肉的力量，减轻长跑时双腿的负担。而难度更高的单腿硬拉（Single-Leg Deadlifts）加入了髋关节抗旋转的元素，同时训练到身体平衡与稳定的能力，为跑者带来更佳的跑步经济性。单腿硬拉能有效刺激臀部肌肉，加强单腿的力量与稳定性。

● **硬拉动作说明**

1. 双脚分开与肩同宽。双手自然下垂并握好杠铃，臀部向后同时上半身挺直，直到杠铃悬垂至膝盖上缘处。
2. 臀部发力往前推，同时上半身保持挺直，杠铃上升时越贴近大腿越好，臀部夹紧，直至身体完全站直。
3. 慢慢放下杠铃并回到起始动作。

注：关键是上身始终保持挺直，膝盖可微弯，但弯曲幅度越小越好。

◆ 单腿硬拉动作说明

1. 双脚分开与肩同宽，上半身挺直，双手自然下垂并握好杠铃。将一条腿抬离地面，臀部向后，杠铃慢慢接近地面，直到杠铃悬垂在膝盖上缘处。
2. 然后将臀部向前推，自然向上抬起，直到身体完全挺直。
3. 慢慢放回杠铃回到起始动作。

蹲举（Squat）

　　蹲举是锻炼下肢最有效的训练动作之一，其中背蹲举更有"动作之王"（King Of Exercises）之美誉，可见其对运动员的重要性。跑者下肢的力量越大，跑步的速度自然会越快，所以蹲举的动作对于跑者来说尤其重要。

◆ 背蹲举动作说明

1. 双脚分开与肩同宽，双手握住杠铃，将杠铃架在肩膀后方。
2. 臀部往后坐，膝盖弯曲，身体放低进入深蹲姿势。蹲坐时大腿尽量与地面平行，活动度较佳的人可以让大腿后侧接触到小腿肚后，再将臀部往上抬，回到起始动作。

● 前蹲举动作说明

1. 双脚分开与肩同宽，双手握住杠铃，将杠铃架在肩膀前方，手肘尽量往上抬高。
2. 臀部往后坐，膝盖弯曲，身体放低进入深蹲姿势。蹲坐时大腿尽量与地面平行，活动度较佳的人可以让大腿后侧接触到小腿肚后，再将臀部往上抬，回到起始动作。

● 后腿抬高分腿蹲动作说明

1. 双手握住杠铃，将杠铃架在肩膀后方。后方脚放到与膝盖同高的地方，前方脚在地面站稳。
2. 前方腿往下蹲，直到后方腿的膝盖触碰地面，或是大腿前侧与地面平行为止，再回到起始动作。
注：后方腿只是辅助平衡，身体重心仍是放在前方。另外在后方腿的膝盖下方可以放软垫，减少不舒适感。

● 过头深蹲动作说明

1. 双脚分开与肩同宽，双手握住杠铃并举高，杠铃在头部正上方。
2. 臀部往后坐，膝盖弯曲，身体放低进入深蹲姿势。蹲坐时大腿尽量与地面平行，保持杠铃位置于头部正上方；活动度较佳的人可以让大腿后侧接触到小腿肚后，再将臀部往上抬，回到起始动作。

弓步（Lunge）

对于进阶跑者来说，若训练时间有限，我建议可以直接进行弓步蹲，因为采用单腿进行的方式与跑步时的动作更为类似，可以训练到单腿稳定性与同时发力的能力。对初级跑者来说弓步也很重要，先以徒手进行，它能有效扩展髋关节的活动度与稳定性，这对跑步技术的发展至关重要。

● 弓步蹲（垂直向下蹲）动作说明

1. 双脚分开与肩同宽，双手握住杠铃，将杠铃架在肩膀后方。
2. 单腿往前跨，臀部往下蹲，直到前腿与后腿弯曲构成直角，再回到起始动作，并交替反复进行。

注：注意进行动作时身体姿势保持挺直。

上肢力量训练动作与其变化式

难度	水平推	水平拉
1	俯卧撑/双膝着地	划船/双手哑铃
2	俯卧撑	划船/杠铃
3	俯卧撑/双脚垫高	划船/单手哑铃
4	卧推/杠铃	划船/哑铃交替
5	卧推/单手哑铃	
6	划船/哑铃交替	

难度	垂直推	垂直拉
1	推举/双手哑铃	引体向上/弹力绳辅助降低强度
2	推举/杠铃	引体向上
3	推举/双腿+单手哑铃	引体向上/杠铃负重提高强度
4	推举/单腿+双手哑铃	
5	推举/单腿+杠铃	
6	推举/单腿+单手哑铃	

上肢水平推：
卧推（Bench Press）或俯卧撑（Push Up）

卧推与俯卧撑的动作，对于发展肩膀、手臂与身体前侧（胸肌）的力量十分有帮助。只以单手进行的卧推更能提高肩膀的稳定性以及核心的抗旋转能力，稳定的肩膀可以让跑者在摆臂时减少多余的晃动，为身体节省更多能量。另外，常见的俯卧撑也是上肢水平推的动作，与卧推相比更能锻炼身体的核心抗拉伸能力，不过相对来说在进行俯卧撑时如果要加重负荷并不是那么方便，特别是卧推已经能做到60公斤以上的人，要把60公斤的重量压在背上并进行俯卧撑会有一定的危险性。

◆ 俯卧撑动作说明

1. 先以四肢着地姿势开始，双手比肩膀略宽撑在地板上。身体从脚踝到肩膀应成一直线。
2. 手臂弯曲，身体往下压，直到胸部离地面5厘米处，双手用力向上撑起，并回到起始动作。

注：若想要提高强度，可以使用固定良好的木箱把脚垫高，训练强度与木箱的高度成正比。

◆ 卧推动作说明

1. 双手拿着杠铃，躺在卧推床上，并把杠铃从架子移到胸部上方，手臂伸直。
2. 将杠铃缓缓下降直至轻触胸口为止，然后双手同时发力将杠铃往上推，直到手臂完全伸直回到起始动作。

注：进行动作期间，双脚可踏稳在地面上，如果想要增加难度，可把双脚放到卧推床上。

上肢水平拉：划船（Bend Over Row）

俯身划船是上肢水平拉的动作，主要训练手臂与上背部的肌群，可平衡上肢的肌肉发展；如果只进行卧推，身体前侧的肌肉将会过于强大，肌肉发展不平衡将会导致运动伤害发生。另外，有力的上背肌群可以让跑者整体的姿势更挺直，跑步时身体的重心会更集中在髋关节上，因此可以预防下背不适的情况发生。

● 杠铃俯身划船动作说明

1. 双脚分开与肩同宽，双手握住杠铃，掌心朝内。膝盖微弯，将臀部向后推，躯干放低，直到几乎与地面平行。双臂垂放在身体前方。
2. 躯干保持稳定，把单边上臂抬起，将杠铃举至胸部前方，夹紧肩胛骨，手肘贴近身体。然后慢慢将杠铃放下，回到起始动作。

● 哑铃单边划船动作说明

1. 双脚分开与肩同宽，单手握住哑铃。膝盖微弯，将臀部向后推。
2. 躯干保持稳定，把单边上臂抬起，将哑铃举至身体侧边，夹紧肩胛骨，抬起时手肘贴近身体，然后慢慢将哑铃放下，回到起始动作，再交替重复进行。

上肢垂直推：推举（Shoulder Press）

推举属于上肢垂直推的动作，主要训练上肢往上推的力量，以及肩关节的稳定性；肩膀越稳定，跑步时摆臂的效率就会越高。

● 杠铃推举动作说明

1. 双手分开比肩略宽，握住杠铃，将杠铃提举至稍微高于肩膀的位置。
2. 将杠铃推举至头部上方，直至手臂伸直，然后慢慢将杠铃放下，回到起始动作。

● 哑铃单边推举动作说明

1. 单手握住哑铃，掌心朝内，将哑铃提举至稍微高于肩膀的位置。另一只手保持身体平衡。
2. 单手将哑铃推举至头部上方，直至手臂伸直，然后慢慢将哑铃放下，回到起始动作。

上肢垂直拉：引体向上（Pull Up）

引体向上属于上肢垂直拉的动作，对于整个背部、手臂皆是很好的训练动作，有助于跑步时保持良好的身体姿势。若无法徒手进行引体向上的话，可利用弹力带来减轻负荷；若身体负重对你来说太轻松，可在腰间绑上杠铃片或其他重物来增加负荷。

● 引体向上动作说明

1. 双手分开比肩略宽，手掌握紧单杠，确保手臂完全伸直，双脚离地。
2. 用力收紧背部，手臂同时发力将身体往上拉，直到下巴超过单杠，再慢慢回到起始动作。

注：引体过程中保持身体稳定，不要前后晃动。

● 负重引体向上动作说明

1. 把杠铃片绑稳在腰上。双手分开比肩略宽，手掌握紧单杠，确保手臂完全伸直，双脚离地。
2. 用力收紧背部，手臂同时发力将身体往上拉，直到下巴超过单杠，再慢慢回到起始动作。

● 弹力绳引体向上动作说明

1. 将弹力绳系在杠上，并绕到膝盖下方固定好。双手分开比肩略宽，手掌握紧单杠，确保手臂完全伸直，双脚离地。
2. 用力收紧背部，手臂同时发力将身体往上拉，直到下巴超过单杠，再慢慢回到起始动作。

 # 爆发力动作与其变化式

目的：增加跑者的爆发力，让速度进一步提升。

适当的爆发力训练可以让跑者同时提升动作的速度以及灵活性。耐力运动员的爆发力训练与其他短距离冲刺项目不同，马拉松跑者在进行爆发力训练时更强调动作的流畅性，目的是提升下肢三关节（踝、膝、髋关节）拉伸的速度，因此训练时负荷并不需要太重，以能够快速完成标准动作为原则。

爆发力动作可分为蹲跳、高翻与抓举3种，各种难易动作见下表。

难度	蹲跳	高翻	抓举
1	深蹲跳/徒手	高翻/双手哑铃	抓举/双手哑铃
2	弓步跳/徒手	高翻/杠铃	抓举/杠铃
3	跳箱/徒手	高翻/双腿＋单手哑铃	抓举/双腿＋单手哑铃
4	深蹲跳/双手哑铃	高翻/单腿＋双手哑铃	抓举/单腿＋双手哑铃
5	弓步跳/双手哑铃	高翻/单腿＋杠铃	抓举/单腿＋杠铃
6	跳箱/双手哑铃	高翻/单腿＋单手哑铃	抓举/单腿＋单手哑铃

蹲跳（Squat Jump）

● 蹲跳动作说明

1. 双脚分开与肩同宽，采取深蹲姿势。
2. 用臀部发力推蹬地面，同时髋、膝、踝三关节一起拉伸，向上跳跃。不用跳很高，双脚离地5 ~ 10厘米即可。
3. 双脚离地后脚踝放松，让前脚掌自然下垂。
4. 落地时前脚掌先触地，接着顺势回到深蹲姿势，用臀部的肌肉接住身体。

高翻（Power Clean）

● 高翻动作说明

1. 双脚分开与肩同宽，身体挺直。双手与肩同宽并握住杠铃。
2. 快速把臀部往前推，上半身顺势把杠铃拉到肩膀前方。
3. 此时双脚弯曲，把杠铃放到肩膀上，双手轻扶杠铃，身体保持稳定后再站直。最后慢慢把杠铃放回到起始位置。

抓举（Snatch）

● 抓举动作说明

1. 双脚分开与肩同宽，身体挺直。双手分开与肩同宽并握住杠铃。
2. 快速把臀部往前推，上半身顺势把杠铃拉到头部前方。
3. 此时双腿弯曲，杠铃拉到头部正上方，身体保持稳定后再站直。最后把杠铃放回到起始位置。

周期化的力量训练原则与安排方式

我们并不建议只进行非负重的徒手力量训练，主要是因为这种力量训练并不能为运动员带来持续的进步。若你想要突破个人最佳成绩，我们更强烈建议进行周期化的奥林匹克式举重训练。循序渐进地建构出马拉松跑者所需要的力量，才能在目标赛事中取得最佳表现。

 ## 何谓"循序渐进训练"

然而，循序渐进训练对不同的人有不同的定义：有些人认为每次只做一组，之后的训练都增加重量就是循序渐进；还有些人则认为每个动作都多做一下或一组就是循序渐进。那到底怎样做才是循序渐进训练？

首先看看希腊神话中一则有趣的故事，故事中的主角米洛（Milo）是历史上第一个采用循序渐进原则来训练的人。他是来自克罗托内（Crotone）的摔角运动员，曾获得6次奥林匹克运动会冠军，通过循序渐进式的训练，他成为当时全世界最强壮的男人。米洛的训练方式是找来一头小牛，每天举起它当作训练，这只小牛逐渐长大，米洛也变得越来越强壮，而当这只小牛长大成为公牛的时候，米洛也就成为全世界最强壮的男人了。然而，早在几十年前科学家已经证实肌肉的力量并不会因为训练负荷一直增加而不断提升，因为这并不符合人体的生理适应程序。

目前，人们已经总结出一种更有效、更安全的力量训练方法，我们不需要再像以前一样用抬公牛、扛沙包走10公里等方法来训练。

变强是通过超负荷与恢复两者交替循环实现的

我们先要知道光是训练并不会让身体变强。在每一次超出身体负荷的训练过后（我们称之为"超负荷"），由于超出当时身体能承受的压力，体内的各种细胞组织都会受到不同程度的损伤，此时身体会变得比正常状态更虚弱，肌肉感到酸（胀）痛、疲倦，身体免疫力随之下降，只有在睡觉休息时，身体才能够修补受损的肌肉细胞，并且为了适应训练的刺激而生长出新的组织，建立起比原先更高的力量水平，这就是所谓的"超补偿"理论。

只有超负荷才会带来超补偿。举例来说：假设你的办公室大楼某天电梯突然出故障了，你只能爬楼梯到20层，第一天爬完之后，由于过去很少进行这种运动模式，双腿肌肉的肌纤维受到极大的挑战，大量肌纤维破损，造成隔天肌肉疼痛，但持续了三四天以后，酸痛的程度却会越来越轻，到了周末不用上班时，双腿得到两天的休息，身体为了适应前几天的负荷，在睡眠时把更多的养分注入到受损的肌纤维中，让肌肉恢复到比原来还要高的水平。来到下个星期，再爬20层楼梯对你来说已经不算是挑战了（就训练来说这代表无效的训练），这种奇妙的变化正是身体的超负荷与超补偿机制。

因此我们可以理解为，不管是力量或是体能，如果想要变得更强、更好，除了要让身体得到适当的（训练）刺激之外，更重要的是让身体有时间恢复，才能达到超补偿的效果。

 ## 超负荷是变强的源头，也是过度训练的主因

延续上面的例子，20层楼梯对你来说已经不算超负荷了，但直到某天一位女同事看你一脸轻松，请你帮忙把一台台式计算机搬到20层，你二话不说一口答应，但当你搬完以后，发现双腿重拾了第一次爬20层楼的酸痛感，原因在于计算机的重量为你带来了额外的刺激，使肌纤维再度受损，身体又再度适应新的刺激，超越原来的力量水平，于是两天后以同样的速度帮另一位女同事再搬一次，却发现比之前都还要更轻松了。这正是力量提升的机制，一步一步加大负荷，身体持续适应，借此提升力量；但当你发现增加负荷可以提升表现之后，为了能帮更多女同事搬东西到

办公室，你开始疯狂地把各种重物搬上去又搬下来，一天搬个两三次，持续一个星期之后，你开始感到疲惫不堪，恢复越来越慢，肌肉疼痛感无法消除，过去搬得动的重量也搬不动了，甚至在工作时无法集中精神。这正是在职业选手中十分常见的过度训练综合征（Overtraining Syndrome），也是很多业余选手常犯的错误，往往要等到身体出现状况时才停止训练。

虽然过度训练的症状通常在完全停止训练几个星期后就会自然消除，但与此同时，你的运动表现也会打回原形。不断增加训练量的目的无非是为了让自己跑得更快，但到最后却得不偿失。若训练后的休息时间太短，会造成过度训练的后果，但休息太长却又会降低训练的成效，耽误选手的进步。可见在训练当中，必须要好好规划休息时间。因此下面当我们在强调各周期的训练目的时，也必然会把休息时间考虑进去。

 ## 休息，是训练的一部分

不少教练为了让选手在更短的时间内取得更好的成绩，往往忽略了休息恢复的重要性，盲目地采用更高强度的训练、更长的训练时间、增加训练频率等手段，使得选手无法好好恢复，就像上述爬楼梯的例子，最终造成过度训练，所以成绩不进反退。为了避免这种情况，我们必须为力量训练当中不同的目的制定不同的负荷，如肌肉耐力是15RM，最大力量是4～6RM等。同时建议高质量训练之间需要有24～72小时的恢复期，这是因为**身体进行超补偿一般都需要24～48小时**。因此，**一个良好的训练计划通常都会遵照"一天辛苦，一天轻松"这项原则来安排**，也就是两次高质量训练之间需要间隔24～48小时，例如在星期二进行一次力量训练，那么下一次力量训练最好是安排在星期四或星期五。

当我们在规划力量训练时不可随性地安排计划，休息时间太长或太短、强度太低或太高皆无法达到我们想要的训练效果。在力量训练中需要安排哪些动作？每一个动作的负荷是多少？重复次数与组数要怎么安排？休息时间要多久？什么时候要转换不同的负荷？力量训练与马拉松训练要如何配合？……都必须明确且合理地安排与规划，而这些问题都可以在周期化力量训练中得到解答。接下来我们将会介绍马拉松力量训练的三大周期，并对每一个周期的各自目的、负荷、重复次数与组数等项目做出详细的说明。

马拉松跑者的周期化力量训练

周期化训练最关键的地方在于计划，一个有效的训练计划在训练前必须经过良好的设计，计划的背后必须以丰富的科学知识理论作为基础。而周期化训练的最终目的是要让选手在特定的比赛中获得最佳的运动表现。为了达成这个目的，在年度训练计划中必须正确地划分出各个周期，并随着不同周期的目的对训练量做出调整。

一般的周期化力量训练在第一个阶段都会包含比较多的训练动作（9～12个动作），让身体的各个肌群皆得到训练，全面强化身体的基础力量，这个时期的负荷也相对较低，而随着周期的推进，训练动作将会逐渐减少（3～6个动作），动作会以专项需求为主要考虑因素，力求在比赛中获得最好的表现。以马拉松选手为例，在第一个阶段全身上下肢的肌群皆需要训练，并加入一些核心抗旋转、抗拉伸的动作，到后面逐渐减少上肢的动作，并加强最大力量与马拉松跑者最需要的下肢长时间肌肉耐力。

根据图多奥·邦帕博士（Tudor O. Bompa，Ph.D.）的著作《运动员的周期化力量训练》（*Priodization Training for Sports*），所有运动项目的力量训练都可以划分为4个周期。

生理适应期（Anatomical Adaptation）

- 强化结缔组织，强化稳定肌群，发展肌肉平衡。
- 训练核心力量：腹部、背部、髋关节、肩关节。
- 训练强度：0～60%1RM（0指徒手训练）。

肌肉生长期（Hypertrophy）

- 增加肌肉尺寸，增加肌肉的质与量。
- 此非跑者的训练重点。
- 训练强度：65%～85%1RM。

最大力量期（Maximum Strength）

- 募集更多运动单位/肌纤维，加强爆发力。

- 提升肌肉的强韧度，改善跑步效能。
- 训练强度：85% ~ 100%1RM。

专项转换期——肌肉耐力（Conversion to Muscular Endurance）

- 转换成马拉松项目需要的长时间肌肉耐力。
- 强化肌肉的抗疲劳性，有助于长时间保持良好跑姿。
- 训练强度：30% ~ 40%1RM。

但由于马拉松是一项长时间、高重复性的运动，而且身上有越多的肌肉代表每一步的负担越大，因此我们建议一般的马拉松选手都不需要进行肌肉生长期训练，所以在实际安排力量训练时，可以把周期划分为生理适应期、最大力量期以及专项转换期，以下将逐一介绍各周期的目的及其操作方式。

下表为完整的24周马拉松力量训练周期安排。

大周期	准备期			竞赛期	过渡期
中周期	生理适应期	最大力量期	专项转换期	竞赛期	过渡期
小周期					
	8周	6周	8周	2周	2周

为期24周（半年）的训练计划固然能取得十分好的训练效果，但大多数跑者在目标比赛前并不一定能抽出24周的时间进行训练，例如两场马拉松比赛之间只相隔16周（4个月）。因此我们根据周期化训练的原则以及实际的训练经验，为马拉松跑者设计出一套少于24周的安排方式，若距离比赛不到24周，可以使用下表来协助你规划出力量训练各周期的长度。

生理适应期	最大力量期	专项转换期
1　2　3 4　10　18 20　23	11　12　13 15　16　19	5　6　7 8　9　14 17　21　22 24

＊最少要安排6周。

如果距离比赛还有16周的时间，则从数字1圈到16，可以看到生理适应期中会有5个圈、最大力量期5个圈、专项转换期有6个圈，1个圈代表1周，这表示如果只有16周的时间进行训练，生理适应期可安排5周、最大力量期5周、专项转换期6周。

使用此表时有两点需要注意。首先，距离比赛不到6周时间这个表格就不适用，如果少于6周，请都安排为生理适应期；此外，在专项转换期的最后2周固定为竞赛期，此时要为目标赛事进行减量训练（强度维持，时间递减，将于后面章节仔细说明），因此如果专项转换期为6周的话，最后2周便是竞赛期，而如果专项转换期只圈到2周的话，那么这2周都要安排为竞赛期。

 # 生理适应期

目的一： 锻炼肌腱与韧带

肌肉的成长速度是肌腱、韧带的数倍，肌肉力量要提升也许只需要几天的时间，但肌腱、韧带却需要花好几个月。如果刚开始进行力量训练就把肌肉训练得太强，附在肌肉上的肌腱会容易因为强度不足而被肌肉扯断，但由于肌腱及韧带的改善并不会直接反映在运动表现上，因此很多教练为了取得更快的进步，都会选择跳过这个阶段。当我们在执行这个周期时必须要有耐心，确保肌腱、韧带以及关节变强后，才能进入下一个周期。

目的二： 全方位的训练

生理适应期的目的并不在于加强肌肉力量，而是强化身体各方面的基础能力，包括增加肌肉附近的肌腱、韧带以及关节的强韧度。它能达到两个目的：其一是为之后高负荷的力量训练做准备，其二是预防马拉松这种高重复性运动容易带来的过劳性运动伤害。因此，在这个周期需要进行全面性的训练，包括训练上肢与身体核心的稳定性，让上下肢的力量能够有效地传递。身体的核心越是稳定，传递到下肢的力量将越强，同时稳定的核心亦能够有效吸收跑步着地时所产生的冲击力。

目的三： 改善不平衡的力量

生理适应期的另一个目的在于改善身体左右两侧力量的不平衡，以及作用肌与拮抗肌的不平衡，并改善代偿作用。不平衡的力量容易导致运动伤害，如马拉松跑者常见的跑者膝、各种肌腱炎、关节炎、筋膜炎；长时间重复单一动作时，若作用肌过度发达，则会造成结缔组织撕裂受伤，而引起各种发炎反应。

何谓"代偿作用"？

当主要作用肌群或关节虚弱无力，没办法发挥正常功能时，原本不属于这个动作且相邻的肌群或关节将会代替它们来完成进行中的动作。代偿一般都是暂时性的，当主要作用肌群或关节恢复正常功能后代偿便会结束，但日常生活中一些不良习惯，如久坐、驼背等，让一些重要的关节无法恢复正常的功能，再加上长时间大量训练，是马拉松选手常常发生运动伤害的原因。

以常见的久坐为例，都市人每天很容易就坐超过8小时，臀部肌肉长时间处于拉伸拉长的状态，让臀肌变得越来越虚弱，而与臀肌属拮抗关系的髋屈肌则因为长时间收缩而变得越来越紧绷，虚弱无力的臀肌加上被髋屈肌限制活动度的髋关节，容易造成对腰椎、膝盖的代偿作用，髋关节活动度下降，让原本属于稳定关节的腰椎被迫进行移动来代偿，它原本负责的工作（稳定性）表现因而变差。当腰椎一直处于代偿状态，下背痛便会产生；同理，由于膝关节原本属于稳定关节，而髋关节属于活动关节，当髋关节活动度受限，无法发挥活动的功能，便强迫膝关节进行移动来代偿，导致膝盖内翻或内转，大腿外侧的髂胫束过于紧绷，造成跑者常见的髂胫束摩擦综合征（Iliotibial Band Syndrome）（俗称"跑者膝"）。

马拉松选手不需要练出王字肌、人鱼线、子弹肌，更需要的是深层核心肌群的稳定能力

为了让身体力量在生理适应期得到全面性的发展，一次训练需要多达9～15个训练动作，除了要进行下肢跟上肢的训练之外，核心肌群训练也是这个周期的训练重点，因为核心肌群决定了四肢的运动能力。

核心肌群可简单分为两大类：**动态核心肌群与静态核心肌群**，这两类肌群分别负责身体不同的功能。动态核心肌群包括腹直肌、腹内外斜肌、腰方肌、阔背肌等，这些肌群主要的工作是控制脊椎/腹部的动作，如向前弯、往后仰、转身等；而静态核心肌群包括腹横肌、多裂肌、腰方肌等，它们所负责的工作与跑者的健康可谓息息相关，这些肌群处于较深层的位置，且大多附着在脊椎上，主要是负责维持脊椎的稳定性，那么脊椎的稳定性对运动员来说到底有多重要？

当我们在进行跑步、跳跃或爆发力训练时，位于深层的核心肌群会先进行收缩

来稳定脊椎以及吸收冲击力，同时作为身体上半身和下半身的力量传递链，若要顺畅地执行这些工作，在运动时核心肌群必须不断地进行收缩，才能为四肢营造出一个稳固的基底，力量才能够有效地传递出去；一个缺乏训练的核心肌群将无法胜任这些工作，跑者的马拉松成绩也必定受到影响。

要有好的跑步表现，核心肌群就必须要够稳定。因此，仰卧起坐（Sit-Up）绝对不会是好的训练动作，因为不管我们在进行哪一种运动，身体都不需要进行卷腹动作来提升表现（相信没有人会认为驼背有助于跑步），所以我们应该把训练的焦点集中在核心肌群的稳定能力而非活动能力（也就是前弯、往后仰与转身动作）上，而核心肌群的稳定能力又可简单分为抗拉伸（Anti-Extension）与抗旋转（Anti-Rotation）两种。抗拉伸是指核心抵抗躯干前后、左右弯曲的能力，而抗旋转是指核心抵抗躯干左右水平旋转的能力，这两种能力结合起来才能打造出稳固的核心，达到提升运动表现的效果。如前面所列的各种核心肌群的训练动作，在生理适应期，我们建议你每次进行力量训练时都要安排3～4个核心训练动作。

马拉松生理适应期的10大训练动作

由于在生理适应期需要让身体获得全面的发展，需要比较多的训练动作，而且动作都应该能兼顾到作用肌（Agonist Muscle）与拮抗肌（Antagonistic Muscle）的训练，建议在一次训练中安排9～12个训练动作，但强度不宜太高，要记得这个周期的主要目的：先强化肌腱、韧带及关节，别急于加重，力量一下子提升太快反而容易造成这些结缔组织受伤。总结以上，我们认为在生理适应期应该包含以下训练动作。

1. 上肢水平推（例如卧推/俯卧撑）

2. 上肢水平拉（例如杠铃/哑铃划船）

3. 上肢垂直推（例如杠铃/哑铃推举）

4. 上肢垂直拉（例如引体向上）

5. 下肢垂直推（例如背蹲举）

6. 下肢垂直拉（例如硬拉）

7. 前核心抗拉伸（例如平板支撑）

8. 左右侧核心抗拉伸（例如侧向平板支撑）

9. 背核心抗拉伸（例如桥式）

10. 核心抗旋转（例如腹部抗旋转）

另外，有力量训练背景的跑者，或是初学力量训练者在经过 4 周的生理适应期之后，都可以加入一些爆发性的训练动作，帮助发展身体整体的协调性，如瞬发高翻（Power Clean）、深蹲跳跃（Jump Squat）等。

改善身体两侧力量不平衡的训练动作

前面提及，生理适应期另一个目的是要改善身体左右两侧力量不平衡的情况，针对这个目的，**单边训练（Unilateral Training）**是个非常适合的训练方式。大部分人在进行侧向平板支撑训练时，会发现左侧或是右侧比另一边舒适（当然也有可能是两侧都不舒适）；或是进行单腿硬拉时，左腿比右腿更容易稳定与更有力量。这正是身体两侧力量不平衡的表现。很多人会因为较弱的那侧动作做不好而失去信心，并逐渐忽略身体较弱的部分或动作，久而久之，弱者（弱的肌群）越弱，强者越强，造成不平衡的情况更严重。

因此，每当我们在进行任何单边性的训练动作时，必须确保两侧的动作平衡，特别要专注在较弱的一侧。此外，以哑铃取代杠铃也是改善双臂力量不平衡的好方法，当我们在使用杠铃进行卧推时，力量较强的手臂会不自觉地帮助较弱的一边执行平衡稳定的工作，因此较弱的手臂将难以获得完整的训练效果。但当我们把杠铃换成哑铃之后，由于两个哑铃之间没有连接，两只手臂都需要各自把哑铃稳定住，对于双臂力量不平衡的人来说，在生理适应期中以哑铃来执行卧推是比较合适的做法。

生理适应期之实际操作提示

生理适应期的长度视不同选手的基础而定。若是刚接触自由负重力量训练的选手，其生理适应期应该需要维持较多的周数（6 ～ 8 周），才能有效强化结缔组织；选手若具有较长时间的力量训练背景（建议 3 ～ 4 年），其生理适应期周数应该减少（3 ～ 4 周）；而针对马拉松选手，由于长跑这种长时间高重复性的动作模式有极高的受伤风险，因此建议最好能有（至少）6 周的生理适应期，并且在一周当中安排 3 次训练，确保结缔组织有足够的强度承受日后更高的训练量，但最长不要连续进行超过 10 周（超过 10 周将不会带来明显的训练效果）。

训练强度（即重量）最好由低负荷（30%1RM）开始，每两个星期再增加 10%，在生理适应期内最多不要超过 60%，而已经有 3 ～ 4 年或更长时间力量训练经验的选手可以直接从 60% 开始，在增加结缔组织强度的同时也能增强基础肌肉耐力。由于在这个周期的训练负荷并不高（30% ～ 60%1RM），在训练时应不会感到太多的痛苦或不适，若觉得太吃力，请不要勉强，减轻重量或是组数吧。对于刚接触力量训练的选手，在生理适应期的训练模式可以先以**循环训练（Circuit Training）**的形式进行，动作与动作之间休息45 ～ 90秒，组间（所有动作都做完算一组）可休息1 ～ 3分钟，视每个人的体能而定。原则是每一组都能达到同样的强度（负荷、重复次数、执行速度），而且都要能达到标准动作，这种训练方式在训练力量的同时又能锻炼基础的心肺耐力，十分适合强调有氧能力的马拉松跑者。

生理适应期训练课表：范例一（初阶）

项目	负荷（%1RM）	重复次数/持续时间	重复组数	休息时间
背蹲举	40%	15次	3组	组间休1~3分钟 动作间休45~90秒
卧推	30%	15次		
硬拉	40%	15次		
杠铃划船	30%	15次		
引体向上	30%（弹力绳辅助）	10次		
平板支撑	自身体重	30秒	3组	30秒
侧向平板支撑	自身体重	30秒	3组	30秒
桥式	自身体重	30秒	3组	30秒

生理适应期训练课表：范例二（进阶）

项目	负荷（%1RM）	重复次数/持续时间	重复组数	休息时间
背蹲举	50%	20次	3组	组间休1~2分钟 动作间休30~60秒
卧推	40%	20次		
硬拉	50%	20次		
杠铃划船	40%	20次		
引体向上	40%（弹力绳辅助）	20次		
单腿平板支撑	自身体重	45秒	3组	15秒
侧向平板支撑	自身体重	45秒	3组	15秒
桥式	自身体重	45秒	3组	15秒
超人式	自身体重	45秒	3组	15秒
核心抗旋转	弹力绳	45秒	3组	15秒

1RM力量检测流程

1. 进行动态拉伸5～10分钟。

2. 以较轻负荷重复进行5～10次，休息1分钟。

3. 再根据热身的负荷来推估自己只能重复3～5次的重量，若估算的重量在实际操作时重复不超过6次，则可直接从上表或耐力网中推算出1RM。

4. 若估算的重量在实际操作时重复超过8次，请先休息2～4分钟，再重复步骤2和步骤3。

注意事项

1. 请确保是以适当的姿势进行检测，建议有专业的体能与力量教练在旁监察。

2. 请在适当的场地以及使用适当的器材进行检测。

3. 反复测试时上肢肌群建议增加负荷4～9公斤或体重的5%～10%，下肢肌群建议增加负荷4～18公斤或体重的10%～20%。

4. 最好能在5次尝试内完成检测，否则疲劳的因素会影响检测的结果，如果超过5次仍未能测出1RM，请择日再测。

5. 若对检测或动作有任何疑问请找专业的体能与力量教练进行指导。

提醒：力量训练的要诀

　　力量训练的重点并不是做越多越好，也不是重量越重越好。我们认为不管你进行力量训练的目的为何（想要提升运动表现、减重、追求健康、锻炼身体等），在进行力量训练时都应该把目标放在"能完成几次标准的动作"，而非"有没有完成所有的训练"。这并不是说不用完成安排好的训练，首先我们要了解力量训练中的基本观念，就是"完成一次标准动作比起完成10次错误动作更具意义"，因为不良的动作除了不一定能达到应有的训练效果之外（没有动用到该训练的肌群），更有可能会导致运动伤害的发生。因此，认真的运动员都应该在训练时先确认动作是否达到标准，再去追求达成目标的次数。要记住，宁愿只完成一次完美的动作，也不要进行10次错误的动作。至于动作的好坏，最好由具有专业证照的力量与体能教练在旁指导，以达到最佳的训练效果。

 **最大力量期**

为什么马拉松跑者要进行最大力量训练

有一定经验的马拉松跑者都知道，在传统的耐力选手力量训练当中，很少会看到高负荷低重复次数的训练（高负荷是指在该重量下你最多只能做6次动作）。原因在于当时科学家还没有厘清肌肉变强变壮的机制，很多教练跟选手都认为高负荷的力量训练会导致过多的肌肉增生，因此低负荷的肌肉耐力训练一直是耐力运动员的主流训练方式。但是，在过去几十年，经过一些运动科学家的实验证明以及教练与运动员的实际操作，高负荷的力量训练已被多次证实对运动表现有正面的影响，不管是爆发力项目的选手或是耐力选手皆能从中受益。今天，完整的周期化力量训练已经成为世界顶尖选手必备的训练项目，最大力量训练可以说是周期化力量训练的核心，没有良好规划力量训练的运动员已经难以在世界级的竞赛中获胜。

到底高负荷的力量训练会为耐力选手带来什么样的影响？马拉松选手又该如何进行最大力量训练？以下将逐一揭晓。

力量训练中的最大力量，是指某一特定动作（如背蹲举）只能进行一次的最大重量，亦即1RM，进行第二次将会失败，可想而知强度是非常高的；而最大力量可以说是力量训练中的根本，只要最大力量提升了，肌肉耐力、爆发力也会跟着提升；因此，周期化力量训练的其中一个最重要的目的就是要不断提升最大力量（1RM），并通过专项转换训练将能够举很大负荷的能力转移到实际的运动表现上（例如跳得更高、更远，跑得更久、更快等）。

最大力量提升的机制——神经适应

有些跑者可能会问，为什么我在健身房能举起很大的重量，会对马拉松的表现有正面影响？试想，现在有两根同样是20公斤重的木头，分别交由两名身材相当的工人搬运到5公里远的地方，工人甲最多只能抱起30公斤的木头，而工人乙能够一次抱起50公斤的木头。如果这是一场比赛，最快把木头搬到5公里远的终点就是赢家，相信大家都会认为工人乙能够用比较短的时间把20公斤的木头搬到终点，同样是20公斤，但由于工人乙比工人甲的力量大，因此20公斤对工人乙来说是相对比较轻松的。又例如，同样是要搬运20公斤的木头到5公里远的地方，但这一次工人甲又找来两位力量相同的好朋友来一起搬运，而工人乙则依旧是一个人搬一根木头，那么现在相信大家都会认为工人甲这一组会比工人乙更快地到达目的地，由于20公斤的重量被3个人的力量所分担，大家都只需要付出更少的力量就能够比工人乙更快地运送这根木头。

以上两个例子其实正说明了最大力量训练对运动表现的影响，当我们进行高负荷的力量训练时，肌肉组织会产生两种生理机制。

1. 运动单位募集更多肌纤维/更多运动单位被募集。

2. 肌纤维变粗。

身体的所有肌肉中包含着数十条至数百条不等的肌纤维，每一条肌纤维就好比一位搬木头的工人，它们都各自有一个接收指令的窗口，称为神经接合处（Neuromuscular Junction），用来接收中枢神经系统所发出的信号，而负责传递信号的是被称为运动神经元（Motor Neurone）的神经细胞，肌肉中的肌纤维都会受到运动神经元的控制，而一个运动神经元以及它所控制的肌纤维，我们称为一个运动单位（Motor Unit）。

一个运动单位若小，则只会控制一条肌纤维；若多，则可控制达数百条，由该肌群负责执行的工作以及训练内容而定。而一个运动单位与它所控制肌纤维的比值，称为神经支配比。如果一个运动神经元能控制50条肌纤维，可表示为1：50；一个运动神经元能控制300条肌纤维，即1：300；而一个运动单位内所能控制的肌纤维越多，收缩时所产生的力量将会越大。

一个未曾训练过力量的人，假设其大腿股四头肌总计有400条肌纤维，但由于平常甚少受到刺激，其运动单位也许只需要控制100条肌纤维就足以应付日常生活所需，但当他开始进行力量训练后，原本100条肌纤维的力量已经不胜负荷，运动单位必须控制更多肌纤维才能产生更大的力量，这个机制在运动生理学中称为募集（Recruitment），让股四头肌从原本只能动用100条肌纤维变成能动用150条甚至更多。除了单一运动单位募集更多肌纤维之外，也有可能是募集更多的运动单位来参与动作。在同一个动作中如果有越多的运动单位参与，被募集的肌纤维也会增加，所以产生出来的力量也会越大。就如同搬运木头的例子中，工人甲又找来两位朋友帮忙一样，3个人加起来的力量一定比一个人的力量来得大，负荷变轻，自然能移动得更快，这就是身体经过最大力量训练后的适应方式，它与肌肉肥大训练只会增粗固有的肌纤维导致肌肉外观变大有所不同。

最大力量训练是通过募集更多没被使用的肌纤维，让肌肉变得更有力量。

当你的亲人被压在汽车底下时

最大力量训练之所以能够募集更多肌纤维，是因为它能改善中枢神经系统（Central Nervous System）对肌肉力量的抑制。当我们在进行高负荷训练（1～6RM）时，情况就好比你的亲人或朋友被压在车底下，再过几分钟他可能将窒息而死，你必须要用尽全力把车子抬起来让他脱离危险。在这个危急关头中枢神经系统为了让你能发挥百分之百的力量，会募集平常被抑制住的肌纤维来使用，因此你才有办法把一辆汽车抬起来。最大力量训练采用同样的原理，通过高负荷的训练方式，让中枢神经系统把更多原本被抑制住的肌纤维连接起来，使各个运动单位有更多肌纤维可以使用，进而产生力量变大的效果。

想提升马拉松成绩，就要把最大力量训练纳入训练计划中

经过上述例子，大家应该都了解了最大力量训练对于马拉松跑者的重要性。虽然在42.195公里的比赛中几乎不会用到最大力量，但若最大力量提升了，每跑出一步所承担的负荷将会变得更少，这些多出来的力量将有助于长时间维持良好的跑姿，让每一步变得更有效率，换句话说，在同样的配速下可减少氧气的消耗量，不再因为多余的动作而降低续航力。因此也有研究指出，**最大力量训练同时有助于跑步经济性（Running Economy）的提升**。有项研究找来17名训练有素的长距离跑者进行最大力量训练，每次训练进行半蹲举（Half Squat），重复4次，共执行4组，每星期进行3次，共持续8个星期，其间运动员继续进行原有的体能训练。结果发现这些接受最大力量训练的运动员在最大摄氧量和体重不变的情况下，他们半蹲举的1RM平均值从刚开始的73.4公斤，8个星期后平均提升到97.8公斤，跑步经济性在70%最大摄氧量下则提高了5%，而最大有氧速度（Maximal Aerobic Speed）的衰竭时间更比受训前延长了21.3%，以上数据足以证明最大力量对于长距离跑者的帮助。

最大力量训练不会增大肌肉

另外值得注意的是，最大力量训练并不会增大肌肉。马拉松跑者对高负荷力量训练一个最大的迷信，就是认为会增大肌肉，随肌肉增大而增加的体重导致跑马拉松时的负担变重。在另一项研究中，找来16名至少已有5年训练经验的马拉松跑者，分成3组并同时进行6个星期的训练，一组进行最大力量训练（85%～90% 1RM），

一组进行肌肉耐力训练（70% 1RM），最后一组不进行力量训练，研究者最后会测试受测者的1RM、体重、体脂肪、跑步经济性等。研究结果显示**进行最大力量训练的跑者，其1RM提高了16.34%，而在马拉松配速下的跑步经济性则提高了6.17%，而且这个组别的体脂肪下降了6%**。进行肌肉耐力训练或是没有进行力量训练的组别，在上述的检测中则没有明显进步。

重要的是，上述两个研究皆发现因最大力量训练而使1RM与跑步经济性得到改善，但并没有因此而影响这些跑者的体重，也就是说，**进行高负荷力量训练并不会增加肌肉尺寸**。其实最大力量训练所带来的力量改善主要是来自神经适应（Neural Adaptation），把没有使用到的肌纤维重新募集来而已，所以肌肉本身并没有额外增生肌纤维，自然就不必担心体重上升。

这也是我们在本书中使用"强韧"这个词汇而不用"强壮"的原因，马拉松跑者不想变壮，我们需要的肌肉应既有韧性又有力量。最大力量的训练正好能达到这个目的，而且根据前面的研究结果，最大力量训练反而是减少体脂肪的好方法，因为在进行最大力量训练时身体必须让更多肌群参与才能把那么重的重量举起来，这些肌群活化后，基础代谢率自然会有所提升，即使在休息时身体仍然不断消耗热量，自然就能有效控制体脂肪了。

最大力量训练要如何进行

经过生理适应期之后，身体已经拥有基础的力量，但如果想要追求更好的马拉松成绩，这种肌肉耐力是不够的，若要有效地提升跑步速度与经济性，就必须在下一个阶段进行最大力量训练，让力量提升到更高的层次。

对于马拉松选手来说，最大力量训练建议持续进行4～6周，每周进行两次训练（精英选手可增加至3次）；为了达到募集更多肌纤维的效果，训练负荷必须达到1RM的85%～100%，可想而知强度是非常高的。为了确保身体能够在组与组之间获得足够的恢复，并且让训练强度保持在同样的水平，建议组间的休息时间最好是在2～5分钟之间，力量训练经验少的跑者应尽量休息超过3分钟，已经进行3～4年力量训练的选手由于身体恢复速度较快，所以2分钟的休息时间已经足够。

很多人会缺乏耐性，以为肌肉不酸痛就可以进行下一组，或是认为一定要趁身体还很累时进行训练才会见效，不让身体休息超过2分钟。但需要注意的是，要发挥出最大力量，主要是磷酸-肌酸（ATP-PCr）系统为主导。还记得ATP-PCr系统最多只能维持4～12秒吗？当完成一组4～6次的训练动作后，几乎就已经完全耗尽

ATP-PCr的能量，而ATP-PCr要完全恢复的话需要2～5分钟的时间。此外，负责传送神经冲动（Nerve Impulses，用来刺激肌肉做功的信号）到作用肌群的中枢神经系统若没有在一次高强度运动后获得充分休息，之后传送出去的神经冲动将会越来越弱，因此肌肉将无法发挥出应有的最大力量。

在ATP-PCr以及中枢神经这两个系统恢复不足的情况下，力量表现将大打折扣，造成下一组动作无法达到同样的强度。例如第一组是做80公斤重复6次，但由于休息时间不足，ATP-PCr系统还没有恢复，只好交由下一级的乳酸系统接手，但乳酸系统无法像ATP-PCr系统那样发出最强大的能量，所以在进行下一组时80公斤只能重复3次。组间的休息时间持续不足势必造成训练质量下降，或甚至可能因力量不足以应付原先的重量而发生危险。

此外，过短的休息时间还有一个对马拉松选手不利的地方，就是会促进肌肉肥大。进行最大力量训练又没有足够的组间休息时间就如同肌肉肥大训练，肌肉肥大训练是进行中高强度的负荷（70%～80% 1RM）训练至力竭，并配合短暂的休息时间，导致作用肌的肌纤维受到严重破坏，以引起身体超补偿的机制让受损的肌纤维变得更粗大，使肌肉体积增加，在最大力量训练时采取过短的休息时间就是类似的效果。

过多的肌肉量只会为长跑选手带来更大的负担，因此请即将要进行或是已经在进行最大力量训练的跑者留意，最大力量训练是一种强度非常高的训练，组间充足的休息时间十分重要，忽略这个原则不会给训练带来任何好处。

而由于最大力量的强度非常高，进行过多的训练动作将会导致肌肉与神经系统过于疲劳，因此在一次训练中最大力量的训练动作建议控制在3～5个之间，而且动作最好是以专项的需求为主，例如跑者应该以下肢的训练动作为主，投手则应着重于上肢的动作，而像篮球运动员上下肢皆需要进行最大力量训练，但每次训练仍不应超过5个训练动作。

根据《运动员的周期化力量训练》一书中的建议，为了让专项的主要肌群得到足够的刺激，推荐进行更多的重复组数，而非更多的重复次数或动作（下面将进行解释）。此外，单次训练的总计组数最好不要超过12组，而总计重复次数（即单次训练中所有训练动作 × 重复次数 × 组数）则可根据右表的建议确定。

负荷 （%1RM）	总计重复次数 （单次训练）
75%~80%	70~100次
80%~90%	35~85次
90%~95%	20~40次
95%~100%	15~25次

举个例子：下面有两个最大力量训练课表，每个动作的负荷皆为85% 1RM，两个课表的总计重复次数同样为72次，皆合乎建议的35～85次，但如果执行课表的是一位马拉松跑者，下面的课表一会更适合他。

仔细比较这两个课表，虽然课表二的训练动作包含了课表一的所有动作，且多加了两个上肢的动作，但课表一由于训练动作较少，因此每个动作能在建议的重复次数范围内（35～80次）进行较多的组数，而课表二为了不超出建议的范围，所以减少了各动作的重复组数，虽然可以训练到更多的部位，但对于马拉松跑者来说，课表一会更为适合。

首先是专项的特性，马拉松对下肢力量的要求绝对比上肢高，因此最大力量训练应更专注对下肢的训练，而且对于针对跑者的最大力量训练来说，比起进行较多的重复次数或训练动作，对同一动作进行较多的重复组数将会为力量带来更大幅度的改善。

课表一

项目	负荷（%1RM）	重复次数	休息时间	重复组数
背蹲举	85%	6次	3分钟	4组
硬拉	85%	6次	3分钟	4组
弓步蹲	85%	6次	3分钟	4组
总计重复次数：72次				

课表二

项目	负荷（%1RM）	重复次数	休息时间	重复组数
杠铃卧推	85%	6次	3分钟	2组
杠铃俯身划船	85%	6次	3分钟	2组
背蹲举	85%	6次	3分钟	2组
硬拉	85%	6次	3分钟	2组
前蹲举	85%	6次	3分钟	2组
弓步蹲	85%	6次	3分钟	2组
总计重复次数：72次				

另外，关于总计重复次数的建议，经验较少的跑者，总计重复次数只要接近范围的下限就可以了，即如果进行85%的负荷，总计重复次数落在35～50次便已足

够，而力量训练时间越长（3～5年经验），总计重复次数则应越接近上限，才能获得足够的刺激。所以下次在安排最大力量训练时，除了根据专项需求来安排训练动作外，不妨再参考各负荷的总计重复次数来安排训练动作的数量与重复组数，适当地搭配重复次数与组数才能发挥出最大的训练效益。

储备力量（Strength Reserve）

所谓"储备力量"，简单来说是指某动作的最大力量减去特定负荷，亦即进行该动作时肌肉所能发出力量的上限值与下限值之差。储备力量越大的运动员代表有越多的潜力达到更高的运动水平。以骑自行车为例，假设所有外在环境相同，如果要维持40公里/小时的速度所要踩踏输出的力量等同于背蹲举举起20公斤所需的力量，那么这20公斤就是特定负荷。

举例说明，若有A和B两位体重相同、体能相当的自行车选手要进行个人计时赛，而这两位选手背蹲举的最大力量（此外以举起的重量表示）分别为60公斤与100公斤。有了这些信息之后，相信大家都会认为最大力量为100公斤的选手B会赢得这场比赛，因为选手B的储备力量为80公斤（100-20=80），比选手A的40公斤（60-20=40）高出一倍。这代表如果他们同样要维持40公里/小时的速度（假设相当于背蹲举20公斤），选手B相对地会比选手A轻松很多，但如果速度提高到50公里/小时的话（假设相当于背蹲举40公斤），选手A也许已经进入无氧强度区间了，但选手B可能只会感到一点喘而已。

可见储备力量对于耐力选手来说非常关键，储备力量越高的选手，理论上其有氧范围将会越广，因为在同等的负荷或配速下训练会更加轻松；而如果我们想要提高储备力量的范围，进行最大力量训练可说是唯一途径，因为只要最大力量提高了，储备力量自然也会跟着提升。至于特定负荷却难以不断降低，例如在自行车上以低风阻姿势骑行，或是从公路车改成计时车，皆有助于降低特定负荷，但相比起提升最大力量，这种方式的效益极低。

力量会带来加速度，因此从储备力量又可以衍生出"储备速度"的概念。我们把跑者移动的下限值定为42.195公里的平均走路速度，把上限值定为1公里的最快速度。假设A、B两位跑者在同一场全马比赛中的用时都是4小时（每公里5分41秒），跑者A的1公里最快能跑2分50秒，但跑者B只能跑3分30秒。在下限值相等的情况下（走路速度相同），选手A的储备速度就比选手B高出了

40秒。这个差距的意义在于，如果比赛是5公里，跑者A势必比跑者B更具竞争力；从另一个角度来说，跑者A的全马成绩更容易突破3小时大关（全马3小时的配速是每公里4分15秒）。原因是每公里2分50秒到每公里4分15秒的储备速度比较大（因为每公里4分15秒这个配速对选手A来说比选手B能更轻松达成，自然也能维持得更久），这也是我们在最后的全马"破3"计划中要加入R强度训练的原因。

 # 专项转换期——肌肉耐力

　　本书把耐力训练划分为体能、力量、技术三大方向，训练计划里必须要同时把这三大块兼顾好才能让运动表现达到极致，三者缺一不可。如果再以赛车来比喻，体能就好比一辆赛车的发动机，力量就是赛车的车架与轮轴，技术就是开这辆赛车的车手，跑者的力量固然是在力量训练中锻炼，而对于马拉松跑者的周期化力量训练来说，生理适应期跟最大力量期其实都是在强化赛车的车架（即跑者的肌肉），虽然体能可以同时通过周期化的训练获得改善，但一辆车换上好的车架、好的发动机后还需要专业技师提供一些技术性的调整与配合，才能让赛车的性能发挥到极致。到了周期化力量训练的最后一个周期——专项转换期，就好比请来一位专业的技师为赛车做出最佳化的调整，让车手能够随心所欲地在赛场上奔驰。

将最大力量转换成跑马拉松需要的超长时间肌肉耐力

　　直至今日，大多数运动员，特别是耐力运动员，仍然会认为力量训练属于爆发力项目的专利，如100米短跑、投掷项目、篮球等。这些项目对于力量的要求十分高，通常力量或爆发力越大的选手其竞争力也越强。因此毫无疑问，力量训练对于这些运动项目确实非常重要，不管是对于肌肉力量的训练，或是训练到的能量系统，皆具有十分正面的帮助（这些运动项目与力量训练都主要运用无氧系统）。

　　但对于耐力运动来说，运动强度相对没那么高，而经过前面的解释之后，相信大家都已经知道最大力量期对耐力运动有哪些好处，但毕竟我们不可能以这种强度跑完一场马拉松，在各种耐力竞赛当中，肌肉的有氧能力才是决定胜负的关键。因

此，在周期化力量训练的最后，力量训练必须配合有氧系统的训练，才能让跑者发挥出最佳的体能表现。

一个完整的周期化力量训练里，目标赛事开始前通常都会安排专项转换期，这个周期的主要目的是要把在最大力量期中所锻炼出来的最大力量转换成专项需要的能力。以速度或爆发力为主的项目（如100米短跑、篮球等），爆发力训练无疑是最好的专项转换训练，而对于以绝对力量为主的项目（如投掷项目），最大力量以及爆发力训练皆是十分适合的专项转换训练。但不管是奥林匹克式的爆发力训练、高强度的最大力量训练，或是重复15～20次的肌肉耐力训练，皆无法为像马拉松这种耐力项目提供适当的刺激，因为这些训练方式顶多只刺激到身体的磷酸‐肌酸系统与乳酸系统。尽管是重复次数较多的传统肌肉耐力训练，其操作时持续时间也不会超过1分钟，同样无法有效刺激到对耐力选手最重要的有氧系统，因此耐力选手在专项转换期中不管进行以上3种训练的哪一种，虽然可以获得力量或爆发力的改善，但同样无法提升对马拉松运动表现最关键的元素——耐力。

本书第3章中谈到，磷酸‐肌酸系统、乳酸系统与有氧系统这三大能量系统各有不同的运作时间，运动时间越长则有氧系统的比例越高。马拉松赛事的持续时间至少需要2小时以上，必定属于有氧运动。马拉松选手如果要利用力量训练来提升运动表现，在训练周期的最后就要动用到有氧系统来进行训练。在训练有氧系统时，训练时间必须要持续超过3分钟，而且训练强度不能太高（强度过高会造成肌肉提早衰竭）。因此，力量训练中便出现了超高重复次数、低负荷的训练方式，让耐力选手在专项转换期能更好地适应，最大程度地改善有氧力量（Aerobic Power），我们把这种训练方式称为"专项肌肉耐力训练"。

专项肌肉耐力训练的目的在于加强运动员抵抗长时间运动疲劳的能力、加强肌肉运用氧气的能力、锻炼有氧系统，并让肌肉（肌纤维）变成超高效率的有氧动力发动机。

专项肌肉耐力训练该如何进行

由于专项肌肉耐力训练所需要重复的次数实在太多了，单是一个动作可能就需要重复100多次甚至几百次，为了方便选手计算，专项肌肉耐力训练最好都以持续时间来表示，例如弓步蹲持续进行4分钟，杠铃推举持续进行2分钟等。以持续时间来表示的优点，在于选手不用去计算进行中的动作重复了几次，只要看时间或是用手表计时提醒便可以了。至于训练负荷方面，为了能长时间地重复同一动作，负荷只要在30%～40% 1RM即可，重点在于让心率维持在有氧区间（最大心率的60%～80%），这样才能有效地刺激有氧系统。在训练时处于有氧区间的时间越长，训练效果会越好。此外，如果重量太重，就算每一次都放慢速度进行，但只要慢缩肌无法负荷该重量时，便会转而动用较有力量的快缩肌来继续进行下去，这样将会失去训练慢缩肌的效果。

为了训练跑者抵抗疲劳的能力，动作与动作之间的休息时间不宜过长，刚开始的前两个星期每个动作之间可以休息30～60秒，而随着肌肉逐步适应，休息时间与次数应该要越来越少，连续训练的时间亦要越来越长。例如一开始每个动作之间都需要休息，两个星期后变成两个动作才休息一次，到最后可以一次连续执行所有动作，而连续进行动作的时间越长（中间不休息），训练肌肉耐力与心肺能力的效果将会越好。

来到目标赛事前的最后一个周期，专项肌肉耐力的训练动作将会更为**专项化**（Sport-Specific），马拉松跑者在这个周期应该选择以单腿的训练动作为主，例如单腿硬拉、弓步蹲、单腿深蹲便是很好的专项性训练动作，进行这些功能性的训练动作将能够更轻易地把锻炼出来的力量转移到跑步上。

我们建议专项转换期需要持续进行8周的完整训练，一周进行两次便已足够，每隔两个星期再增加训练量（减少休息时间或增加训练时间），因为对于这种长时间的肌肉耐力训练，身体需要较长的时间来适应。还没有接受过类似训练的跑者，在前面2～3个星期应该都会感到非常酸痛且十分疲惫，到周期的中段身体才会适应，一直到最后3～4个星期肌肉的长时间耐力才会获得大幅度的提升，此时参加目标赛事将会得到最好的表现！在这个周期还有一点需要注意，如果专项肌肉耐力训练与长跑训练安排在同一天进行的话，最好的方式是早上先进行长跑训练，在下午或傍晚再进行专项肌肉耐力训练，这样长跑时的跑步技术就不会受力量训练带来的疲劳所影响。

另外，如果你是进阶较快的马拉松跑者，可以在专项肌肉耐力训练结束后进行几次R强度的快跑，这是由于当我们在进行肌肉耐力训练时容易导致肌肉收缩的速度变慢，使得你原有的跑步速度变慢，而R强度跑有助于跑者维持肌肉快速收缩的能力，让身体在进行长时间肌肉耐力训练的同时又能维持良好的速度。

单边训练（Unilateral Training）

单边训练是指只用单手或单腿来进行力量训练，例如传统硬拉（Deadlift）改成单腿硬拉（Single-Leg Deadlift）、俯身划船（Bent Over Row）改成哑铃交替划船

（Bent Over Alternate Dumbbell Row）。这种训练方式其中一个最大的好处是能够让跑者知道身体左右两侧有哪些肌肉处于不平衡的状态，找出单边的缺点，训练四肢力量的同时亦能有效训练核心力量，特别是专门负责稳定平衡的核心肌群。这些肌肉在日常生活中很少有机会动用到，虽然传统的双边训练也能对这些肌群产生一定的刺激，但当我们进行负重式的单边训练时（同时要维持良好的姿态，身体不能扭动），这些稳定平衡肌群将会受到更大的刺激，因而获得进一步强化。对于跑者来说，单腿硬拉与弓步蹲能同时强化下肢力量以及髋关节的稳定性，让我们在单腿支撑时不容易产生骨盆倾斜的情况，稳定的骨盆会让下肢力量传递得更好，而且当单腿的平衡感越好，每一步的效率也必定越高，同时也能减少受伤的机会。此外，动用身体更多肌群来进行训练，也就代表能消耗更多的热量，燃烧掉多余的脂肪，对于马拉松跑者来说，更多的热量消耗将有助于控制体重，以更精瘦的身体迎接最重要的比赛。

进行单边训练要注意的是，在刚开始进行时通常都会不太习惯，例如以右手进行训练时可以很流畅地完成，但换成左手的时候却变得难以控制，甚至无法完成跟右边一样的次数。但请不要气馁，只要持续进行几个星期，较弱的一侧将会逐渐获得改善，而且你的身体也将会变得更"完整"。

在一次力量训练当中如果同时要进行单边与双边训练，我们建议先进行单边训练，再进行双边训练。因为进行单边训练时需要精神高度集中来平衡与稳定身体，先进行双边训练的话容易让身体处于疲劳状态，造成后面进行单边训练时姿势不良。

以下提供一些适合跑者的单边训练动作。

单腿硬拉

后脚抬高蹲

单腿深蹲

哑铃交替划船

马拉松跑者的专项肌肉耐力训练课表

以下提供两个专项肌肉耐力训练的课表，分为初阶与进阶两种等级，但这里并不是以马拉松的成绩来区分，而是以选手的自由重量力量训练背景为准，已经持续进行超过3年自由重量力量训练的马拉松跑者可以直接选择进阶课表进行训练，少于3年经验的马拉松跑者则先从初阶课表开始。

初阶马拉松跑者的专项肌肉耐力训练课表范例

项目	训练2周		训练2周	训练2周	训练2周
高翻蹲推举	2分钟	2组	反复执行2个动作，共8分钟	反复执行2个动作，共8分钟	反复执行2个动作，共8分钟
直立高拉/高翻	2分钟				
杠铃推举/划船	2分钟	2组	反复执行2个动作，共12分钟	反复执行2个动作，共18分钟	反复执行4个动作，共36分钟
单腿硬拉	4分钟				
脚跟上拉	2分钟	2组	反复执行2个动作，共12分钟	反复执行2个动作，共18分钟	
弓步蹲	4分钟				
组间休息	1~2分钟		2~3分钟	2~3分钟	1~2分钟
训练时间	32分钟		32分钟	44分钟	44分钟

＊反复执行代表中间不休息。

进阶马拉松跑者的专项肌肉耐力训练课表范例

项目	训练2周		训练3周	训练3周
高翻蹲推举	2分钟	2组	反复执行2个动作，共12分钟	反复执行6个动作，共60分钟
直立高拉/高翻	4分钟			
杠铃推举/划船	3分钟	3组	反复执行2个动作，共24分钟	
单腿硬拉	5分钟			
脚跟上拉	2分钟	3组	反复执行2个动作，共24分钟	
弓步蹲	6分钟			
组间休息	1~2分钟		2~3分钟	—
训练时间	60分钟		60分钟	60分钟

＊反复执行代表中间不休息。

从专项转换期到竞赛期

经过长达6～8周的专项转换期之后，距离目标赛事越来越近，这时候最重要的事情就是要让身体好好恢复，以最佳的身体状态参加比赛，因此竞赛期的目的并不在于要加强哪些能力，虽然这个周期取名竞赛期，但如果想要在重点比赛中具有高竞争力，就应该把重点放在休息与恢复上面。这个周期的训练形式其实跟专项转换期十分类似，同样是以长时间的肌肉耐力训练为主，只不过需要对训练组数与持续时间做调整，才能一步一步到达体能的巅峰。

我们建议竞赛期的长度需要2～3个星期。虽然对于一位优秀的耐力运动从事者来说，肌肉达到完全恢复也许只需要几天的时间，但不管是精英选手还是接触跑步不到一年的新手，都需要较长的时间才能让身体的神经系统获得充分的恢复，特别是已经进行长达半年的规律训练的跑者，不管是生理上还是心理上都累积了一定程度的疲惫，因此必须要有2～3个星期的时间才能让体能达到最佳水平。在竞赛期中，专项肌肉耐力训练的组数或训练时间应该逐渐减少，原则上是将上周的组数减少一组。例如离目标比赛只剩下3个星期，第一周可直接把上周的组数减少一组，第二周再减少一组，而最后一周（比赛周）则不进行力量训练，把力量训练的内容改成20～30分钟的E强度跑，让肌肉得到最全面的恢复。

 ## 爆发力训练

爆发力训练的目的

虽然马拉松是一项非常极端的有氧运动，运用有氧系统的比例高达95%，但并不代表马拉松选手就不需要加入爆发力训练。对耐力型选手来说，爆发力训练的目的在于提高肌肉的发力率（Rate of Force Development）以及动作的经济性。爆发力（Power）等于力量（Force）与速率（Velocity）的乘积，亦即加大力量或是发力的速率皆能够提高爆发力，因此爆发力其实就是能在短时间内发挥出来的最大力量。最大力量训练虽然能有效改善肌肉力量来达到提高爆发力的效果，但在进行这种高负荷训练时有一个缺点，就是发力的时间太长了（2～4秒之间），而实际在竞技运动当中，例如投一次球、跳跃上篮、跑步时的触地时间都是越短越好（0.1～0.3秒之

间）。谁也不想在比赛中用2～4秒的时间投球，或是让跑步时的步伐变得迟缓，因此爆发力训练在于提高肌肉的发力速率，发力速率越高代表能够在越短的时间内发出更大的力量。就是在跑步时可以用同样的触地时间瞬发出更多的力量，让你移动得更快且更具效率。所以当我们在进行爆发力训练时，动作必须要进行得十分迅速，藉此有效提高发力速率。

在何时安排爆发力训练

爆发力训练建议安排在最大力量期与专项转换期当中，先进行爆发力训练，再进行当日的主课表（最大力量或专项肌肉耐力训练），让肌肉力量与耐力得到提升的同时又不会让肌肉发力的速度变慢。对于大部分的马拉松跑者来说，为了提升动作的速度与流畅度，爆发力训练的负荷并不需要太高，建议在30%～60% 1RM便足够了，每个动作进行6～8次，组与组之间也要确保有足够的休息时间（2～3分钟），才能让每一组的训练动作都能够快速地进行。不把爆发力训练安排在生理适应期的理由，在于跑者先建立起强韧的肌肉组织系统、良好的动作质量与姿势后，再进行爆发力训练将会更为安全与更有效率。

爆发力训练需要注意的地方

在进行下肢的爆发力训练时，需注意三关节拉伸（Triple Extension）有没有做到位。所谓"三关节拉伸"是指髋关节、膝关节、踝关节这三大关节在拉伸成一条直线时将会产生最大的力量。想象一下进行双脚垂直跳时，我们会先蹲低，然后双脚快速用力往上跳，此时双腿会处于垂直状态，这个动作正是三关节拉伸的最好示范。当这三大关节同时拉伸发力时，其所产生出来的爆发力相较于身体其他部位都要大，是人体最具爆发力的动作。因此当我们进行高翻、抓举或是其他增强式训练时，其实就是在训练三关节拉伸所能发挥出来的爆发力。三关节的爆发力越大，以下肢为主的运动表现也会变得越好。

以下列出几个常见的下肢爆发力训练动作，可见所有动作都是以训练三关节拉伸为主。由于负重式的爆发力训练有较高的受伤风险，因此建议在拥有良好的举重技术下才可进行负重式的爆发力训练，还不熟练的选手可以先以徒手式的爆发力训练为主。

负重式爆发力训练

单手单腿抓举

左右跳步

徒手式爆发力训练

弓步弹跳

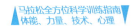

按摩与拉伸是为了
让跑步的肌肉维持长度与弹性

每次训练结束之后，肌肉都会因为过度使用而自主缩短，变短的肌肉就像失去弹性的橡皮筋，会失去原有的力量。这也是为什么几乎所有的教练都会要求选手在练完跑步后做拉伸，主要目的正是使肌肉恢复到原始的长度。按摩的目的则不同，它是为了让肌肉恢复弹性，有弹性的肌肉才是优质的肌肉。许多人都有按摩之后全身舒畅的体验，这种畅快感是身体从紧绷通往柔软有弹性的过程中产生的。

人死而僵（故有僵尸之名）。人的一生当中肌肉最柔软的时刻是刚出生时，去压小婴儿的小腿，按到小腿骨时，他仿佛没什么感觉，但请你身边的人往你的小腿肚压压看，稍微用力按就会有一股酸痛感，再用力往小腿骨压下去，此时你可能就会开始哇哇大叫。逐渐"变老"，身体也越趋僵硬，但肌肉变硬后就没有力量了，就像失去弹性的橡皮筋。橡皮筋当然要越有弹性才可以弹得越远，所以保持弹性很重要。我们甚至认为，人的老化程度并非由脸部的皱纹多寡而决定，而是取决于肌肉的弹性。

适度运用肌肉能让它保有弹性。但对马拉松跑者而言，时常不是适度而是故意超负荷锻炼它，过度锻炼当然会使它逐渐变硬。那么要如何在训练体能与力量之后还能保有肌肉的弹性呢？按摩就是解决方法！

我们都知道按摩与拉伸很重要，但很少有马拉松跑者把它们作为跟LSD或间歇训练一样重要的等级来对待。花时间保养肌肉的重要性，就跟一个武士花时间擦拭他的刀、一个车手花时间保养他的爱车一样。你可不希望你比赛到一半车子链条或轮胎发生问题吧，身体也是需要保养的。

"按"与"摩"所代表的功能又不同了。**"按"**的目的是为了畅通肌肉中的阻塞点，它的手法如同字面上的意义，是在整条肌肉中特定的区域按压，那个特定的区域通常也就是你觉得压了以后会很痛的点，物理治疗上称为"压痛点（Trigger Point）"。压痛点形成的主因是肌纤维受损后，没有经过适当恢复而形成较无伸缩能力的结缔组织，因此你按压它时就会出现酸、痛的现象，尤其是痛（表示极为阻塞）。当身体经过畅通的阶段后气血就会开始活络，体内压力（血压/气压）重新适应。通过按压，原本阻塞的区域会逐渐畅通，到最后完全畅通。

另外，按摩中的**"摩"**这个动作，则是为了松弛肌筋膜（Myofascial Release）。

什么是肌筋膜呢？它是一种结缔组织，位于皮肤和肌肉中间，也存在于各条肌肉束之间，如果我们没有时常去"摩"它的话，它就会像是在皮肤与肌肉中间涂上的一层又一层的白胶一样，就算你的肌肉很有弹性，当它粘到厚厚的白胶时，也会变得难以收缩。因此"摩"的动作就非常重要，它是为了扩大皮肤与肌肉束间的空隙。可想而知，要把已经粘连的组织"摩"出空隙来，势必还是会带来许多不适。全身的肌筋膜可分为七大系统，可针对专项运动所需的特定系统来按摩。例如背部肌筋膜群是从头顶、后颈、竖脊肌、臀、后大腿、小腿一直到足底筋膜，整个成一个系统，知道它是一个系统后，就可以把它当成一个整体单位来按压。

 ## 按摩的作用

按与摩的过程都会"痛"，但每次按摩完全身都感觉很畅"快"，这种痛快的保养过程，也是马拉松训练中必经的步骤，而且只要有耐心每天固定花时间按摩与拉伸的话，痛感就会逐渐减轻，肌肉也因此会越来越有弹性。痛则不通，通则……绝对不痛！所以痛感的程度也可以当作你判断身体肌肉与肌筋膜状态的一种指标。

按摩实际上也是在刺激和挤压淋巴液的回流。淋巴系统就好比一张网，对人体的血液进行有效的过滤。它最主要的功能是过滤人体血液中的垃圾，这些垃圾主要是人体的代谢物质。就好比生产任何产品都会产生垃圾的道理一样，我们知道，细胞通过摄取营养及氧气来制造能量时，也会产生废弃物。淋巴系统的主要功能就在于滤掉这些废弃物。

中医的穴位与经络跟西方医学理论中肌筋膜的系统有很多相同之处。人体的经络很像自来水管道，五脏像是电动机，穴位则是管道中气血的转运站。

避免肌肉纤维化

肌肉是体内的稳定细胞，受伤后不会再分裂新的细胞，而是由纤维母细胞来修复，修复完毕的组织就是所谓的"纤维组织"，就像是肌肉上面有个疤痕存在。肌肉纤维化后会影响肌肉的收缩与弹性，肌肉除了变僵硬外，力量也会变弱。对跑者来说，若不是重大拉伤，肌肉纤维化只会发生在一块肌肉中的一小块区域，并非整块肌肉都纤维化了。但是纤维化的肌肉组织，会和邻近的肌肉组织发生粘连，进而影响到整块肌肉的作用。通过热敷、按摩等治疗手段，可以将纤维化的肌肉组织和被

粘连的正常肌肉组织分开，使正常的肌肉组织重新发挥正常的作用。纤维化的区域如果够小，在经过治疗将粘连处剥离后，营养就可以重新供应给它，也能重新排出坏死物质，那么纤维化的肌肉，就有可能逐渐被正常的肌肉组织取代。

 ## 拉伸的作用

　　那么我们又为何要拉伸呢？它有许多好处，首要功能是让肌肉恢复长度。多数人在运动过程中都有抽筋的经验，抽筋是因为肌肉瞬间强制收缩造成的，它一直缩着不能再伸长放松，因此抽筋后的肌肉就无法再运动了（因为肌肉的运动方式即收缩再伸长）。抽筋时让肌肉恢复的方式是用外力再拉长它。其实，长时间运动完的肌肉也是处于缩短的状态，若长期训练结束后放任它缩着不理，久而久之就会纠成一块，成块的肌肉是没有力量的。肌肉要像弹性极佳的橡皮筋一样，拉得越长弹得越远，因此拉伸的最主要目的就是维持肌肉伸缩的幅度。除此之外，拉伸还能解除肌肉紧张，也能增加肢体的活动范围与协调性，让身体更灵活。

　　如果跑步是在"动"的状态下与身体对话的过程，按摩与拉伸就是在"静"的状态下和自己的身体沟通，两者一样重要，但跑者通常太重视前者，以致肌肉朝失衡的方向发展。《拉伸》的作者鲍勃·安德森（Bob Anderson）在书中说道："拉伸是静态生活和动态生活中的桥梁。"它让我们能站得挺、坐得直与睡得更安稳，也能使肢体在运动时更灵活。

 ## 该如何按摩与拉伸训练后的肌肉？
进行的顺序为何

　　按摩要从远离心脏的地方开始，所以建议首先从脚底开始，再慢慢往背部的关节和肌筋膜按下去。按压这些不同部位时的手法顺序，建议可以先摩后按，接着拉伸，若时间较多，可以做两组以上。如果今天是我的休息日，我会花两小时来做主动恢复，每个部位做3组，依顺序从肩胛骨开始，先拉伸后再用滚筒缓慢地来回滚动30秒，滚动的过程中寻找痛点，30秒后就特别按压在刚发现的痛点上，以同样的压力按到痛感逐渐消失为止，接着拉伸，这样算一组，再重复两次。若时间比较少，或是平常的训练日时，我只会进行一组，或是只选特定比较紧绷的地方进行（例如我的肩胛骨与股内侧肌）。按法与摩法只是中医推拿中常用的17种手法中的两种，其他还有：推法、擦法、揉法、揉捏法、搓法、拍击法、抖法、运拉法、拿法、滚法、刮法、掐法、弹筋法（提弹法）、拔法（分筋法）、理筋法（顺筋法）。虽然有些手法类似，但在中医上它们各有不同的功能。我们无法自己用手掌每天都如此细致地按摩身体，所以下面跟大家分享如何用滚筒（Foam Roller）与按摩球自主按摩与拉伸各部位。

 ## 按摩示范动作

所需器材：滚筒、按摩球与拉伸带

　　按摩每一条肌肉时，先从肌肉前端开始，再逐渐往上。动作的次序则先由脚底板开始，再逐渐向上到小腿、大腿与臀部，分别针对它来"按"（静止10秒不动）和"摩"（前后滚动3次）。"按"完与"摩"完后，最僵硬的部位/压痛点可能会改变，针对特别僵硬的部位再按摩一次，接着拉伸。

按摩脚底板

● 脚底板按摩动作

按摩前胫肌

● 前胫肌按摩动作

　　如果练习跑步时有前胫痛的问题，可以多做前胫肌的拉伸与按摩动作。

按摩小腿

● 小腿按摩动作

可以使用按摩球增加按压的力量，可以放松到更深层的肌肉。

按摩大腿后侧

● 大腿后侧按摩动作

按摩大腿外侧的髂胫束（IT Band）

● 大腿外侧髂胫束按摩动作

按摩大腿内侧

● 大腿内侧鼠蹊部按摩动作

按摩大腿股四头肌

◆ 股四头肌按摩动作

按摩臀部

◆ 臀大肌按摩动作

拉伸示范动作

拉伸时并不用拉到极限，无须去探测自己可以拉到什么程度，只要有拉伸动作即可。记住，拉伸并不是在比赛，不用去做谁可以拉得比较远、谁可以趴得比较深之类无意义的比较。柔软度并不是拉伸的主要目的，恢复肌肉本来的长度才是跑者要进行拉伸的主因。

拉伸小腿

◆ 小腿拉伸动作

拉伸大腿后侧

● 大腿后侧拉伸动作

拉伸大腿外侧的髂胫束（IT Band）

● 大腿外侧髂胫束拉伸动作

若跑步过量，很容易使髂胫束过于紧绷而造成"跑者膝"。此时若能多增加大腿外侧髂胫束的拉伸与按摩动作，就能有效舒缓膝盖外侧疼痛的问题。

拉伸大腿内侧

● 大腿内侧鼠蹊部拉伸动作

拉伸大腿正面股四头肌

● 股四头肌拉伸动作

　　抬腿所动用到的髂腰肌被包在股四头肌里面，若要拉伸到它，要先拉伸到股四头肌。也就是说股四头肌的柔软度要够，才能再进一步提升髂腰肌的柔软度。

拉伸臀部

● 臀大肌拉伸动作

拉伸髂腰肌

● 髂腰肌拉伸动作

Chapter 5

跑步技术：学习不易受伤、效率与速度兼备的跑法

拥有最强大的发动机与车体，
并不能保证在F1赛车场上赢得冠军，
还要看驾驶的技术！

跑步技术可用一句话概括：利用重力把体重转化成前进的动力，而不是用肌肉对抗与克服重力。

如果没有重力，你就没办法支撑在地面上；没有支撑，就不可能前进。就像电影《地心引力》中女航天员在失去重力的外层空间中，若没有外力帮助就没有办法移动身体，不管怎么挥舞四肢都无法移动，只能绕着重心旋转或翻滚一样。

优秀的跑者除了体能比你好之外，跑姿也比你流畅优美，因而他们能很有效率地把重力转变成水平前进的动力。

目前比较知名的跑步技术理论主要有4种，分别是：体态跑法（Good Form Running）、进化跑法（Evolution Running）、太极跑法（Chi Running）、姿势跑法（Pose Method of Running）。经过我们的梳理与归纳后，发现这4种跑步技术理论，主要是为了解决下面3个问题。

1. 怎么跑比较不容易受伤？

2. 怎么跑比较省力？

3. 怎么跑比较快？

接下来，在这一章里我们将针对这3个问题来讨论。

怎么跑比较不容易受伤

在回答该问题之前，我们先来思考另一个问题："用脚的哪个部位先着地，跑起来比较费力？"各位可以先站起来试着跑跑看，分别用前脚掌、中足与脚跟先着地的跑法各跑个几百米，实际体会一下，哪一种着地的跑法对脚的负担比较大？哪一种对肌肉来说比较费力？是前脚掌先着地比较费力，还是脚跟先着地比较费力呢？

我们可以利用哈佛大学人类进化生物学教授丹尼尔·李柏曼博士（Daniel Lieberman, Ph.D.）针对赤足跑所做的研究成果（网上有视频）来说明。

这个研究是在一个附有压力板的跑步机上进行的，由同一位跑者在相同的速度下，用不同的跑法来测试。通过压力板传回计算机的数据，我们可以看出跑者在不同跑姿中，着地时冲击力量的变化情形。

赤脚以脚跟先着地时，冲击力量上升的速度会非常快，接着会下降，再上升到最高点，也就是有两个波峰；但改成前脚掌先着地之后，冲击力量上升的速度变缓和了，波峰也变成只有一个。

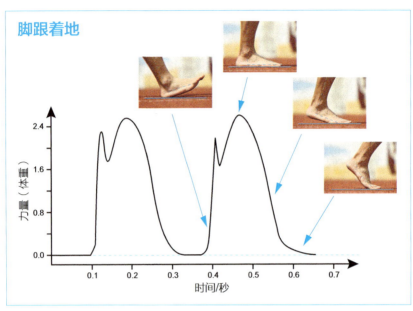

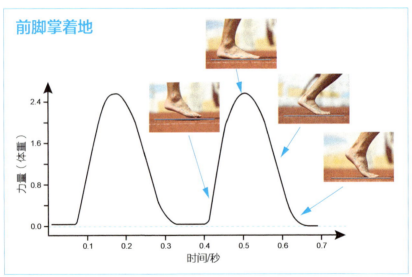

我们可以用上面的两张图来做一些简单的分析。首先，很明显可以看出：脚跟先着地时每一步落地都会有两次冲击（两个波峰），第一次冲击是脚跟落地时，第二次冲击是体重完全转移到脚掌上时。第一次冲击的力量比较猛烈，从图中可以看出在极短的时间内（20毫秒），冲击力量就从0上升到2.3倍的体重。但转成前脚掌先着地时，冲击力量上升的时间变得更长，比较缓和。冲击力量从脚掌落地到最高2.4

倍体重，总共花了120毫秒的时间。也就是说，前脚掌先着地的方式比脚跟先着地多花了100毫秒才达到冲击力的最高点。

所以各位应该知道"用脚掌哪个部位先着地，跑起来比较费力"的答案了：前脚掌。因为前脚掌先着地时，肌肉多了缓冲的工作。

我们接下来举例来详细说明这两种跑法对身体负担的不同之处。

试想某人在路上开着车以每小时60公里的速度前进，不小心撞上电线杆时，车速在很短时间内由于电线杆的阻碍转为零，所以产生瞬间冲击。若这辆车具备安全气囊，冲击产生时气囊可以把这段作用力的时间再延长，进而减少伤害发生。也就是说穿薄底鞋或赤脚跑时，若脚跟先着地，跑者的跟腱、踝关节、小腿骨、膝关节、大腿骨与髋关节的冲击力量也会相当猛烈，就会像开着一辆没有安全气囊的汽车撞到电线杆，因为没有缓冲，所以驾驶员的胸骨很可能就此碎裂。然而，前脚掌先着地时可以利用前脚掌、跟腱与小腿的肌肉协助你缓和落地时的冲击，虽然跑起来比较费力（没错，这就是本节开始所提出的问题的答案），练习跑步过程中与结束之后的肌肉也比较酸，但这对预防下肢骨骼与关节的运动伤害来说反而是一件好事。由于肌肉的适应能力是骨骼和关节的好几倍，它们能在更短的时间内通过压力而变强，但骨骼和关节却办不到，很容易因为过大的压力而受伤。

前脚掌着地可以充分利用到跟腱

"哪一种跑法比较好？"这是我们在教授跑步技术时最常被问到的问题。其实没有标准答案，不同基础的跑者需要采用的跑法不同。

费力是好事

前脚掌先着地对肌肉的负担比较大，尤其是小腿和脚掌。较费力的确不太好，但优点如下。

1. 肌肉出力缓和落地冲击，能够减少关节与骨骼发生运动伤害的风险。

2. 肌肉用力的同时，你是在锻炼它的耐力。

3. 触地时间短，力学上的效益较高（关于这一点，在后面"怎么跑比较轻松省力"中会详细说明）。

脚跟先着地，虽然比较轻松，肌肉负担小，但同时代表你没练到某些跑步的重要肌群，特别是小腿和脚掌的肌肉。从右图可知，前脚掌先着地时，脚踝就像杠杆，小腿与脚掌的肌肉必须花费力量（E）支撑住身体的重量（R）才能移到下一步，就如同图中的手推车般，要推动它得先花力气撑住负重才行，而且当E向上用力时支点（F）处的压力也很大。脚跟先着地练不到小腿和脚掌，所以当你上场比赛时一加速，反而就很容易发生肌肉的运动伤害。

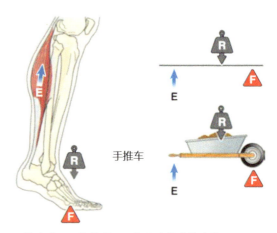

手推车

F指支点，R指体重，E指肌肉花费的力量。

改变跑法要循序渐进

因此，我们会建议进阶的马拉松跑者，在训练时多采用前脚掌先着地的跑法，借此锻炼最先面对冲击的两个部位：小腿和脚掌。我的跑步技术启蒙是尼可拉斯博士的姿势跑法，后来又找了许多研究资料，发现前脚掌先着地的好处，马上练了起来。记忆很深刻，那时我在当兵，早点名前凌晨四点偷爬起来绕着250米长的营区练习，跑不到3公里小腿就酸到受不了，那时我已经比过数十场铁人三项和全马竞赛，怎么可能连3公里都不行？！我赶快停下来回过头去翻书，看自己是不是哪里练错了。后来才知道是自己的肌肉太虚弱，过去不曾刺激过这些肌肉，所以还无法承担落地的冲击。在转换跑法的过程中，只要感觉酸痛我就休息，酸痛感消失了才继续训练，跑的过程中无法承受前脚掌跑法时，就改成全脚掌着地，逐渐增加前脚掌跑法的里程数，一个月后就能跑上20公里都不感觉酸了。

改变跑法后，5公里成绩也从17分30秒进步到16分45秒。虽然不是多了不起的成绩，但我原本已经在17分30秒附近停滞了有3年，不管怎么练都不会进步，但姿势一改正后就进步了。但我发现好多跑者还不知道，很可惜，这也是我写作梳理这些资料的动力之一。

前脚掌跑法绝不是踮脚跑，只是前脚掌先着地

踮脚跑是指脚跟永不着地，但前脚掌先着地，是指脚掌前缘先着地，接着是中足，然后是脚掌后缘。身体天生就有让脚掌慢慢放下（其实是在100毫秒内发生的事）的本能，借此来缓和落地冲击。所以前脚掌先着地并非踮着脚尖跑，那样谁都做不到。前脚掌跑法外表看起来像踮脚，其实是因为频率或速度提高后，脚掌一点地就离开了。你可以用180步/分钟的原地跑试试看，是否脚跟都还来不及着地，就被拉起来了！

 ## 刚入门跑者适合脚跟先着地的跑法

接着来看下一个实验结果：赤足跑用脚跟先着地与穿跑鞋用脚跟先着地。

穿上鞋子后，尽管仍用脚跟先着地，实验时冲击力量蹿升的速度跟赤足跑相比，却的确缓和许多了。所以鞋子有没有用？当然有！对于初跑者来说，跑步相关的力量还没建立起来，所以虽然前面说前脚掌跑法可以避免骨骼与关节受伤，但前脚掌先着地对肌肉的负担很大，并不适合入门跑者。对刚开始接触跑步的人来说，我会建议：选择厚底鞋，采用脚跟先着地的跑法，让鞋子帮你缓冲落地的冲击，同时对肌肉负担也不会那么大，减少肌肉受伤的风险。等肌肉慢慢适应以及力量提升之后（请参考第4章关于跑者力量训练的内容），学习启动臀部和其他下肢肌群，就可以开始把一部分跑步训练的时间转成前脚掌先着地的跑法了！

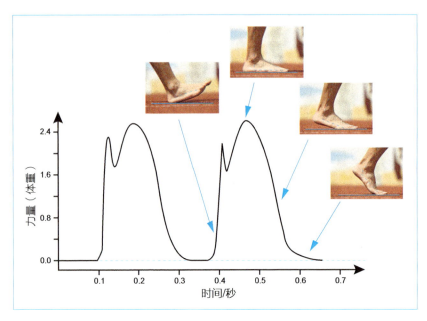

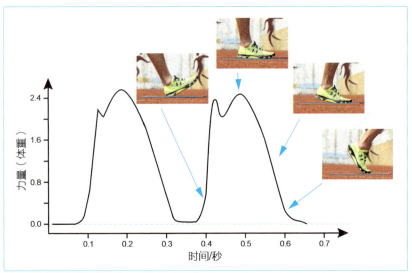

　　由于前脚掌先着地才是最适合人类本来跑步样子的跑法，脚掌里的107条韧带、19条肌肉与38条肌腱（包括人体最大的跟腱）都是为了前脚掌着地所设计的，因此前脚掌先着地的跑法一直是所有跑者最后的目标。但千万别一开始就全都改成前脚掌跑法，因为你的脚掌已经在鞋子里待了太久，适应是需要时间的。

跑步运动伤害的主因：过度跨步

虽然初跑者适合脚跟先着地的跑法，但使用此跑法的跑者常会犯一个严重的错误：过度跨步。

这是由于当脚掌跨到膝盖之前落地，就会形成剪应力（Shear Stress），而剪应力是造成膝关节受伤的主因。试想一根筷子垂直于桌面撑着，手掌用力从顶端往下施压，由于没有水平分力，所以不会形成剪应力，筷子不易折断。但是当竹筷子斜撑在桌面上，你的手掌仍由上向下逐渐加压，它就会从中间折断。跑步落地也是同样的道理，当你的脚掌落在臀部的正下方，就像一根筷子直立在桌面上，垂直向下的冲击力与腿部的力学结构平行，因此不会有剪应力产生。但当你的脚跨出去的幅度加大，落地点在臀部（重心）前方，向前跨得越远，剪应力就越大，伤害发生的概率也就越高。

剪应力所造成的运动伤害最常发生在膝盖，由于膝盖刚好位于大腿与小腿的接合处，当剪应力形成时就会造成不当滑动，滑动引起摩擦和拉扯，久而久之伤害就产生了。

【错误示范】过度跨步时必然会造成脚跟着地，此时因为身体重心在落地点的后面，会产生顿点阻力与刹车效应，这就是造成膝盖受伤的主因。

　　脚跟先着地虽然感觉比较轻松，但轻松并不是一件好事。由于脚跟先着地时冲击力量直接由骨骼与关节承担，久而久之会造成关节伤害，而且轻松的同时便代表没有锻炼到力量，当你在比赛现场想加速时，很自然地会改以前脚掌先着地，没有受过锻炼的肌群（尤其是脚掌和小腿）不用多久就会撑不住，若是勉强自己继续跑很可能因此受伤。况且，若能好好进行前一章所谈到的力量训练，不久后肌肉会适应，身体也将学会用臀部抵消落地时的冲击，进而减少膝盖和大小腿的负担。

　　脚跟先着地会进而延长着地时间，着地时间越长，受伤的风险越高，详情可参考二维码中的视频。

视频二：着地位置
与着地时间

 ## 脚掌落地的真实情况：前脚掌着地与脚跟着地

　　脚跟先着地　起始的接触点在脚跟，接着是脚掌外缘，经过前脚掌、脚尖后才离地，脚掌与地面接触的时间较长，而且落地时的冲击力有两道，主要由关节吸收。落地时会产生刹车效应。

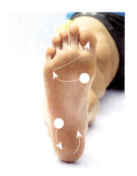

脚跟先着地的压力轨迹

　　脚跟先着地的真实情况见下表。

	刚落地	冲击力最高峰	准备离地
正面			
侧面			

前脚掌先着地　前脚掌着地时是自然地由外向内转（因为一般正常人的脚掌自然下垂时，外侧会略微垂下），脚掌与地面接触的时间较短，落地冲击主要由肌肉与肌腱吸收，对关节的压力较小。

前脚掌先着地的真实情况见下表。

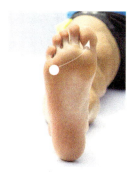

前脚掌先着地的压力轨迹

	刚落地	冲击力最高峰	准备离地
正面			
侧面			

有关前脚掌着地与脚跟着地两者间的优缺点，整理如下。

前脚掌先着地的跑法		脚跟先着地的跑法	
优点	缺点	优点	缺点
对关节和骨骼的冲击比较小	比较费力，肌肉负担大	比较省力，肌肉负担小	关节和骨骼比较容易受伤
可以训练到跑步的肌肉	训练不足，易造成肌肉与筋膜受伤	肌肉比较不容易受伤	无法锻炼到小腿和脚掌
触地时间短，力学上效益较高		适合入门跑者	触地时间长，力学上效益较低，会造成刹车效应
可以有效利用到脚掌和跟腱的弹力			无法利用到脚掌和跟腱的弹力

中足着地　中足着地的定义是前脚掌的跖球部与脚跟同时接触地面。虽然许多人以为自己是中足着地的跑者，但这种情况很少发生。每一步都刚好前脚掌和脚跟

先着地，并不容易，而且中足跑法无法有效利用脚掌与跟腱的弹力（之后会详细说明），并不是最有效率的跑法。

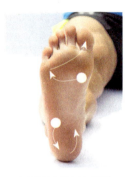

中足着地的压力轨迹

 ## 厚底鞋的负面效应

还有一点相当重要，就是反面思考。每件事都存在另一面，厚底鞋的设计也是。从吸收落地冲击的观点来看，厚底鞋的确是好设计（对比赛来说可以减少受伤与减少肌肉负担）；但是从训练的角度来看，厚底鞋让肌肉少了锻炼的机会，肌肉少了刺激就不会变强。此外，厚底鞋虽然可以吸收缓冲，但它同时会让脚掌停留在地面的时间拉长（例如从200毫秒变成250毫秒），因而拖慢速度，这也是精英马拉松选手的鞋底都很薄的原因。薄底鞋可以让触地时间缩短，使落地的作用力可以应用在脚掌向上弹起与前进的动力上，而不会被鞋底的厚垫吸收掉。你可以想象高尔夫球和网球从相同高度落下时的差别，来了解厚底鞋和薄底鞋之间的差别。高尔夫球会弹得比较高，但网球比较软，着地瞬间的动能被球体本身的弹性位能吸收，所以弹起的高度相对较低。

从正反两面客观思考之后，就比较不会主观认为前脚掌着地好还是脚跟着地好，赤足好还是穿鞋好。它们各有优缺点，并没有标准答案。

此外，在马拉松比赛中，很多精英跑者在起跑时用前脚掌着地，快到终点却反而脚跟先着地，原因可能就是肌肉没力量了，虽然速度会变慢，但在那种情况下也只好用对肌肉负担较小的方式来跑。赤足与穿鞋之间也是这样，赤足可以锻炼脚掌的肌肉与知觉（Perception），但它对肌肉负担大，要小心。如果想跑出好成绩当然要穿鞋来减轻肌肉的负担，但如果只是想用赤足来训练知觉，那就把鞋子脱掉吧，好好享受赤足跑步所带来的快感，不用在意其他人的眼光。仔细去思考许多现象背后的原因，就不会只认为某种方式是对的，某些一定是错的了。

预防跑步运动伤害的关键

前面针对跑步动作的力学原理做了一些解释，在此我们再整理一下预防跑步运动伤害的几个关键点。

- 不要一开始练习跑步就用前脚掌先着地。虽然前脚掌先着地的确能缓和落地的冲击，也能缩短触地时间，但是一开始就过度使用前脚掌跑法会造成肌肉的运动伤害。建议在练习跑步半年后，再慢慢从脚跟先着地的跑法转成前脚掌，循序渐进地让肌肉适应。

- 对刚开始练习跑步的人来说，先选厚底鞋，用脚跟先着地的跑法，可以避免许多跑步的运动伤害，但前提是不要过度跨步，跨得越多（脚掌触地时离臀部越远），膝盖受伤的风险就越大。

- 着地时膝盖保持弯曲是避免运动伤害的关键之一，因为当膝盖弯曲时才能有效利用肌肉来缓冲落地的冲击。前面所提到的过度跨步，也会造成在落地时膝盖打直，此时不但腿部形成剪应力，也会使落地冲击力直接转移到骨骼与关节上。

- 避免运动伤害的另一个要领是先提高步频。高步频最主要的理由在于减小落地的冲击，双脚交替的速度越慢，停留在空中的时间越久，身体质心离地的距离越长（垂直振幅越大），落地时的冲击也会越大。因此，只要能让步频维持在180步/分钟，不用刻意强调用脚掌的哪个部位先着地，自然都能变成轻巧的跑法。

步频一定要维持在180步/分钟吗

步频180步/分钟是由丹尼尔斯博士提出的。他在著作中提到自己于1984年的洛杉矶奥运会期间，每天都在跑步比赛的赛场观看不同跑者的赛况，并计算他们的步频，当时共记录了50多位男女跑者的步频，距离从800米到马拉松都有，他发现在所有跑者当中只有一位的步频低于180步/分钟。除此之外，他认为步频180步/分钟能有效减小落地时的冲击，因此丹尼尔斯博士在书中不断强调跑步时的步频一定要落在180步/分钟，但我们认为这种说法很容易误导一些跑者，让他们以为步频一定要刚好处于180步/分钟才是最好的。从力学的角度来看，跑步的步频越高，在力学上的效率越高，因此200步/分钟的效率比180步/分钟高，180步/分钟又比160步/分钟的效率高。轮子能不间断地转换支撑点，所以是力学上效率最高的移动工具。由于支撑点的转换连续不间断，所以不易产生阻力，让你能在自行车上利用惯性滑行。若人的脚步也能趋于如此密集的频率，你就可以利用惯性来跑。因此，站得上世界舞台的精英跑者几乎没有人低于180步/分钟。

试着想象球体是如何滚动的。拿一个篮球放在桌面上，它的重心刚好落在它与桌面的接触点上。只要稍微抬高桌子的一边，球的重心一旦超过那原始的接触点，就会失去平衡而移动。球移动的原因，是为了寻找新的平衡而不断地改变支撑点。从物理学的角度来看，球面是由连续不断的支撑点所组成的，也就是说当球面上的每一个点与地面接触时都会刚好落在球体重心的铅垂线上。如果是立方体，就没办法流畅地往前滚动，因为立方体的每一个面上只有一个点的铅垂线会通过它的重心。但球体与地面的接触点都只有一个，而且都刚好落在它本身重心的铅垂线上，所以，只要重心稍微前倾以至超过接触点，失去平衡后，球就会开始移动。

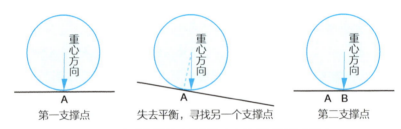

第一支撑点　　　失去平衡，寻找另一个支撑点　　　第二支撑点

球之所以能流畅地滚动是因为它有连续平滑的支撑点

球本身并没有做任何事，它只是顺着重力转换支撑点而已。跑步也是如此，当重心落在支撑腿的前方，身体就会自然地为了寻求新的平衡而前进。身体只是为了寻求新的平衡，不断换脚以改变支撑点。人类的跑步动作，就是靠着双腿不断地转换支撑点来前进，转换支撑点的频率越高（步频越高），就越接近球的滚动方式，也越能有效利用重力。所以高步频的跑法才是高效率的关键。

知名精英跑者海勒·格布列塞拉希（Haile Gebrselassie）在2008年柏林举行的马拉松比赛中跑出当时的世界纪录2小时03分59秒，平均下来步频达197步/分钟。阿贝贝·比基拉（Abebe Bikila）在1964年的东京奥运会马拉松项目中以2小时12分13秒的成绩拿下冠军，并成为首位在2小时13分钟内完成全程马拉松的人，这场比赛中他的平均步频高达217步/分钟。看完上述两个例子后，关于步频是否要落在180

步/分钟的说法，更正确地说，应该是"至少180步/分钟"，而不是"刚好落在180步/分钟"。对于不同的速度、距离、坡度，以及个别运动员的生理结构等，每个人所习惯的步频皆不相同，因此并没有最好的步频，只有最适合自己的步频。高步频虽然效率高，但对一般人来说，心率会跟着步频飙高，我们不太可能像阿贝贝一样全程都用217步/分钟来跑。

但实验证明，大部分的跑者（就算是刚开始跑步的新人），大都能达到180步/分钟，这是所有健康的身体都能习惯的步频。建议先从小步伐开始，习惯高步频后，也能同时解决跨步、蹬地与垂直振幅过大的问题（见右侧二维码中的视频）。因为步频越高，你越没时间蹬地，自然能把体重分摊到更多的步伐中，使得每一步都变得更轻巧，腿部的负担变小，运动伤害发生的概率也会降低。

视频三：步频与
垂直振幅

跑步的力学：触地角度（Contact Angle）

支撑初期跑者角度示意图

它的定义是落地瞬间脚踝与髋骨的连线对地面所形成的角度，此角度越小代表脚掌触地时离身体重心越远，此时不只会形成剪应力，提高受伤的风险，也会形成刹车效应。最佳的触地角度是介于80～90度之间。触地角度越接近90度的话，臀部通过脚掌上方的速度越快，阻力形成的时间越短，因此跑步的经济性也越高。

改正动作：

小马踮步训练、单脚原地跑（请参考本章后面的示范动作）。

怎么跑比较轻松省力

　　跑步技术的核心概念建构在人体移动的基础物理学层面："当身体的某部分正在移动，另一部分则必定处于静止状态；而那个移动的部分必先将'支撑'它自身之后才能开始移动。"（希腊哲人亚里士多德）

　　这句话是每次在课堂上我都会引用的话，听起来像是绕口令，却是移动的真理。跑步这种运动，说穿了就是用身体移动身体，若要移动左脚，右脚"必先将'支撑'它自身"，左脚和身体才能向前移动，等右脚支撑完之后才能离地向前。因为支撑时，脚掌撑在地面上是无法移动的，只有离开支撑点才能移动。跑步就是轮流让左脚与右脚支撑于地面上才能前进。

 ## 省力的关键心法：只拉，不推蹬

　　保持身体的重心（臀部）前倾，利用重力，让身体自由向前落下。

向前落下

平衡→失衡→向前进

　　从物理学的角度来说：移动的原因是失去平衡！

　　任何物体在平衡状态下都是不会移动的，人体也是，而平衡的物理定律是：重心在支撑点的正上方，只要重心的铅垂线离开支撑点，就会失衡，位移也因此产生。最直观的就是篮球向斜坡下滚动的例子，球的重心刚好正是球心，当球的重心一离开支撑点，球就会开始滚动。

试着单脚站立保持平衡后你会发现，之所以可以保持平衡，是因为你的重心刚好在你的支撑脚正上方。那么人体的重心在哪里呢？在臀部。只要臀部保持落在支撑脚的正上方，就能保持平衡。

接下来，试着把臀部往前倾，你会不自觉地把腾空的脚向前跨，这就是失衡。失衡才能移动，向前失衡就是向前移动。下文会介绍重心前倾的角度（也就是失衡的程度）跟加速度之间的关系。省力的关键就在于利用失衡来移动。但大部分的跑者，都会在加速时直觉地推蹬地面，把身体往前推，如此做其实效率不高。因为当你身体的重心向前移动时，脚掌向后是推不到东西的，所以向后推蹬不仅浪费力气，还会延缓把脚拉回来的时间。

跑步省力的要领是：当你的脚掌离开地面（离开支撑点）后，不推蹬，而是立即把脚跟往臀部的方向拉。脚掌落地之后，重心在某一瞬间向前移到支撑点上方，但因为惯性，重心会持续往前，此时你根本就不用推蹬，只需尽快让脚掌离地，让脚掌重新回到臀部正下方，避免对抗惯性即可节省力气。这是由于双脚都在空中时，是最省力的时候。

只拉不蹬的确比较省力，但怎么拉，何时拉

不要跨步，也不要用脚掌或脚尖蹬地，只是拉起脚掌，在转换支撑点时，直接把脚跟朝臀部拉起。

臀部前倾失衡之后，接着体重就会逐渐从支撑脚消失，当体重离地消失的那一刻就是你开始把脚掌往回拉向臀部之时。此时有个关键的细节：脚跟需要拉向臀部，但却不用太过刻意向上拉，脚掌上升的动作是由于脚落地的冲击反弹力所造成的，前倾越多，脚落得越重，反弹向上的力量也越大（前提是穿马拉松鞋或薄底鞋才不会被鞋垫的弹性位能吸收掉落地时的作用力）。也就是说，脚掌上升的高度其实是一种"半被动"的反应，虽然还是有部分的力量是由跑者的大腿后部肌肉做功的结果，但如果太过刻意

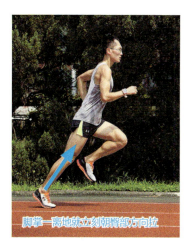

脚掌一离地就立刻朝臀部方向拉

上拉脚掌，在速度不快的情况下跑起来反而既别扭又费力。

速度越快，拉得越高，技术顶尖的世界级跑者在10公里时还能把脚跟拉到臀部的高度。

上拉时尽量不要抬膝，因为抬膝就是抬大腿。我们要注意脚掌上拉的高度，最省力的拉法是只拉小腿和脚掌。有些人因为天生小腿较粗，在只拉脚掌的情况下，小腿和大腿会"卡"住，使得脚掌拉不高，他们为了向前落得更远（取得较大的步距），会不自主地抬膝，如此虽然一样可以把脚掌抬高，

速度越快拉得越高

但这种跑法等于每一步都要再多负担大腿和膝盖的重量，相对耗体力。

拉的方式：只动用大腿后侧肌群把脚掌和小腿朝臀部的方向拉，目标是让脚掌快速抵达臀部正下方，越快越好。

拉的时机：当摆荡腿通过支撑腿的那一刻就是拉起支撑腿脚掌的时机。

但这样跑得快吗？绝对可以，下文我们将仔细讨论怎么跑比较快。

提升跑步效率的关键点

达到这项技术的另一个要点，是要拿捏拉回脚掌的力度。实际上拉回脚掌的过程中脚掌的确会超过臀部，但超过之后，臀部同时也在前倾与向前移动，脚掌着地的落点应该越接近臀部越好。

在拉回时还要特别注意髂腰肌不能用力过度，否则脚掌就会跑过头，使脚掌落到臀部甚至膝盖前方，如此脚掌落地时就会产生前文提到的刹车效应，还会增加膝盖与前胫受伤的风险。落地点离臀部越远，膝盖伸得越直，刹车效应越明显。为了避免这种情况发生，尽量不要跨大步是主要的解决方式，让脚掌落在臀部正下方附近，重心在支撑点的正上方，就不会一直边跑边"踩刹车"了。

垂直弹跳最小化

只拉脚掌不推蹬会得到"垂直弹跳最小化"的结果：弹高的是脚掌而非头顶，也非臀部与膝盖。如此一来，身体在向前跑的过程中可以节省相当多的能量。举例来说，许多初中级跑者每跑一步的振幅是12～14厘米，精英跑者可以只有6～8厘

米。每步的垂直振幅最大可差6厘米（0.06米）。在高中时我们学过：当力的方向与物体运动的方向一致时（施力的方向等于物体移动的方向），**力对物体做的功＝力 × 位移。**

- 额外向上腾跃所做的功（焦）＝$F \times S$。
- $F \times S$＝重力 × 往上腾跃的距离。
- 由于$F=ma$，也就是重力＝体重 × 重力加速度。
- 无助于前进的垂直振幅所做的功＝$m \times a \times S$＝体重 × 9.8 × 向上额外腾跃的距离。

假设这位跑者的体重为60公斤，全马跑3小时20分（200分钟），步频180步/分钟，因此在这42.195公里期间总共跑了36000步。那么他跑一个全马下来，就得多付出303千卡的能量来向上用力克服重力。为了避免这一点，练体能或力量都没用，重点是要知道不蹬只拉这项跑步技术的要诀。

- 只要每步多往上腾跃6厘米，他就得比同样是60公斤、垂直振幅为6厘米的精英选手多付出8.4卡/步。
  - 每步多消耗60 × 9.8 × 0.06 ＝ 35.28焦 ≈ 8.4卡。
  - 全马总共跑36000步。
  - 共消耗了35.28 × 36000 ＝ 1270080焦 ＝ 1270.08千焦 ≈ 303千卡。

简单地说，如果A、B两位跑者体能与力量皆相同，但其中跑者B的技术不佳，垂直振幅比跑者A高出6厘米，那跑一场全马下来跑者B要多消耗303千卡的能量。

跑步的力学：垂直振幅

- 垂直振幅（Amplitude）的定义是身体重心垂直振动的高度。振幅越大，跑步效率越差。精英跑者的垂直振幅可以压到6厘米，但一般跑者平均是12厘米。这是一种可以通过训练而提升的技术。
- 改正动作：平常训练时以高步频为目标可以改善，转换支撑与向前落下的训练则可避免脚掌用力蹬地。

怎么跑比较快？加速的关键是什么

利用重力向前跑

第一次在罗曼诺夫博士的著作中看到"利用重力向前跑"这种说法时，让我有点半信半疑，因为重力不是铅垂力吗？这对前进有什么帮助？每次练习跑步我都无法体会，所以当我2010年读罗曼诺夫博士的《跑步，该怎么跑？》（*Pose Method of Running*）这本书的原版时，虽然觉得很兴奋，但这些问题一直搁在心里无法解决，直到后来再读了他的另一本著作《铁人三项技术》（*Pose Method of Triathlon Techniques*）之后才茅塞顿开："原来就只是物理上最基本的分力原理而已！"当前倾角度出现时，原本垂直向下的力会产生水平分力，此分力自然会形成加速度（*F=ma*，作用力=质量×加速度）。

前倾角度越大，加速度越快

跑速越快，脚掌自然需要拉得越高；拉得越高，落得越远。但此时膝盖和大腿要尽量避免拉抬，拉高的只是脚掌。这种跑步方式只是像提起小腿然后顺着重力把脚放下而已，直观看来是很省力没错，但这样跑得出速度吗？你可以立即在原地试试看，交替把左右脚的脚后跟往后向臀部拉起、放下，的确轻松省力，但不太容易前进。此时只要你稍稍地把臀部（身体的重心）往前倾，就会发现身体自然地往前移动。没错，这就是自然迈步的跑法。你会发现当你越往前倾时，因为重心往前移，脚步会自然加快，每一步之间的距离也会自动加长。

假设 a 为水平加速度，你的体重为 m，前倾角度为 α，重力加速度为 g，因此 $mg \times \sin\alpha$ 即为你前倾时所造成的力量 F。

$F=mg \times \sin\alpha$，$F=ma$

$ma=mg \times \sin\alpha$，

消去 m

$a=g \times \sin\alpha$

也就是说，水平加速度跟前倾角度成正比，前倾角度越大，加速度越快。

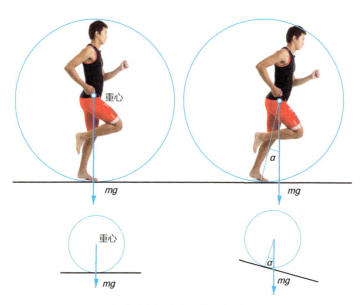

角度决定加速度的物理解说图

跑步的力学：前倾角度（Falling Angle）

有支撑才有加速度　　　离开支撑点→没有加速度

　　它的定义是离地前脚掌与髋关节连线，再从髋关节对地面作一条铅垂线，两直线的夹角。前倾角度越大，往前跑的加速度越快，因此它是决定你跑步速度的关键数据。支撑后期是提高跑速的关键时刻，加速的要领在于加大前倾角度，前倾角度越大，步距越大，水平加速度也越快。加速时需要加大角度且延长支撑时间。有支撑才存在角度，有角度才有加速度。

利用重力的重点在于：先让身体做稳定且平衡的支撑之后，再让重力帮我们一把——让部分身体自然向前落下。落下的角度越大，前进的加速度越快。

跑步的力学：弯腰角度（Waist Angle）

落地瞬间，肩膀与髋关节的连线和水平线的夹角，越接近90度越好

支撑初期跑者角度示意图

它的定义是当脚掌刚落地时，肩膀到髋关节之间的连线与水平线间的夹角。弯腰角度越接近90度越好，太小代表臀部越往后缩，此时上半身太向前弯，重心会跑到后面，刹车效应也会越明显。若上身前倾太严重，会变成"く"字形，这是最容易发生运动伤害的跑姿。"く"字跑姿出现的原因有三，其一是肩膀习惯性往前倾，其二是脚掌过度跨步，其三是背部或臀部无力。

【错误示范】"く"字跑姿是很容易发生运动伤害的跑姿。

若弯腰角度过大，建议的改正动作请参考第4章力量训练中的背部与臀部抗拉伸动作，例如桥式和超人式。

前倾并非弯腰，仍要保持跑者应有的抬头挺胸姿态，不要弯腰或看地板。前倾的是臀部而非上半身，当你把上半身往前倾时臀部会向后，重心反而会跑到后面去。此外，跑得越快，角度也越大。以50分钟跑10公里的速度来说，大约前倾10度。世界知名的短距离跑者尤塞恩·博尔特（Usain Bolt）在百米冲刺时的最大前倾角度为21.4度，人体力学构造的前倾角度极限是22.5度，超过这个角度后身体就会跌倒。

落下与上拉的关键在跟腱

人跟其他绝大部分的哺乳动物相比，最大的差异是只有两只脚。其他也是两足移动的哺乳动物并不多，比较常见的是澳大利亚的袋鼠（Kangaroots）、非洲的跳兔（Springhares）、北美洲的跳鼠（Jumping Mice）与亚洲的沙鼠（Gerbils）……有趣的是除了人类以外它们在快速移动时都是"用跳的"。

这些两足动物不论是"用跑的"还是"用跳的"，在长途移动时都会比四足动物消耗更多能量，主因是两足动物需要把脚掌拉得更高才能加速，加速时不但要花力气让身体的某个部分向上移动，还要花力气接住自己的身体。离地越高，落得也越重。不像四足动物，多了两条腿后，跑步时身体的上下起伏就小很多，加速时也不用刻意提高脚掌。然而，在进化的过程中，两足动物还是发展出某些机制让身体能有效利用上下起伏的动作，而非单纯消耗能量，数百万年来进化的成品就是跟腱以及足弓。以哺乳动物来说，快速移动时上下起伏越小的物种，脚掌越短、跟腱也越纤细，像我们常见的猫狗，因为上下起伏小所以不需要长脚掌与粗壮的跟腱。反观来看，人类的脚掌算很长的。

回想一下牛顿第三定律：作用力等于反作用力。因此落地的力量越大，地面反作用力就越大，本来你要花力气去承担落地的冲击，但有了跟腱之后，在前脚掌落地时，你的足弓、跟腱和其他附近的肌群会像是拉开的弓弦一样伸长，藉此吸收地面反作用力的冲击。伸长之后，紧接着就如同拉弓放箭的那一刻，它们一起收缩，把吸收的能量释放到前进的脚步中。在这个类似弓弦的弹力系统中，根基是跟腱，其他的肌肉和韧带只是辅助性的附件（主要是足弓和小腿）。

跟腱是全身上下最大最强韧的肌腱，它的主要功能是吸收着地的冲击力以及把能量释放到向前的动作中。它是一种长而有弹性的组织，连接着小腿肌和脚跟的骨头，可以储存和释放能量到每一步当中。如果你不把它误用在推蹬上，它将能够轻易支撑你整个跑步生涯。附带一提，若是用脚跟先着地的话，这项经过数百万年进化而来的精巧设计，就无法用在你的跑步动作中。

之前一再强调前脚掌先着地的一个最主要的原因是：**当前脚掌先着地时，我们才能像拉弓一样，把能量装进肌肉与肌腱里。**

肌肉与肌腱能用来处理跑步的冲击力，并把它转成有利于跑步的正向力。当你的脚与地面接触时，你的肌肉与肌腱同时伸长来吸收冲击力，接着快速收缩，把吸收的动能释放回跑步的动作中，此时体重从支撑脚离开。弓箭的运作模式是最简单的范例，向后拉弓弦的动作就像是通过伸长肌腱把落地的动能装进肌肉里，释放弓弦（让箭飞出去）就像是通过收缩肌腱把能量释放回步伐中。但如果肌肉与肌腱不够强，意志力太强，能量又不小心装太多，受伤也就因此产生，许多人都误以为是自己技术不良，但其实这种情况是技术很好，肌腱的功能或力量不足。

扁平足的跑者，一定要使用好的鞋垫吗？

要先确定扁平足是天生还是后天的。大多数是因为长久穿鞋，又没有好好运用足弓，造成它退化，趋于扁平。只有极少数人是天生没有足弓。只要去看医生，都可以检查出来是天生还是后天。如果是后天的话，不建议使用矫正鞋垫，下面摘用尼可拉斯博士在《跑步革命》中的一段话：

当你的腿跌断时，你会一辈子都包着石膏过生活吗？显然你的回答是不会。使用矫正鞋垫也是一样。理论上，矫正鞋垫被设计用来改善脚掌功能的异常，例如扁平足、高足弓，也可用来治疗髂胫束摩擦综合征和膝盖疼痛。事实上，矫正鞋垫只是利用人造的外在支撑物来让你比较舒服，并无法治本。使用矫正鞋垫的人忽略了解决问题的关键在于：使身体原本虚弱的部分强壮起来并且改善跑步技术。使用矫正鞋垫会让肌肉无力的情况更加恶化，也会使你修正跑步技术的自觉能力变差，选择矫正鞋垫，就是选择在生活中使用拐杖。

但若是天生扁平足的话，因为本来就没有足弓，所以就要考虑使用矫正鞋垫了！

步距长短的成因为何

到此，我们可以开始谈谈各位都关心的步距（也有人称之为"步幅"）。有些人每跨一步就长达1.5米，怎么我的步伐那么小？要怎么做才能加大步距呢？

只要我们知道步距长短的3种成因，就可以了解该怎么练才能加大步距，又不至于过度跨步造成刹车效应了，这3种成因分别如下。

1. **前倾角度**：角度越大，向前落地的距离越远。

2. **脚掌拉起后离地的高度**：脚掌离地越高，落地的空间越大，自然能飞腾出较远的距离。

3. **惯性**：双脚皆离地后，失去支撑，此时没有任何加速度，除了空气阻力之外，身体前进保持惯性速度，此惯性速度是由支撑期前倾时的加速度所"加"出来的。

比如某位跑者前倾15度，加速到每公里3分30秒，此时脚掌离地的高度自然就相当高，每步才有办法跨出1.59米。想象一下：若这位跑者的脚掌最高只拉高到脚踝的话，有可能每步跨出1.59米吗？（步速每公里3分30秒 = 285.71米/分钟，假设此跑者的步频是180步/分钟→每步1.59米）

为何精英跑者的脚跟都拉得靠臀部那么近

我们前面已一再强调，步频很重要，但如何加快步频呢？除了缩短落地时间外，我们在跑步的过程中最常做的就是加快双脚的摆荡速度。但脚掌上拉的高度只到支撑脚的脚踝，加快步频本就不难，而若要提升高度，又不想步频变慢，脚跟的位置将决定你的摆荡速度。假若你只是把脚踝往上拉，形成腿尾巴，此时脚掌离臀部较远，摆荡的速度就比较慢。因为脚掌就像是钟摆的摆垂，当摆垂（脚掌）到支点（臀部）的摆荡半径缩短，摆动的速率就会加快，这也是精英选手要把脚掌缩得如此靠近臀部的原因。这也让他们在加大步距的同时，还能维持高步频。

脚跟越接近臀部，摆荡半径越短，摆荡速度越快。脚掌拉得越高，落得越远，步距越长。若脚跟离臀部太远形成腿尾巴后，会造成重心后移，以致重心超过支撑点，造成刹车效应。

跑步的力学：腿尾巴消失的时间

腿尾巴消失的时间的定义是后脚脚跟从最远程拉回到最靠近臀部的时间。这段时间越短，代表腿尾巴消失得越快，重心转移速度越快，刹车负面效应越小，跑步效率越高。

脚掌拉到靠近臀部的时间越快越好

2小时马拉松跑者平均每步距离1.8米

再举一个实际的例子，曾是马拉松世界纪录保持者的帕特里克（Patrick Makau），当时在柏林举行的马拉松比赛中以2小时3分38秒的时间完成42.195公里，在这段时间内的平均步频是190步/分钟，我们依此来计算一下他每步的步距是多少。

- 平均步频：190步/分钟。
- 花费时间：2小时3分钟（123分钟）跑完42.195公里。
- 总步数：190×123=23370步。
- 每步距离：42195÷23370=1.80米。

步距1.8米是指左脚离地点到下一步右脚落地点的距离，不少人单脚做一次立定跳远都达不到这样的距离，但帕特里克可是连续两万多步都是如此。帕特里克并不是像立定跳远般用推蹬地面的方式来达到这样的成绩，因为世界上没有人可以连续单脚跳两万多步，而且每步还长达1.8米。他是利用重力产生加速度，创造前进的惯性速度，同时脚掌拉得很高（最高点很接近臀部），脚掌在惯性的帮助下，离地飞腾出完美的弧线，因而形成极长的步距。

下方图中的交通杆大约1.8米，其中一步的右脚刚好落在交通杆左端起点，腾空后，左脚落地。

跑步技术的原则总结

1. 前脚掌先着地才能有效利用人体天生的跑步肌群。
2. 坚守"拉起"的概念，而非蹬地。
3. 利用重力，让身体自由向前落下。
4. 拉得越高，落得越远。
5. 脚掌上拉的时机在摆荡腿通过支撑腿时。
6. 上拉的动作只限脚掌与小腿，尽量不抬膝，直接把脚掌朝臀部下方拉。
7. 拉起支撑腿的动作是由大腿后侧肌群来完成的。
8. 前倾角度越大，加速度越快，因此加速的油门在臀部（向前倾），而非推蹬地面。
9. 腿部肌肉只是"帮忙"把垂直的重力转换成水平前进的动力。

跑步技术训练动作

 跑步技术1：关键跑姿

关键跑姿是任何跑者（各种跑法）都会经历的动作，越优秀的跑步技术，从落地到抵达关键跑姿的速度越快，而且在关键跑姿上的稳定性也越高，因此下面我们特别把它提出来训练。

跑步技术 1a：关键跑姿

【动作说明】先以右脚支撑维持关键跑姿，60秒后换脚。进阶动作是闭上眼睛，去除视觉平衡后训练身体只靠脚掌肌肉来保持平衡。目的是训练脚掌肌肉的稳定能力。

跑步技术 1b：关键跑姿＋上拉脚掌

【动作说明】在维持身体稳定的情况下，左脚掌轻放点地之后再缓慢把脚跟朝臀部拉起，上拉的关键是脚掌而非膝盖，应该在膝盖尽量不上抬的情况下把脚掌拉到最高（越靠近臀部越好），再轻放点地，重复30秒，再换脚。目的是训练大腿后侧肌肉的募集能力。

起始动作　　　　　　　　结束动作

跑步技术 1c：关键跑姿＋臀部前倾落下

【动作说明】在稳定平衡的情况下，臀部向前倾直到失去平衡，此时腾空脚就会自动向前落，回到关键跑姿后再重复动作，持续30秒，再换脚。目的是学习利用身体失衡来前进。

起始动作　　　　　　　　　结束动作

跑步技术1d：关键跑姿＋快速上拉踢臀

【动作说明】腾空脚点地后朝臀部迅速拉起，最好每一次上拉时都能使脚跟打到臀部，持续30秒，再换脚。熟练后就能学会利用脚掌着地时的反作用力让脚掌自动上弹，以节省上拉的力量。

起始动作　　　　　　　　　结束动作

跑步技术1e：单脚跑

【动作说明】在1d的基础上利用前倾来练习单脚向前跑。这个动作可以整合上述跑步技术1中的所有训练元素。能熟练利用前倾来前进后，可增加前倾角度来提高速度，有点像是只用单脚冲刺快跑，因为是练技术，快跑的距离不要超过50米。

跑步技术2：转换支撑

这一系列动作的注意力要放在拉起支撑脚，让腾空脚自由落下上。脚踝在臀部下方直接从地面向上拉，脚掌是垂直向上拉，注意不要让脚掌跑到肩膀与臀部的铅垂线之后。上拉时只用大腿后侧肌肉，大腿前侧保持放松，所以膝盖上升高度越小越好（有些人大腿前侧太紧会很难做到这一点，可参考第4章拉伸按摩的部分来放松大腿前侧）。

转换支撑训练

跑步技术2a：原地转换支撑

【动作说明】目的在学习用拉起支撑脚的动作来开启转换动作。前面两组每隔3秒再转换一次，后面两组可以每隔1秒转换一次，每组皆持续30秒。进阶动作是闭上眼睛，只靠脚掌肌肉来保持平衡。

跑步技术2b：转换支撑同时前进

【动作说明】通过臀部前倾时的失衡来向前移动，注意脚掌落地点在臀部正下方。一开始一样每隔3秒转换一次，脚掌落地后就恢复到关键跑姿，保持平衡，时间到了再往前倾进行另一次转换。熟练后转换时间可缩短为2秒或1秒。

跑步技术3：小马踏步

双脚快速以极小的幅度不断反复向上拉起，脚掌拉起的幅度尽量小，离地不要超过5厘米。脚掌几乎是一离地就放松回到地面，只利用前脚掌的跖球部像蜻蜓点水般一点地就拉起来。这个动作除了快之外，还要专心使上半身与股四头肌保持放松，只动用大腿后侧肌肉。

跑步技术 3a：步频180步/分钟

【动作说明】第一组先以180步/分钟的步频开始，每一组保持30秒（利用节拍器可以自由调整要练的步频）。熟悉动作后再微倾臀部，就会自然前进。

小马踏步

跑步技术 3b：高速步频

【动作说明】达到180步/分钟之后，可以再逐渐增加到190步/分钟、200步/分钟、210步/分钟与220步/分钟，均保持30秒。这一过程中若上半身开始觉得紧绷就重新回到较低的步频。

跑步技术 3c：转移重心

【动作说明】在原地小马踏步过程中向前、后、左、右移动，训练方式先原地以180步/分钟跑10秒，接着臀部前倾5秒，此时身体会自动向前移动；5秒后臀部向后倾，此时身体会向后跑；5秒后再把身体与臀部向右倒，5秒后再向左倒。目的是学习利用臀部重心的转移来移动身体。

跑步技术4：弓步上拉

弓步是最能启动跑步相关肌群的动作，所以我们利用弓步的各种变化式来募集跑步所需动用的肌群。当你学会运用跑步相关的肌群之后，技术才能相应提升。

跑步技术4a：原地弓步上拉

【动作说明】先跨出右脚成弓箭步，刚开始时不用跨太大步，接着把右脚掌向臀部拉，随后放松让它自由落回原地，重复30秒后再换脚。

原地弓步上拉。

起始动作　　　　　　　　　　　　　　　　　结束动作

跑步技术4b：弓步前行

【动作说明】若你在全身镜前面做跑步技术4a训练，你会发现在原地做时，臀部会前后移动，那是因为为了让身体停在原地，当你拉起右脚后，臀部势必要往后退，若臀部保持在原始的位置（保持在前脚掌的正上方），身体就会自然前进。

跑步技术4c：弓步上拉换脚

【动作说明】弓步上拉后加转换支撑脚。右脚上拉5次，接着把后脚往前拉到前方形成弓步，上拉5次后再换脚，重复30秒。进阶动作改成重复3次就换脚。接着改成重复2次（最难）。最后一组改成重复1次，其实重复1次换脚的动作即正常的跑步动作。

跑步技术4d：弓步双脚上拉

【动作说明】在跑步技术4a的动作基础上，右脚落地的同时把左脚脚掌拉向臀部，但左膝不要向前拉，也就是仍维持右脚在前、左脚在后的弓步。等熟悉后再加上前进动作。

跑步技术4e：弓步双脚上拉＋换脚

【动作说明】在跑步技术4d的动作基础上，先从重复5次换脚开始，再依次进阶到3次、2次换脚，最终一次换脚时就可体会到利用臀部前倾与上拉脚掌所带来的跑步速度提升。

弓步双脚上拉＋换脚

训练技术时若加入移动的元素，均是由臀部的前倾来带动，就像是独轮车车手通过前倾带动车子前进一样。请专注在拉起的动作上。教会身体快速拉起脚踝，支撑腿要尽量放松，只是跟着身体移动即可。在进行上述的技术训练时若已具有赤足跑的能力，就可改用赤足来练这些跑步技术动作，如此也能同时锻炼脚掌肌群的稳定能力。

Chapter **6**

马拉松训练计划

根据前面技术、体能、力量的训练原则，
我们为不同目标的马拉松跑者分别列出4份不同的训练计划，
跑者可以再根据本书的原则以及自身的情况进行调整。

课表内名词与符号说明

配速	训练时以跑力所对应的配速为主，不用在意心率。 例："M配速60分钟"，即以自己的M配速持续跑60分钟
心率	训练时以心率区间为主，控制在区间范围内即可。若你没有心率的监控装备，则全部都以跑力所对应的配速为准即可。 例："E心率30分钟"，即把心率控制在E心率区间持续跑30分钟
强度	依配速或依心率，可自行决定。对E/M强度的LSD训练来说，依配速跑比较辛苦，因为后半段体能已经衰退，势必需要付出更大的精神和能量才能维持一样的配速；相对来说T/I强度的训练依心率来跑比较辛苦，而且只有中高级的跑者才做得到（建议大部分的跑者在练T/I强度时都先以配速为准），因为在训练中要达到最大心率的89%（T）与97%（I）需要相当丰富的经验和较高的身体素质，大多数刚开始练T/I强度的跑者是做不到的。 例："T强度20分钟"，代表你可以用T配速跑，也可以按照T心率练
间休	指组与组之间的休息时间。T训练的间休建议采用轻松跑的方式，而I、R训练则建议采用原地休息的方式。 例："间休90秒"，即在组间进行90秒的休息
ST	即"快步跑"，指用1.6公里比赛时的配速跑15~20秒，每趟间休1~2分钟，目的在消除慢跑的副作用。 例："E心率1小时 + 6ST"，意思是以E心率练完1小时的LSD之后，随即进行6趟10~15秒的快步跑
+	代表项目与项目之间接着进行。 例："跑E强度5分钟+走1分钟"，是指跑完E强度5分钟后马上走1分钟，中间不停止
×	代表该训练的重复次数。 例："I配速5分钟×4"是指以I配速跑5分钟，重复进行4次

各个力量训练的课表内容放置在最后，可翻到本章最后查看。

例1："肌肉耐力课表：30%/15次/3组/45秒"，是指依循本章的肌肉耐力课表，强度为30%1RM，每个动作重复15次，重复3组，每组之间休息45秒。

例2："核心力量课表：体重/30秒/3组/15秒"，是指依循本章的核心力量课表，徒手进行，持续30秒，重复3组，每组之间休息15秒

18周初马完赛计划

• 适合对象

刚接触跑步，没有任何路跑经验，想要完成第一场全程马拉松（简称"全马"）的人。

大部分训练都控制在1小时之内结束（除了周末的LSD训练），适合平日工作繁忙又想要挑战全马的在职人士。

• 周期设计

8周基础期、4周巅峰期、6周竞赛期，总计18周训练。

由于新手的训练量很少，而且需要在18周内累积出应有的训练量，所以在这18周当中的减量周总共只有3周。

• 训练重点

为了让新手的身体素质足以应付全马的挑战，每周会安排两次肌肉耐力训练与两次核心力量训练，主要是为了避免跑步的运动伤害，先让身体变得更强韧。

训练计划初期的重点以跑/走的E强度间歇训练为主，目的是循序渐进地发展长跑能力，切勿一开始训练就全程都跑。对于刚接触跑步的人来说，跑/走是最安全又稳当的训练方式。

初马跑者的重点训练强度在E与M。如果课表上写的是"E心率"而不是"E配速"，那么请都以心率区间为主，让心率全程都维持在E区间即可。"E配速"则代表要以跑力所对应出的E配速跑完全程；"M配速"训练也希望以稳定的配速进行，让身体适应跑马拉松的配速。

由于初马跑者的临界速度（乳酸阈值）跟最大摄氧速度相距甚远，提升最大摄氧量意义不大且容易受伤，因此在训练计划中去除掉训练强度最高的I课表（进展期），在中后期的重点以T与M强度为主。

• 每周课表安排原则

星期一：核心力量或休息日。

星期二：质量课表。

星期三：肌肉耐力训练。

星期四：核心力量与体能，若太累可以停练跑步。

星期五：肌肉耐力训练。

星期六：质量课表。

星期日：长跑日，可随个人生活作息自行挪到当周的其他日子，但要注意最好不要连续安排两天质量课表。

18周初马完赛课表

周期 （周数）	星期	主课表	训练 时间 /分钟	每周 总时间 /分钟	耐力网 体能 训练量	每周 总体能 训练量
基础期 （1）	星期一	核心力量课表：体重/30秒/1组/30秒	10	260		26
	星期二	（跑E心率5分钟+快走1分钟）×5	30		6	
	星期三	肌肉耐力课表：30%/15次/3组/45秒	45			
	星期四	（跑E心率5分钟+快走1分钟）×5 核心力量课表：体重/30秒/3组/30秒	30 30		6	
	星期五	肌肉耐力课表：30%/15次/3组/45秒	45			
	星期六	（跑E心率5分钟+快走1分钟）×5	30		6	
	星期日	（跑E心率8分钟+快走2分钟）×4	40		8	
基础期 （2）	星期一	核心力量课表：体重/30秒/1组/30秒	10	260		26
	星期二	（跑E心率5分钟+快走1分钟）×5	30		6	
	星期三	肌肉耐力课表：30%/15次/3组/45秒	45			
	星期四	（跑E心率5分钟+快走1分钟）×5 核心力量课表：体重/30秒/3组/30秒	30 30		6	
	星期五	肌肉耐力课表：30%/15次/3组/45秒	45			
	星期六	（跑E心率5分钟+快走1分钟）×5	30		6	
	星期日	（跑E心率8分钟+快走2分钟）×4	40		8	
基础期 （3）	星期一	核心力量课表：体重/30秒/1组/30秒	10	283		30.6
	星期二	（跑E心率6分钟+快走1分钟）×5	35		7	
	星期三	肌肉耐力课表：30%/15次/3组/45秒	45			
	星期四	（跑E心率6分钟+快走1分钟）×5 核心力量课表：体重/30秒/3组/30秒	35 30		7	
	星期五	肌肉耐力课表：30%/15次/3组/45秒	45			
	星期六	（跑E心率6分钟+快走1分钟）×5	35		7	
	星期日	（跑E心率10分钟+快走2分钟）×4	48		9.6	
基础期 （4）	星期一	核心力量课表：体重/30秒/1组/30秒	10	294		32.8
	星期二	（跑E心率8分钟+快走1分钟）×4	36		7.2	
	星期三	肌肉耐力课表：35%/15次/3组/45秒	45			
	星期四	（跑E心率10分钟+快走1分钟）×4 核心力量课表：体重/30秒/3组/30秒	44 30		8.8	
	星期五	肌肉耐力课表：35%/15次/3组/45秒	45			
	星期六	（跑E心率10分钟+快走1分钟）×4	44		8.8	
	星期日	E心率20分钟×2（间休2分钟）	40		8	

周期 （周数）	星期	主课表	训练 时间 /分钟	每周 总时间 /分钟	耐力网 体能 训练量	每周 总体能 训练量
基础期 （5）	星期一	核心力量课表：体重/30秒/1组/30秒	10	330		40
	星期二	E心率15分钟×3（间休1分钟）	45		9	
	星期三	肌肉耐力课表：35%/15次/3组/45秒	45			
	星期四	E心率10分钟×5（间休1分钟） 核心力量课表：体重/30秒/3组/30秒	50 30		10	
	星期五	肌肉耐力课表：35%/15次/3组/45秒	45			
	星期六	E心率15分钟×3（间休1分钟）	45		9	
	星期日	E心率20分钟×3（间休2分钟）	60		12	
基础期 （6） 减量周	星期一	休息		168		21.6
	星期二	E心率12分钟×2（间休1分钟）	24		4.8	
	星期三	肌肉耐力课表：35%/15次/2组/45秒	30			
	星期四	E心率10分钟×3（间休1分钟）	30		6	
	星期五	肌肉耐力课表：35%/15次/2组/45秒	30			
	星期六	E心率12分钟×2（间休1分钟）	24		4.8	
	星期日	E心率15分钟×2（间休2分钟）	30		6	
基础期 （7）	星期一	核心力量课表：体重/30秒/1组/30秒	10	370		48
	星期二	E心率20分钟×3（间休2分钟）	60		12	
	星期三	肌肉耐力课表：40%/15次/3组/45秒	45			
	星期四	E心率40分钟 核心力量课表：体重/30秒/3组/30秒	40 30		8	
	星期五	肌肉耐力课表：40%/15次/3组/45秒	45			
	星期六	E心率20分钟×3（间休2分钟）	60		12	
	星期日	E心率40分钟×2（间休3分钟）	80		16	
基础期 （8）	星期一	核心力量课表：体重/30秒/1组/30秒	10	390		52
	星期二	E配速1小时10分钟	70		14	
	星期三	肌肉耐力课表：40%/15次/3组/45秒	45			
	星期四	E心率40分钟 核心力量课表：体重/30秒/3组/30秒	40 30		8	
	星期五	肌肉耐力课表：40%/15次/3组/45秒	45			
	星期六	E配速1小时10分钟	70		14	
	星期日	E心率1小时20分钟	80		16	
巅峰期 （9）	星期一	核心力量课表：体重/30秒/3组/15秒	30	370		60
	星期二	E心率20分钟+T强度5分钟×4（间休1分钟）+E心率5分钟	45		17	
	星期三	肌肉耐力课表：40%/15次/3组/45秒	45			

续表

周期 （周数）	星期	主课表	训练 时间 /分钟	每周 总时间 /分钟	耐力网 体能 训练量	每周 总体能 训练量
巅峰期 （9）	星期四	E心率40分钟 核心力量课表：体重/30秒/3组/15秒	40 30	370	8	60
	星期五	肌肉耐力课表：40%/15次/3组/45秒	45			
	星期六	E心率20分钟+T强度5分钟×4（间休1分钟）+E心率5分钟	45		17	
	星期日	E心率1小时30分钟	90		18	
巅峰期 （10）	星期一	核心力量课表：体重/30秒/3组/15秒	30	385		63
	星期二	E心率20分钟+T强度5分钟×4（间休1分钟）+E心率5分钟	45		17	
	星期三	肌肉耐力课表：40%/15次/3组/45秒	45			
	星期四	E心率40分钟 核心力量课表：体重/30秒/3组/15秒	40 30		8	
	星期五	肌肉耐力课表：40%/15次/3组/45秒	45			
	星期六	E心率20分钟+T强度5分钟×4（间休1分钟）+E心率5分钟	45		17	
	星期日	E心率1小时45分钟	105		21	
巅峰期 （11）	星期一	核心力量课表：体重/30秒/3组/15秒	30	400		70
	星期二	E心率20分钟+T强度5分钟×5（间休1分钟）+E心率5分钟	50		20	
	星期三	肌肉耐力课表：40%/15次/3组/45秒	45			
	星期四	E心率40分钟 核心力量课表：体重/30秒/3组/15秒	40 30		8	
	星期五	肌肉耐力课表：40%/15次/3组/45秒	45			
	星期六	E心率20分钟+T强度5分钟×5（间休1分钟）+E心率5分钟	50		20	
	星期日	E心率1小时50分钟	110		22	
巅峰期 （12） 减量周	星期一	休息		220		44
	星期二	E心率15分钟+T强度5分钟×3（间休1分钟）+E心率5分钟	35		13	
	星期三	肌肉耐力课表：40%/15次/2组/45秒	30			
	星期四	E心率30分钟	30		6	
	星期五	肌肉耐力课表：40%/15次/2组/45秒	30			
	星期六	E心率15分钟+T强度5分钟×3（间休1分钟）+E心率5分钟	35		13	
	星期日	E心率1小时	60		12	

续表

周期 （周数）	星期	主课表	训练 时间 /分钟	每周 总时间 /分钟	耐力网 体能 训练量	每周 总体能 训练量
竞赛期 （13）	星期一	休息		384		78.4
	星期二	E心率20分钟+T强度8分钟×3（间休2分钟）+E心率10分钟	54		20.4	
	星期三	肌肉耐力课表：45%/15次/3组/45秒	45			
	星期四	E心率45分钟 核心力量课表：体重/30秒/3组/15秒	45 30		9	
	星期五	肌肉耐力课表：45%/15次/3组/45秒	45			
	星期六	E心率20分钟+T强度5分钟×3（间休1分钟）+E心率10分钟	45		15	
	星期日	E心率50分钟+M配速50分钟+E心率20分钟	120		34	
竞赛期 （14）	星期一	休息		394		80.4
	星期二	E心率20分钟+T强度8分钟×3（间休2分钟）+E心率10分钟	54		20.4	
	星期三	肌肉耐力课表：45%/15次/3组/45秒	45			
	星期四	E心率45分钟 核心力量课表：体重/30秒/3组/15秒	45 30		9	
	星期五	肌肉耐力课表：45%/15次/3组/45秒	45			
	星期六	E心率20分钟+T强度5分钟×3（间休1分钟）+E心率10分钟	45		15	
	星期日	E心率1小时+M配速50分钟+E心率20分钟	130		36	
竞赛期 （15）	星期一	休息		404		93.4
	星期二	E心率20分钟+T强度12分钟×2（间休3分钟）+E心率10分钟	54		20.4	
	星期三	肌肉耐力课表：45%/15次/3组/45秒	45			
	星期四	E心率45分钟 核心力量课表：体重/30秒/3组/15秒	45 30		9	
	星期五	E心率45分钟	45		9	
	星期六	E心率20分钟+T强度5分钟×3（间休1分钟）+E心率10分钟	45		15	
	星期日	E心率1小时+M配速1小时+E心率20分钟	140		40	
竞赛期 （16）	星期一	休息		335		89
	星期二	E心率10分钟+T强度10分钟+M强度5分钟+T强度10分钟+E心率10分钟	45		18	
	星期三	肌肉耐力课表：45%/15次/3组/45秒	45			

续表

周期 （周数）	星期	主课表	训练 时间 /分钟	每周 总时间 /分钟	耐力网 体能 训练量	每周 总体能 训练量
竞赛期 （16）	星期四	E心率45分钟	45	335	9	89
	星期五	E心率45分钟	45		9	
	星期六	E心率20分钟+T强度5分钟×3（间 休1分钟）+E心率10分钟	45		15	
	星期日	E心率30分钟+M配速1小时20分钟	110		38	
竞赛期 （17） 减量周	星期一	休息		230		76
	星期二	E心率15分钟+M配速30分钟	45		15	
	星期三	肌肉耐力课表：45%/15次/1组/45秒	20			
	星期四	M配速30分钟	30		12	
	星期五	M配速30分钟	30		12	
	星期六	E心率15分钟+M配速30分钟	45		15	
	星期日	E心率10分钟+M配速50分钟	60		22	
竞赛期 （18） 比赛周	星期一	休息		110		26
	星期二	E心率10分钟+M强度20分钟	30		10	
	星期三	E心率30分钟	30		6	
	星期四	E心率30分钟	30		6	
	星期五	E心率20分钟	20		4	
	星期六	比赛日/休息				
	星期日	比赛日/休息				

20周全马"破5"训练计划

• 适合对象

已有全马比赛经验。

完赛成绩在5小时至6小时之间的跑者。

• 周期设计

6周基础期、4周进展期、5周巅峰期、5周竞赛期，总计20周训练。

每隔5周安排一次减量周，让身体恢复得更好，才能有更多的训练量。

• 训练重点

为了增加每一步的效能，每周会安排两次力量训练，前期以肌肉耐力与核心力量为主，后期以最大力量为主。

本计划与初马训练计划最主要的差别在于，E强度与M强度的训练时间拉得更长，让跑者累积出更多的有氧基础，也把进展期加进去，以提高跑者的用氧效率。

• 每周课表安排原则

可随个人生活作息自行挪到当周的其他日子，但要注意最好不要连续安排两天质量课表。

星期一：核心力量或休息日。

星期二：质量课表。

星期三：肌肉耐力训练。

星期四：核心力量与体能，若太累可以停练跑步。

星期五：肌肉耐力训练。

星期六：质量课表。

星期日：长跑日。

20周全马"破5"课表

周期 （周数）	星期	主课表	训练时间 /分钟	每周总时间 /分钟	耐力网体能训练量	每周总体能训练量
基础期 （1）	星期一	核心力量课表：体重/30秒/3组/15秒	30	390		48
	星期二	E心率45分钟	45		9	
	星期三	肌肉耐力课表：40%/15次/3组/45秒	45			
	星期四	E心率60分钟 核心力量课表：体重/30秒/3组/15秒	60 30		12	
	星期五	肌肉耐力课表：40%/15次/3组/45秒	45			
	星期六	E心率45分钟	45		9	
	星期日	E心率1小时30分钟	90		18	
基础期 （2）	星期一	核心力量课表：体重/30秒/3组/15秒	30	390		48
	星期二	E心率45分钟	45		9	
	星期三	肌肉耐力课表：40%/15次/3组/45秒	45			
	星期四	E心率60分钟 核心力量课表：体重/30秒/3组/15秒	60 30		12	

续表

周期 （周数）	星期	主课表	训练时间 /分钟	每周总时间 /分钟	耐力网体能训练量	每周总体能训练量
基础期 （2）	星期五	肌肉耐力课表：40%/15次/3组/45秒	45	390	9	48
	星期六	E心率45分钟	45			
	星期日	E心率1小时30分钟	90		18	
基础期 （3）	星期一	核心力量课表：体重/30秒/3组/15秒	30	415		53
	星期二	E心率60分钟	60		12	
	星期三	肌肉耐力课表：50%/15次/3组/45秒	45			
	星期四	E心率40分钟 核心力量课表：体重/30秒/3组/15秒	40 30		8	
	星期五	肌肉耐力课表：50%/15次/3组/45秒	45			
	星期六	E心率60分钟	60		12	
	星期日	E心率1小时45分钟	105		21	
基础期 （4） 减量周	星期一	休息		220		28
	星期二	E心率30分钟	30		6	
	星期三	肌肉耐力课表：50%/20次/1组/45秒	30			
	星期四	E心率30分钟 核心力量课表：体重/30秒/2组/15秒	30 20		6	
	星期五	肌肉耐力课表：50%/20次/1组/45秒	30			
	星期六	E心率30分钟	30		6	
	星期日	E心率50分钟	50		10	
基础期 （5）	星期一	核心力量课表：体重/30秒/3组/15秒	30	445		59
	星期二	E配速1小时15分钟	75		15	
	星期三	肌肉耐力课表：50%/15次/3组/45秒	45			
	星期四	E心率40分钟 核心力量课表：体重/30秒/3组/15秒	40 30		8	
	星期五	肌肉耐力课表：50%/15次/3组/45秒	45			
	星期六	E配速1小时15分钟	75		15	
	星期日	E心率1小时45分钟	105		21	
基础期 （6）	星期一	核心力量课表：体重/30秒/3组/15秒	30	460		62
	星期二	E配速1小时15分钟	75		15	
	星期三	肌肉耐力课表：50%/15次/3组/45秒	45			
	星期四	E心率40分钟 核心力量课表：体重/30秒/3组/15秒	40 30		8	
	星期五	肌肉耐力课表：55%/15次/3组/45秒	45			
	星期六	E配速1小时15分钟	75		15	
	星期日	E心率2小时	120		24	

续表

周期（周数）	星期	主课表	训练时间/分钟	每周总时间/分钟	耐力网体能训练量	每周总体能训练量
进展期（7）	星期一	核心力量课表：体重/30秒/3组/15秒	30	404		72
	星期二	E心率20分钟+I强度2分钟×6（间休90秒）+E心率10分钟	42		18	
	星期三	肌肉耐力课表：55%/15次/3组/45秒	45			
	星期四	E心率1小时 核心力量课表：体重/30秒/2组/15秒	60 20		12	
	星期五	肌肉耐力课表：55%/15次/3组/45秒	45			
	星期六	E心率20分钟+I强度2分钟×6（间休90秒）+E心率10分钟	42		18	
	星期日	E心率2小时	120		24	
进展期（8）	星期一	核心力量课表：体重/30秒/3组/15秒	30	404		72
	星期二	E心率20分钟+I强度2分钟×6（间休90秒）+E心率10分钟	42		18	
	星期三	肌肉耐力课表：60%/15次/3组/45秒	45			
	星期四	E心率1小时 核心力量课表：体重/30秒/2组/15秒	60 20		12	
	星期五	肌肉耐力课表：60%/15次/3组/45秒	45			
	星期六	E心率20分钟+I强度2分钟×6（间休90秒）+E心率10分钟	42		18	
	星期日	E心率2小时	120		24	
进展期（9）减量周	星期一	休息		232		40
	星期二	E心率15分钟+I强度2分钟×3（间休90秒）+E心率10分钟	31		11	
	星期三	最大力量课表：80%/6次/2组/3分钟	30			
	星期四	E心率30分钟 核心力量课表：体重/30秒/2组/15秒	30 20		6	
	星期五	最大力量课表：90%/4次/2组/3分钟	30			
	星期六	E心率15分钟+I强度2分钟×3（间休90秒）+E心率10分钟	31		11	
	星期日	E心率1小时	60		12	
进展期（10）	星期一	核心力量课表：体重/30秒/3组/15秒	30	408		76
	星期二	E心率20分钟+I强度2分钟×8（间休90秒）+E心率10分钟	46		22	
	星期三	最大力量课表：80%/6次/3组/3分钟	45			
	星期四	E心率1小时 核心力量课表：体重/30秒/2组/15秒	60 20		12	

续表

周期（周数）	星期	主课表	训练时间/分钟	每周总时间/分钟	耐力网体能训练量	每周总体能训练量
进展期（10）	星期五	最大力量课表：90%/4次/3组/3分钟	45	408		76
	星期六	E心率20分钟+I强度2分钟×6（间休90秒）+E心率10分钟	42		18	
	星期日	E心率2小时	120		24	
巅峰期（11）	星期一	休息		394		83.6
	星期二	E心率10分钟+T强度8分钟×2（间休2分钟）+I强度2分钟×4（间休90秒）+E心率10分钟	44		21.6	
	星期三	最大力量课表：80%/6次/3组/3分钟	45			
	星期四	E心率1小时	60		12	
	星期五	最大力量课表：90%/4次/3组/3分钟	45			
	星期六	E心率30分钟+T强度5分钟×5（间休1分钟）+E心率10分钟	65		23	
	星期日	E心率2小时15分钟	135		27	
巅峰期（12）	星期一	休息		394		83.6
	星期二	E心率10分钟+T强度8分钟×2（间休2分钟）+I强度2分钟×4（间休90秒）+E心率10分钟	44		21.6	
	星期三	最大力量课表：80%/6次/3组/3分钟	45			
	星期四	E心率1小时	60		12	
	星期五	最大力量课表：90%/4次/3组/3分钟	45			
	星期六	E心率30分钟+T强度5分钟×5（间休1分钟）+E心率10分钟	65		23	
	星期日	E心率2小时15分钟	135		27	
巅峰期（13）	星期一	休息		398		86
	星期二	E心率10分钟+T强度10分钟×2（间休2分钟）+I强度2分钟×4（间休90秒）+E心率10分钟	48		24	
	星期三	最大力量课表：80%/6次/3组/3分钟	45			
	星期四	E心率1小时	60		12	
	星期五	最大力量课表：90%/4次/3组/3分钟	45			
	星期六	E心率30分钟+T强度5分钟×5（间休1分钟）+E心率10分钟	65		23	
	星期日	E心率2小时15分钟	135		27	

周期（周数）	星期	主课表	训练时间/分钟	每周总时间/分钟	耐力网体能训练量	每周总体能训练量
巅峰期（14）减量周	星期一	休息				
	星期二	E心率10分钟+T强度10分钟（间休2分钟）+I强度2分钟×2（间休90秒）+E心率10分钟	34	239	14	49
	星期三	专项肌肉耐力课表：30%/3分钟/3组/1分钟	30			
	星期四	E心率30分钟	30		6	
	星期五	专项肌肉耐力课表：30%/3分钟/3组/1分钟	30			
	星期六	E心率20分钟+T强度5分钟×3（间休1分钟）+E心率10分钟	45		15	
	星期日	E心率1小时10分钟	70		14	
巅峰期（15）	星期一	休息				
	星期二	E心率10分钟+T强度10分钟×2（间休2分钟）+I强度2分钟×4（间休90秒）+E心率10分钟	48	408	24	90
	星期三	专项肌肉耐力课表：30%/3分钟/3组/1分钟	45			
	星期四	E心率1小时	60		12	
	星期五	专项肌肉耐力课表：30%/3分钟/3组/1分钟	45			
	星期六	E心率30分钟+T强度5分钟×6（间休1分钟）+E心率10分钟	70		26	
	星期日	E心率2小时20分钟	140		28	
竞赛期（16）	星期一	休息				
	星期二	E心率10分钟+M强度20分钟+T强度10分钟+M强度20分钟+E心率10分钟	70	430	26	96
	星期三	专项肌肉耐力课表：30%/3分钟/3组/1分钟	45			
	星期四	E心率1小时	60		12	
	星期五	专项肌肉耐力课表：30%/3分钟/3组/1分钟	45			
	星期六	E心率10分钟+M配速50分钟	60		22	
	星期日	E心率2小时+M配速30分钟	150		36	

续表

周期（周数）	星期	主课表	训练时间/分钟	每周总时间/分钟	耐力网体能训练量	每周总体能训练量
竞赛期（17）	星期一	休息		435		99
	星期二	E心率10分钟+M强度20分钟+T强度15分钟+M强度20分钟+E心率10分钟	75		29	
	星期三	专项肌肉耐力课表：30%/3分钟/3组/1分钟	45			
	星期四	E心率1小时	60		12	
	星期五	专项肌肉耐力课表：30%/3分钟/3组/1分钟	45			
	星期六	E心率10分钟+M配速50分钟	60		22	
	星期日	E心率2小时+M配速30分钟	150		36	
竞赛期（18）	星期一	休息		445		103
	星期二	E心率10分钟+M强度20分钟+T强度15分钟+M强度20分钟+E心率10分钟	75		29	
	星期三	专项肌肉耐力课表：30%/4分钟/1组/1分钟	45			
	星期四	E心率1小时	60		12	
	星期五	专项肌肉耐力课表：30%/4分钟/1组/1分钟	45			
	星期六	E心率10分钟+M配速60分钟	70		26	
	星期日	E心率2小时+M配速30分钟	150		36	
竞赛期（19）减量周	星期一	休息		240		62
	星期二	E心率10分钟+M强度10分钟+T强度10分钟+M强度10分钟+E心率10分钟	50		18	
	星期三	专项肌肉耐力课表：30%/2分钟/1组/1分钟	30			
	星期四	M配速30分钟	30		12	
	星期五	专项肌肉耐力课表：30%/2分钟/1组/1分钟	30			
	星期六	E心率10分钟+M配速30分钟	40		14	
	星期日	E心率30分钟+M配速30分钟	60		18	

续表

周期 （周数）	星期	主课表	训练时间/分钟	每周总时间/分钟	耐力网体能训练量	每周总体能训练量
竞赛期（20）比赛周	星期一	休息				
	星期二	E心率10分钟+T强度5分钟+M强度15分钟	30		11	
	星期三	E心率40分钟	40	130	8	31
	星期四	E心率30分钟	30		6	
	星期五	E心率30分钟	30		6	
	星期六	比赛日/休息				
	星期日	比赛日/休息				

22周全马"破4"训练计划

• 适合对象

已有全马比赛经验。

完赛成绩在4小时至4小时45分钟之间的跑者。

• 周期设计

6周基础期、4周进展期、6周巅峰期、6周竞赛期，总计22周训练。

每隔3周安排一次减量周，让身体恢复得更好，才能有更多的训练量。

• 训练重点

每周会安排两次力量训练，内容以肌肉耐力与最大力量训练为主，让跑者的每一步变得更有效率。

进入巅峰期后，周末的长跑训练请以稳定配速的方式进行，心率超出E心率并没有关系，这样会更接近比赛时的感觉。

在竞赛期会安排长时间的M配速跑，让跑者更加适应跑马拉松时的配速。

• 每周课表安排原则

可随个人生活作息自行挪到当周的其他日子，但要注意最好不要连续安排两天质量课表。

星期一：核心力量或休息日。

星期二：质量课表。

星期三：肌肉耐力训练。

星期四：核心力量与体能，若太累可以停练跑步。

星期五：肌肉耐力训练。

星期六：质量课表。

星期日：长跑日。

22周全马"破4"课表

周期（周数）	星期	主课表	训练时间/分钟	每周总时间/分钟	耐力网体能训练量	每周总体能训练量
基础期（1）	星期一	核心力量课表：体重/40秒/3组/20秒	30	405		51
	星期二	E心率1小时	60		12	
	星期三	肌肉耐力课表：40%/15次/3组/45秒	45			
	星期四	E心率45分钟 核心力量课表：体重/40秒/3组/20秒	45 30		9	
	星期五	肌肉耐力课表：40%/15次/3组/45秒	45			
	星期六	E心率1小时	60		12	
	星期日	E心率1小时30分钟	90		18	
基础期（2）	星期一	核心力量课表：体重/40秒/3组/20秒	30	415		53
	星期二	E心率1小时	60		12	
	星期三	肌肉耐力课表：40%/15次/3组/45秒	45			
	星期四	E心率45分钟 核心力量课表：体重/40秒/3组/20秒	45 30		9	
	星期五	肌肉耐力课表：40%/15次/3组/45秒	45			
	星期六	E心率1小时	60		12	
	星期日	E心率1小时40分钟	100		20	
基础期（3）	星期一	核心力量课表：体重/40秒/3组/20秒	30	435		57
	星期二	E心率1小时20分钟	80		16	
	星期三	肌肉耐力课表：50%/15次/3组/45秒	45			
	星期四	E心率45分钟 核心力量课表：体重/40秒/3组/20秒	45 30		9	

续表

周期（周数）	星期	主课表	训练时间/分钟	每周总时间/分钟	耐力网体能训练量	每周总体能训练量
基础期（3）	星期五	肌肉耐力课表：50%/15次/3组/45秒	45	435	12	57
	星期六	E心率1小时	60			
	星期日	E心率1小时40分钟	100		20	
基础期（4）减量周	星期一	休息		260		36
	星期二	E心率45分钟	45		9	
	星期三	肌肉耐力课表：50%/20次/1组/45秒	30			
	星期四	E心率30分钟 核心力量课表：体重/40秒/2组/20秒	30 20		6	
	星期五	肌肉耐力课表：50%/20次/1组/45秒	30			
	星期六	E心率45分钟	45		9	
	星期日	E心率1小时	60		12	
基础期（5）	星期一	核心力量课表：体重/40秒/3组/20秒	30	455		61
	星期二	E心率1小时30分钟	90		18	
	星期三	肌肉耐力课表：50%/15次/3组/45秒	45			
	星期四	E心率45分钟 核心力量课表：体重/40秒/3组/20秒	45 30		9	
	星期五	肌肉耐力课表：50%/15次/3组/45秒	45			
	星期六	E配速1小时	60		12	
	星期日	E心率1小时50分钟	110		22	
基础期（6）	星期一	核心力量课表：体重/40秒/3组/20秒	30	465		63
	星期二	E心率1小时30分钟	90		18	
	星期三	肌肉耐力课表：50%/15次/3组/45秒	45			
	星期四	E心率45分钟 核心力量课表：体重/40秒/3组/20秒	45 30		9	
	星期五	肌肉耐力课表：50%/15次/3组/45秒	45			
	星期六	E配速1小时	60		12	
	星期日	E心率2小时	120		24	
进展期（7）	星期一	休息		399		75.5
	星期二	E心率30分钟+I强度3分钟×4（间休3分钟）+E心率10分钟	52		20	
	星期三	肌肉耐力课表：55%/15次/3组/45秒	45			
	星期四	E心率1小时+6ST 核心力量课表：体重/45秒/3组/15秒	65 30		13.5	
	星期五	肌肉耐力课表：55%/15次/3组/45秒	45			
	星期六	E心率20分钟+I强度2分钟×6（间休90秒）+E心率10分钟	42		18	

续表

周期 （周数）	星期	主课表	训练 时间 /分钟	每周 总时间 /分钟	耐力网 体能 训练量	每周 总体能 训练量
进展期 （7）	星期日	E心率2小时	120	399	24	75.5
进展期 （8） 减量周	星期一	休息		242		42
	星期二	E心率20分钟+I强度2分钟×3（间 休90秒）+E心率10分钟	36		12	
	星期三	肌肉耐力课表：55%/20次/1组/45秒	30			
	星期四	E心率30分钟 核心力量课表：体重/45秒/2组/15秒	30 20		6	
	星期五	肌肉耐力课表：55%/20次/1组/45秒	30			
	星期六	E心率20分钟+I强度2分钟×3（间 休90秒）+E心率10分钟	36		12	
	星期日	E心率1小时	60		12	
进展期 （9）	星期一	休息		402		78.5
	星期二	E心率30分钟+I强度3分钟×5（间 休3分钟）+E心率10分钟	55		23	
	星期三	肌肉耐力课表：60%/15次/3组/45秒	45			
	星期四	E心率1小时+6ST 核心力量课表：体重/45秒/3组/15秒	65 30		13.5	
	星期五	肌肉耐力课表：60%/15次/3组/45秒	45			
	星期六	E心率20分钟+I强度2分钟×6（间 休90秒）+E心率10分钟	42		18	
	星期日	E心率2小时	120		24	
进展期 （10）	星期一	休息		406		82.5
	星期二	E心率30分钟+I强度3分钟×5（间 休3分钟）+E心率10分钟	55		23	
	星期三	肌肉耐力课表：60%/15次/3组/45秒	45			
	星期四	E心率1小时+6ST 核心力量课表：体重/45秒/3组/15秒	65 30		13.5	
	星期五	肌肉耐力课表：60%/15次/3组/45秒	45			
	星期六	E心率20分钟+I强度2分钟×8（间 休90秒）+E心率10分钟	46		22	
	星期日	E心率2小时	120		24	
巅峰期 （11）	星期一	休息		395		89.5
	星期二	E心率10分钟+T强度10分钟×2（间 休2分钟）+I强度2分钟×5（间休 90秒）+E心率10分钟	50		26	

续表

周期（周数）	星期	主课表	训练时间/分钟	每周总时间/分钟	耐力网体能训练量	每周总体能训练量
巅峰期（11）	星期三	最大力量课表：80%/6次/3组/3分钟	45	395		89.5
	星期四	E心率1小时+6ST	65		13.5	
	星期五	最大力量课表：90%/4次/3组/3分钟	45			
	星期六	E心率15分钟+T强度10分钟×3（间休2分钟）+E心率10分钟	55		23	
	星期日	E配速2小时15分钟	135		27	
巅峰期（12）减量周	星期一	休息		236		50
	星期二	E心率10分钟+T强度10分钟（间休2分钟）+I强度2分钟×3（间休90秒）+E心率10分钟	36		16	
	星期三	最大力量课表：80%/6次/2组/3分钟	30			
	星期四	E心率30分钟	30		6	
	星期五	最大力量课表：90%/4次/2组/3分钟	30			
	星期六	E心率10分钟+T强度5分钟×3（间休1分钟）+E心率10分钟	35		13	
	星期日	E配速1小时15分钟	75		15	
巅峰期（13）	星期一	休息		395		89.5
	星期二	E心率10分钟+T强度10分钟×2（间休2分钟）+I强度2分钟×5（间休90秒）+E心率10分钟	50		26	
	星期三	最大力量课表：80%/6次/3组/3分钟	45			
	星期四	E心率1小时+6ST	65		13.5	
	星期五	最大力量课表：90%/4次/3组/3分钟	45			
	星期六	E心率15分钟+T强度15分钟×2（间休3分钟）+E心率10分钟	55		23	
	星期日	E配速2小时15分钟	135		27	
巅峰期（14）	星期一	休息		399		91.9
	星期二	E心率10分钟+T强度12分钟×2（间休2分钟）+I强度2分钟×5（间休90秒）+E心率10分钟	54		28.4	
	星期三	最大力量课表：80%/6次/3组/3分钟	45			
	星期四	E心率1小时+6ST	65		13.5	
	星期五	最大力量课表：90%/4次/3组/3分钟	45			
	星期六	E心率15分钟+T强度15分钟×2（间休3分钟）+E心率10分钟	55		23	
	星期日	E配速2小时15分钟	135		27	

续表

周期 （周数）	星期	主课表	训练 时间 /分钟	每周 总时间 /分钟	耐力网 体能 训练量	每周 总体能 训练量
巅峰期 （15）	星期一	休息		399		91.9
	星期二	E心率10分钟+T强度12分钟×2（间休2分钟）+I强度2分钟×5（间休90秒）+E心率10分钟	54		28.4	
	星期三	最大力量课表：80%/6次/3组/3分钟	45			
	星期四	E心率1小时+6ST	65		13.5	
	星期五	最大力量课表：90%/4次/3组/3分钟	45			
	星期六	E心率15分钟+T强度15分钟×2（间休3分钟）+E心率10分钟	55		23	
	星期日	E配速2小时15分钟	135		27	
巅峰期 （16） 减量周	星期一	休息		241		51
	星期二	E心率10分钟+T强度10分钟（间休2分钟）+I强度2分钟×3（间休90秒）+E心率10分钟	36		16	
	星期三	专项肌肉耐力课表：30%/4分钟/1组/1分钟	30			
	星期四	E心率30分钟	30		6	
	星期五	专项肌肉耐力课表：30%/4分钟/1组/1分钟	30			
	星期六	E心率15分钟+T强度15分钟+E心率10分钟	40		14	
	星期日	E配速1小时15分钟	75		15	
竞赛期 （17）	星期一	休息		430		98
	星期二	M配速1小时20分钟	80		32	
	星期三	专项肌肉耐力课表：30%/3分钟/3组/1分钟	45			
	星期四	E心率1小时	60		12	
	星期五	专项肌肉耐力课表：30%/3分钟/3组/1分钟	45			
	星期六	E心率10分钟+M强度10分钟+T强度10分钟+M强度10分钟+E心率10分钟	50		18	
	星期日	E配速2小时+M配速30分钟	150		36	
竞赛期 （18）	星期一	休息		440		102
	星期二	M配速1小时30分钟	90		36	
	星期三	专项肌肉耐力课表：30%/3分钟/3组/1分钟	45			

续表

周期（周数）	星期	主课表	训练时间/分钟	每周总时间/分钟	耐力网体能训练量	每周总体能训练量
竞赛期（18）	星期四	E心率1小时	60	440	12	102
	星期五	专项肌肉耐力课表：30%/3分钟/3组/1分钟	45			
	星期六	E心率10分钟+M强度10分钟+T强度10分钟+M强度10分钟+E心率10分钟	50		18	
	星期日	E配速2小时+M配速30分钟	150		36	
竞赛期（19）	星期一	休息		440		102
	星期二	M配速1小时30分钟	90		36	
	星期三	专项肌肉耐力课表：30%/3分钟/3组/1分钟	45			
	星期四	E心率1小时	60		12	
	星期五	专项肌肉耐力课表：30%/3分钟/3组/1分钟	45			
	星期六	E心率10分钟+M强度10分钟+T强度10分钟+M强度10分钟+E心率10分钟	50		18	
	星期日	E配速2小时+M配速30分钟	150		36	
竞赛期（20）减量周	星期一	休息		270		72
	星期二	M配速1小时	60		24	
	星期三	专项肌肉耐力课表：30%/4分钟/1组/1分钟	30			
	星期四	E心率30分钟	30		6	
	星期五	专项肌肉耐力课表：30%/4分钟/1组/1分钟	30			
	星期六	E配速10分钟+M配速30分钟	40		14	
	星期日	E配速20分钟+M配速1小时	80		28	
竞赛期（21）减量周	星期一	休息		230		56
	星期二	M配速40分钟	40		16	
	星期三	专项肌肉耐力课表：30%/2分钟/1组/1分钟	30			
	星期四	E心率30分钟	30		6	
	星期五	专项肌肉耐力课表：30%/2分钟/1组/1分钟	30			
	星期六	E配速10分钟+M配速30分钟	40		14	
	星期日	E配速20分钟+M配速40分钟	60		20	

续表

周期 （周数）	星期	主课表	训练 时间 /分钟	每周 总时间 /分钟	耐力网 体能 训练量	每周 总体能 训练量
竞赛期 （22） 比赛周	星期一	休息				
	星期二	M配速30分钟	30		12	
	星期三	E心率10分钟+M强度20分钟	30		10	
	星期四	E心率30分钟	30	110	6	32
	星期五	E心率20分钟	20		4	
	星期六	比赛日/休息				
	星期日	比赛日/休息				

24周全马"破3"训练计划

• 适合对象

已有全马比赛经验。

完赛成绩在3小时至3小时30分钟之间的跑者。

• 周期设计

6周基础期、6周进展期、6周巅峰期、6周竞赛期，总计24周训练。

每隔3周安排一次减量周，让身体恢复得更好，才能有更多的训练量。

• 训练重点

本计划的力量训练重点，以提升最大力量为主，前期的肌肉耐力训练主要是让肌腱与韧带进行生理适应，共8周，第9周开始练最大力量。

周末的长跑训练请均以定配速的方式进行，加强跑马拉松时的配速能力。

在进展期加入更多ST（快步跑）与R强度间歇跑，同时辅以爆发力训练，加强刺激神经肌肉反射，让双腿的动作更加灵敏流畅，亦可抵消前期LSD的副作用，进一步改善训练的经济性。

巅峰期以T强度训练为主，将跑者的"耐"乳酸与"排"乳酸能力推到顶峰。

在竞赛期安排两次长时间的M配速跑，让跑者更加适应跑马拉松时的配速。

● 每周课表安排原则

可随个人生活作息自行挪到当周的其他日子，但要注意最好不要连续安排两天质量课表。

星期一：核心力量或休息日。

星期二：质量课表。

星期三：肌肉耐力训练。

星期四：核心力量与体能，若太累可以停练跑步。

星期五：肌肉耐力训练。

星期六：质量课表。

星期日：长跑日。

24周全马"破3"课表

周期（周数）	星期	主课表	训练时间/分钟	每周总时间/分钟	耐力网体能训练量	每周总体能训练量
基础期（1）	星期一	E配速20分钟 核心力量课表：体重/40秒/3组/20秒	20 30	480	4	66
	星期二	E心率40分钟×2（间休2分钟）	80		16	
	星期三	肌肉耐力课表：50%/15次/3组/45秒	45			
	星期四	E心率30分钟 核心力量课表：体重/40秒/3组/20秒	30 30		6	
	星期五	肌肉耐力课表：50%/15次/3组/45秒	45			
	星期六	E心率40分钟×2（间休2分钟）	80		16	
	星期日	E心率2小时	120		24	
基础期（2）	星期一	核心力量课表：体重/40秒/3组/20秒	30	510		72
	星期二	E心率1小时30分钟	90		18	
	星期三	肌肉耐力课表：50%/15次/3组/45秒	45			
	星期四	E心率1小时 核心力量课表：体重/40秒/3组/20秒	60 30		12	
	星期五	肌肉耐力课表：50%/15次/3组/45秒	45			
	星期六	E心率1小时30分钟	90		18	
	星期日	E心率2小时	120		24	

续表

周期 （周数）	星期	主课表	训练 时间 /分钟	每周 总时间 /分钟	耐力网 体能 训练量	每周 总体能 训练量
基础期 （3）	星期一	核心力量课表：体重/45秒/3组/15秒	30	510		72
	星期二	E心率1小时30分钟	90		18	
	星期三	肌肉耐力课表：60%/15次/3组/45秒	45			
	星期四	E心率1小时 核心力量课表：体重/45秒/3组/15秒	60 30		12	
	星期五	肌肉耐力课表：60%/15次/3组/45秒	45			
	星期六	E心率1小时30分钟	90		18	
	星期日	E心率2小时	120		24	
基础期 （4） 减量周	星期一	休息		270		38
	星期二	E心率50分钟	50		10	
	星期三	肌肉耐力课表：60%/20次/1组/45秒	30			
	星期四	E心率30分钟 核心力量课表：体重/45秒/2组/15秒	30 20		6	
	星期五	肌肉耐力课表：60%/15次/2组/45秒	30			
	星期六	E心率50分钟	50		10	
	星期日	E心率1小时	60		12	
基础期 （5）	星期一	核心力量课表：体重/45秒/3组/15秒	30	540		81
	星期二	E配速1小时45分钟	105		21	
	星期三	肌肉耐力课表：65%/15次/3组/45秒	45			
	星期四	E心率1小时 核心力量课表：体重/45秒/3组/15秒	60 30		12	
	星期五	肌肉耐力课表：65%/15次/3组/45秒	45			
	星期六	E心率1小时30分钟	90		21	
	星期日	E配速2小时15分钟	135		27	
基础期 （6）	星期一	核心力量课表：体重/45秒/3组/15秒	30	540		81
	星期二	E配速1小时45分钟	105		21	
	星期三	肌肉耐力课表：65%/15次/3组/45秒	45			
	星期四	E心率1小时 核心力量课表：体重/45秒/3组/15秒	60 30		12	
	星期五	肌肉耐力课表：65%/15次/3组/45秒	45			
	星期六	E心率1小时30分钟	90		21	
	星期日	E配速2小时15分钟	135		27	

续表

周期 （周数）	星期	主课表	训练 时间 /分钟	每周 总时间 /分钟	耐力网 体能 训练量	每周 总体能 训练量
进展期 （7）	星期一	核心力量课表：体重/45秒/3组/15秒	30	433		90.5
	星期二	E心率20分钟+I强度4分钟×5（间休3分30秒）+E心率10分钟	50		26	
	星期三	肌肉耐力课表：67%/12次/3组/45秒	45			
	星期四	E配速40分钟+R配速100米×8（间休1分钟）	50		12	
		爆发力课表：30%/10次/3组/2分钟	30			
	星期五	肌肉耐力课表：67%/12次/3组/45秒	45			
	星期六	E心率20分钟+I强度3分钟×6（间休3分钟）+E心率10分钟	48		24	
	星期日	E配速2小时15分钟+6ST	135		28.5	
进展期 （8） 减量周	星期一	休息		261		54
	星期二	E心率15分钟+I强度4分钟×3（间休3分30秒）+E心率10分钟	37		17	
	星期三	肌肉耐力课表：67%/12次/2组/45秒	30			
	星期四	E配速30分钟+R配速100米×4（间休1分钟）	35		8	
		爆发力课表：30%/10次/2组/2分钟	20			
	星期五	肌肉耐力课表：67%/12次/2组/45秒	30			
	星期六	E心率15分钟+I强度3分钟×3（间休3分钟）+E心率10分钟	34		14	
	星期日	E配速1小时15分钟	75		15	
进展期 （9）	星期一	核心力量课表：体重/45秒/3组/15秒	30	433		90.5
	星期二	E心率20分钟+I强度4分钟×5（间休3分30秒）+E心率10分钟	50		26	
	星期三	最大力量课表：80%/6次/3组/3分钟	45			
	星期四	配速40分钟+R配速100米×8（间休1分钟）	50		12	
		爆发力课表：30%/10次/3组/2分钟	30			
	星期五	最大力量课表：90%/4次/3组/3分钟	45			
	星期六	E心率20分钟+I强度3分钟×6（间休3分钟）+E心率10分钟	48		24	
	星期日	E配速2小时15分钟+6ST	135		28.5	

续表

周期 （周数）	星期	主课表	训练 时间 /分钟	每周 总时间 /分钟	耐力网 体能 训练量	每周 总体能 训练量
进展期 （10）	星期一	核心力量课表：体重/45秒/3组/15秒	30	437		94.5
	星期二	E心率20分钟+I强度3分钟×8（间休3分钟）+E心率10分钟	54		30	
	星期三	最大力量课表：80%/6次/3组/3分钟	45			
	星期四	E配速40分钟+R配速100米×8（间休1分钟）	50		12	
		爆发力课表：40%/8次/3组/2分钟	30			
	星期五	最大力量课表：90%/4次/3组/3分钟	45			
	星期六	E心率20分钟+I强度3分钟×6（间休3分钟）+E心率10分钟	48		24	
	星期日	E配速2小时15分钟+6ST	135		28.5	
进展期 （11）	星期一	核心力量课表：体重/45秒/3组/15秒	30	442		96.5
	星期二	E心率20分钟+I强度3分钟×8（间休3分钟）+E心率10分钟	54		30	
	星期三	最大力量课表：80%/6次/3组/3分	45			
	星期四	E配速40分钟+R配速200米×6（间休2分钟）	55		14	
		爆发力课表：40%/8次/3组/2分钟	30			
	星期五	最大力量课表：90%/4次/3组/3分钟	45			
	星期六	E心率20分钟+I强度3分钟×6（间休3分钟）+E心率10分钟	48		24	
	星期日	E配速2小时15分钟+6ST	135		28.5	
进展期 （12） 减量周	星期一	休息		264		55
	星期二	E心率15分钟+I强度2分钟×6（间休90秒）+E心率10分钟	37		17	
	星期三	最大力量课表：80%/6次/2组/3分钟	30			
	星期四	E配速30分钟+R配速100米×6（间休1分钟）	38		9	
		爆发力课表：40%/8次/2组/2分钟	20			
	星期五	最大力量课表：90%/4次/2组/3分钟	30			
	星期六	E心率15分钟+I强度3分钟×3（间休3分钟）+E心率10分钟	34		14	
	星期日	E配速1小时15分钟	75		15	

续表

周期 （周数）	星期	主课表	训练时间 /分钟	每周总时间 /分钟	耐力网体能训练量	每周总体能训练量
巅峰期 （13）	星期一	休息				
	星期二	E心率10分钟+T强度8分钟×3（间休2分钟）+I强度2分钟×6（间休90秒）+E心率10分钟	56	456	30.4	103.9
	星期三	最大力量课表：80%/6次/3组/3分钟	45			
	星期四	E心率1小时+6ST 爆发力课表：50%/6次/3组/2分钟	60 30		13.5	
	星期五	最大力量课表：90%/4次/3组/3分钟	45			
	星期六	E心率10分钟+M强度20分钟+T强度15分钟×2（间休3分钟）+E心率10分钟	70		30	
	星期日	E配速2小时30分钟	150		30	
巅峰期 （14）	星期一	休息				
	星期二	E心率10分钟+T强度8分钟×3（间休2分钟）+I强度2分钟×6（间休90秒）+E心率10分钟	56	456	30.4	103.9
	星期三	最大力量课表：80%/6次/3组/3分钟	45			
	星期四	E心率1小时+6ST 爆发力课表：50%/6次/3组/2分钟	60 30		13.5	
	星期五	最大力量课表：90%/4次/3组/3分钟	45			
	星期六	E心率10分钟+M强度20分钟+T强度15分钟×2（间休3分钟）+E心率10分钟	70		30	
	星期日	E配速2小时30分钟	150		30	
巅峰期 （15）	星期一	休息				
	星期二	E心率10分钟+T强度10分钟×3（间休2分钟）+I强度2分钟×6（间休90秒）+E心率10分钟	62	462	34	107.5
	星期三	专项肌肉耐力课表：30%/3分钟/3组/1分钟	45			
	星期四	E心率1小时+6ST 爆发力课表：50%/6次/3组/2分钟	60 30		13.5	
	星期五	专项肌肉耐力课表：30%/3分钟/3组/1分钟	45			
	星期六	E心率10分钟+M强度20分钟+T强度15分钟×2（间休3分钟）+E心率10分钟	70		30	
	星期日	E配速2小时30分钟	150		30	

续表

周期（周数）	星期	主课表	训练时间/分钟	每周总时间/分钟	耐力网体能训练量	每周总体能训练量
巅峰期（16）减量周	星期一	休息		277		58.6
	星期二	E心率10分钟+T强度8分钟×2（间休2分钟）+I强度2分钟×3（间休90秒）+E心率10分钟	42		19.6	
	星期三	专项肌肉耐力课表：30%/3分钟/2组/1分钟	30			
	星期四	E心率30分钟 爆发力课表：50%/6次/2组/2分钟	30 20		6	
	星期五	专项肌肉耐力课表：30%/3分钟/2组/1分钟	30			
	星期六	E心率10分钟+M强度10分钟+T强度15分钟+E心率10分钟	45		17	
	星期日	E心率1小时20分钟	80		16	
巅峰期（17）	星期一	休息		468		111.1
	星期二	E心率10分钟+T强度10分钟×3（间休2分钟）+I强度2分钟×6（间休90秒）+E心率10分钟	62		34	
	星期三	专项肌肉耐力课表：30%/4分钟/3组/1分钟	45			
	星期四	E心率1小时+6ST 爆发力课表：50%/6次/3组/2分钟	60 30		13.5	
	星期五	专项肌肉耐力课表：30%/4分钟/3组/1分钟	45			
	星期六	E心率10分钟+M强度20分钟+T强度18分钟×2（间休3分钟）+E心率10分钟	76		33.6	
	星期日	E配速2小时30分钟	150		30	
巅峰期（18）	星期一	休息		468		111.1
	星期二	E心率10分钟+T强度15分钟×2（间休3分钟）+I强度2分钟×6（间休90秒）+E心率10分钟	62		34	
	星期三	专项肌肉耐力课表：30%/4分钟/3组/1分钟	45			
	星期四	E心率1小时+6ST 爆发力课表：50%/6次/3组/2分钟	60 30		13.5	
	星期五	专项肌肉耐力课表：30%/4分钟/3组/1分钟	45			
	星期六	E心率10分钟+M强度20分钟+T强度18分钟×2（间休3分钟）+E心率10分钟	76		33.6	
	星期日	E配速2小时30分钟	150		30	

续表

周期 (周数)	星期	主课表	训练时间/分钟	每周总时间/分钟	耐力网体能训练量	每周总体能训练量
竞赛期 (19) 减量周	星期一	休息		273		61.8
	星期二	M配速40分钟	40		16	
	星期三	专项肌肉耐力课表：30%/4分钟/2组/1分钟	30			
	星期四	E心率30分钟 爆发力课表：50%/8次/1组/2分钟	30 20		6	
	星期五	专项肌肉耐力课表：30%/4分钟/2组/1分钟	30			
	星期六	E心率10分钟+M强度10分钟+T强度8分钟+M强度10分钟+E心率5分钟	43		15.8	
	星期日	E配速30分钟+M配速40分钟+E配速10分钟	80		24	
竞赛期 (20)	星期一	休息		455		115
	星期二	M配速1小时20分钟	80		32	
	星期三	专项肌肉耐力课表：30%/4分钟/3组/1分钟	45			
	星期四	E心率1小时	60		12	
	星期五	专项肌肉耐力课表：30%/4分钟/3组/1分钟	45			
	星期六	E心率10分钟+M强度20分钟+T强度15分钟+M强度20分钟+E心率10分钟	75		29	
	星期日	E配速1小时+M配速1小时+E配速30分钟	150		42	
竞赛期 (21)	星期一	休息		465		119
	星期二	M配速1小时30分钟	90		36	
	星期三	专项肌肉耐力课表：30%/4分钟/3组/1分钟	45			
	星期四	E心率1小时	60		12	
	星期五	专项肌肉耐力课表：30%/4分钟/3组/1分钟	45			
	星期六	E心率10分钟+M强度20分钟+T强度15分钟+M强度20分钟+E心率10分钟	75		29	
	星期日	E配速1小时+M配速1小时+E配速30分钟	150		42	

续表

周期 （周数）	星期	主课表	训练 时间 /分钟	每周 总时间 /分钟	耐力网 体能 训练量	每周 总体能 训练量
竞赛期 （22） 减量周	星期一	休息		275		72
	星期二	M配速45分钟	45		18	
	星期三	专项肌肉耐力课表：30%/4分钟/1组/ 1分钟	30			
	星期四	E心率30分钟	30		6	
	星期五	专项肌肉耐力课表：30%/4分钟/1组/ 1分钟	30			
	星期六	E心率10分钟+M强度10分钟+T强 度10分钟+M强度10分钟+E心率10 分钟	50		18	
	星期日	E心率30分钟+M配速1小时	90		30	
竞赛期 （23） 减量周	星期一	休息		220		55
	星期二	M配速30分钟	30		12	
	星期三	专项肌肉耐力课表：30%/2分钟/1组/ 1分钟	30			
	星期四	E心率30分钟	30		6	
	星期五	专项肌肉耐力课表：30%/2分钟/1组/ 1分钟	30			
	星期六	M配速40分钟	40		16	
	星期日	E心率15分钟+M配速45分钟	60		21	
竞赛期 （24） 比赛周	星期一	休息		120		36
	星期二	E心率10分钟+M配速30分钟	40		14	
	星期三	M配速30分钟	30		12	
	星期四	E心率30分钟	30		6	
	星期五	E心率20分钟	20		4	
	星期六	比赛日/休息				
	星期日	比赛日/休息				

每次执行课表前的动态拉伸

请在执行训练计划的课表前，先进行以下的热身动作，这些动作可以帮你在训练前先提升关节的活动度，以及启动核心与跑步的相关肌群。虽然这些动作很简单，却能提高训练的效率，让同一个课表发挥更大的功效。进行的顺序是先从同时用到多种肌群的动作开始，接着再锻炼跟跑步密切相关的大肌群，所以小腿和提升脚掌活动度的小马蹄步放到最后一项。

1. 跨步转身

- **执行要点：** 先下蹲，下蹲时前方的膝盖不要超过脚尖，后方的膝盖要尽量靠近地面（但不能支撑在地面上），接着往前方脚转动，转动的同时把气吐光，让肚脐尽量往内缩。
- **动作目的：** 启动跑步所需的稳定核心肌群，启动跑步所需的臀部和大腿附近的肌群。
- **重复次数：** 左右脚各往前跨5 ~ 10步（因为只是热身，最多请不要超过10步）。
- **备注：** 若要增加髂腰肌的拉伸幅度，可以加上举手的动作。

2. 平板支撑

- **执行要点：** 先采取俯卧撑预备动作，接着双肘撑地，支撑点在肩膀正下方，腹部不要掉下来，背部挺直，保持30秒。
- **动作目的：** 启动腹部抗拉伸的核心肌群。
- **次数与组数：** 每30秒为一组，进行两组，组间休息30秒。

3. 桥式

- **执行要点：** 先采取坐姿，双手向后撑住身体（手掌朝下，手指朝脚的反方向撑地），双脚在身体前方伸直。尽可能向上抬高臀部，此时你的体重只由手掌、脚与上背部一起承担。回到开始姿势，臀部重复上下移动。
- **动作目的：** 启动背部与臀部抗拉伸的核心肌群。
- **次数与组数：** 每重复10次算一组，进行两组，组间休息30秒。

进阶动作为单脚桥式

4. 侧跨步

- **执行要点：** 先采取站姿，脚尖朝前，右脚向右侧跨一步，脚掌着地后臀部顺势往后坐，同时确认：脚尖仍指向前方，背部保持挺直，膝盖不要超过脚尖。收回右脚回到站姿，接着左脚往左跨一步，同样地脚掌着地后臀部顺势往后坐，同时确认：脚尖仍指向前方，背部保持挺直。如此算一次侧跨步。
- **动作目的：** 打开髋关节与其附近的韧带和肌肉。
- **重复次数：** 左右脚各往侧边跨5 ~ 10次（因为只是热身，最多请不要超过10次）。

5. 正面小腿上拉

- **执行要点：** 先采取站姿，抬起膝盖后，一只手抓住脚踝，另一只手抓住前胫，两手同时施力把小腿朝向胸口拉，拉到最高点后暂停2 ~ 3秒，放下后再抓起另一只脚，重复上述步骤。两脚都做完才算一次。
- **动作目的：** 拉伸臀部。
- **重复次数：** 重复20次。

6. 单脚前伸躯体前弯

- **执行要点：** 先采取站姿，向前跨一步，脚尖向上跷起，背部与膝盖挺直，接着躯体前弯，到极限后暂停2 ~ 3秒，挺起上半身再往前跨出另一只脚，重复上述步骤。两脚都做完才算一次。
- **动作目的：** 拉伸大腿后部。
- **重复次数：** 重复20次。

7. 小腿后勾上拉

- **执行要点：** 先采取站姿，单脚支撑，另一只脚的小腿往后勾，用同侧的手握住脚踝，把脚跟往臀部拉，同时臀部往前推，暂停2 ~ 3秒后放下脚掌，接着换脚支撑，再重复上述步骤，两脚都做完拉伸后再向前跑5米，如此算一次完整的动作。
- **动作目的：** 拉伸大腿前部。
- **重复次数：** 重复20次。

8. 单脚下犬式

- **执行要点：** 先采取俯卧撑姿势，接着双手朝脚掌的方向移动2 ~ 3个手掌的距离，把右脚放到左脚脚踝上，接着臀部尽量往上推，到极限后暂停2 ~ 3秒，随后让臀部降到与地面平行的位置，改把左脚放到右脚脚踝上，

重复上述步骤，两脚都做完算一次完整的动作。

- **动作目的：** 拉伸小腿和跟腱。
- **重复次数：** 重复20次。

9. 小马踮步（跑步技术3的训练动作）

- **执行要点：** 双脚快速以极小的幅度不断反复向上拉起，脚掌拉起的幅度尽量小，离地不要超过5厘米。脚掌几乎是一离地就放松回到地面，只利用前脚掌的跖球部像蜻蜓点水般一点地就拉起来。这个动作除了快之外，要专心使上半身与股四头肌保持放松，只动用大腿后侧肌肉。
- **动作目的：** 刺激脚掌、跟腱与小腿的神经肌肉反射，以及启动重心转移的知觉。
- **时间与组数：** 每组进行30秒，重复3组，组间休息30秒。

  第1组：先以180步/分钟的步频开始。每一组保持30秒(利用节拍器可以自由调整要练的步频)。熟悉动作后再微倾臀部，就会自然前进。

  第2组：步频能够达到180步/分钟之后，可以再逐渐增加到220步/分钟，保持30秒，这一过程中若上半身开始觉得紧绷就重新回到较低的步频。

  第3组：转移重心，在原地小马踮步过程中向前/后/左/右移动。先原地以180步/分钟跑10秒，接着臀部前倾5秒，此时身体会自动向前移动；5秒后臀部向后倾，此时身体会向后跑；5秒后再把身体与臀部向左倾，5秒后再向右倾。
- **备注：** 上述动作皆可加上跳绳，以增加动作的难度。跳绳可以有效加强大脑与肌肉之间的联结。

训练计划中的力量课表总览

　　下面每一个动作都有难易之分，训练目的与动作细节请参考第4章。在前几次训练时可以先确定目前适合自己的动作难度，请不要太勉强。挑选训练动作的原则是：必须能完成课表中规定的次数与组数，而且隔天不能酸到影响体能训练。若会影响，就应该挑更简单的动作；反之，若觉得这星期的动作很轻松，下次就可以挑难度更高的动作。另外，爆发力课表与专项肌肉耐力课表中的动作，到了后期，为了更符合跑步专项训练的原则，我们希望你尽量都改以单脚来进行训练。

次序	核心力量课表	肌肉耐力课表
1	腹部抗拉伸	硬拉
2	背部与臀部抗拉伸	深蹲
3	侧腹侧臀抗拉伸	弓步
4	腹部抗旋转	水平推
5		水平拉
6		垂直推
7		垂直拉

次序	最大力量课表	爆发力课表
1	弓步跳	弓步跳
2	高翻	高翻
3	硬拉	单手抓举
4	蹲举	快速踢臀
5	水平推	左右弹跳
6	水平拉	

次序	专项肌肉耐力课表	次序	专项肌肉耐力课表
1	哑铃单手硬拉	3	弓步/后跨动作
2	前蹲举	4	后脚抬高分腿蹲

以上动作的图示都只是其中一个范例，难易程度不同的动作可以自行从下面的表格中挑选。

 ## 核心力量动作难易度

难度	腹部抗拉伸	背部与臀部抗拉伸	侧腹与侧臀抗拉伸	腹部与臀部抗旋转
1	平板支撑/手肘撑	桥式/双手平伸置于臀侧辅助支撑	侧向平板支撑/手肘撑	抗旋转/跪姿
2	平板支撑/手掌撑	超人式	侧向平板支撑/手掌撑	抗旋转/站姿
3	平板支撑/单脚撑地	桥式/单脚离地	侧向平板支撑/手掌撑+上方手指向天空	抗旋转/弓步+后膝着地
4	平板支撑/单手撑地	仰式平板支撑/手掌撑地	侧向平板支撑/手掌撑+转体	抗旋转/弓步+后膝离地
5	平板支撑/单手单脚撑地	仰式平板支撑/手掌撑地+单脚离地	侧向平板支撑/手掌撑+上方脚抬起	抗旋转/单脚离地

＊数字越大难度越高。

 ## 下肢力量动作难易度

难度	硬拉	蹲举	弓步
1	硬拉/弹力绳加负荷	徒手深蹲	弓步蹲
2	罗马式硬拉/双手哑铃	深蹲时手臂伸直大拇指朝天	弓步后跨下蹲

续表

难度	硬拉	蹲举	弓步
3	双脚硬拉/双手哑铃	背蹲举	弓步前跨下蹲
4	双脚硬拉/双手杠铃	前蹲举	弓步前跨转体+吐气
5	单脚硬拉/单手哑铃	过头蹲	侧弓步
6		后腿抬高分腿蹲	

 ## 上肢力量动作难易度

难度	水平推	水平拉	垂直推	垂直拉
1	俯卧撑/双膝着地	划船/双手哑铃	推举/双手哑铃	引体向上/弹力绳辅助减轻强度
2	俯卧撑	划船/杠铃	推举/杠铃	引体向上
3	俯卧撑/双脚垫高	划船/哑铃	单手推举/双脚+单手哑铃	引体向上/杠铃负重增加强度
4	卧推/杠铃	划船/哑铃交替	推举/单脚+双手哑铃	
5	卧推/单手哑铃		推举/单脚+杠铃	
6			推举/单脚+单手哑铃	

 ## 爆发力动作难易度

难度	蹲跳	高翻	抓举
1	深蹲跳	高翻/双手哑铃	抓举/双手哑铃
2	弓步跳	高翻/杠铃	抓举/杠铃
3	跳箱弓步跳	高翻/双脚+单手哑铃	抓举/双脚+单手哑铃
4	深蹲跳/双手哑铃	高翻/单脚+双手哑铃	抓举/单脚+双手哑铃
5	跳箱深蹲跳/双手哑铃	高翻/单脚+杠铃	抓举/单脚+杠铃
6	跳箱弓步跳/双手哑铃	高翻/单脚+单手哑铃	抓举/单脚+单手哑铃

Chapter

7

跑者的意志力

意志力不是一种美德,
而是像体能一样可以锻炼、需要恢复、可以变强的
能力!

前面我们谈过了跑者的体能、力量与技术训练，除了技术跟你的感知力（Perception）与觉察力（Noticing）有关外，本书谈的科学训练大都是在强化身体的能力，这些知识的发源地在西方，从古希腊时代起西方人就开始钻研训练与健身；但中国人的老祖先很少为了健身、健美、成绩或运动表现而锻炼，中国人讲"修身养性"，修身是手段，养性才是目的，所以中国人练功的目的不是为了变强或追求胜负，而是为了追求某种精神上的更高境界。

人类肢体的运动并不独立存在。当人类活动身体的同时，也同样在锻造从事这项运动时所需要的精神、肉体与灵魂。因此，接着我们要谈到跑者的心志方面，一种马拉松跑者最津津乐道的能力——意志力。意志力是什么？它是否可以追求？又该如何锻炼意志力？

在讨论意志力之前，我们必须先明确一下世界上只有动物具有"意志"，所以石头与小草都无法决定自己的下一步。世上的所有生物，可以被分为微生物、植物与动物三大类。植物与动物的差别在于前者会动，后者不会动。动物能动的原因是具有肌纤维以及神经元（大脑的基本单位）。因为仅有肌纤维，没有"控制单元"的话还是无法行动，所以肌纤维与控制单元是在同一个时间点进化出来的。脊索动物门的海鞘可以证实这一点：它天生就有简单的脊索和数百个神经元，当它还是幼虫时，会在浅水区到处移动寻找合适的珊瑚礁，接着它会附着在珊瑚礁上，开始把自己的脑子吃掉，变成"植物"。对于这种怪异的行为，科学家的解释是："既然它不再需要移动，脑子也就没什么用了。"

前寒武纪新元古代的腔肠动物就已经有庞大的神经元和突触（控制单元）了，进化到现代，这种控制单元在昆虫和猿猴脑中的差异是：前者比较简单，后者比较复杂。因为昆虫在日常活动中，不需要复杂的大脑来控制执行哺乳、采集或抓虱子等工作。

这样看起来，具有控制单元的动物似乎比较先进，可以控制身体到处移动，但事实上，动物的许多行动都已被"内建"在大脑里，除非经过训练，否则并不能自主控制。像是《少年派的奇幻漂流》中的孟加拉虎，一开始看到派时，只是看到食物，它并不会想到未来在船上将没有人帮它打鱼，或是为了避免未来在救生艇上没人陪伴有孤单的感觉，而克制猎捕的本能与填饱肚子的欲望。直到后来用棍子和食物训练它，它才学会克制自己不把在同一艘船上的派给吃掉。

也就是说，大部分的动物虽然有移动能力，但基本上都是跟着本能与冲动（也可称为"欲望"）而行动的。而人类的特殊之处就在于我们具有强烈的个人意志，可以克制冲动与欲望，以及违背本能的指令。

意志力的3股力量

谈到意志力，许多人先入为主认为意志力是一种人格特质、一种美德：你要不就是很有意志力，不然就是毫无意志力。然而，科学家研究发现：意志力就跟跑步一样是人类进化而来的能力，是每个人都具有的本能，而且也都可以锻炼。

人类跟其他哺乳动物最大的差异，除了无毛、会笑还有用两条腿移动之外，我们最大的特征在于大脑具有可塑性很强的意志力，其他动物大都跟着欲望与冲动行事，只有少数经过训练的动物能够克制欲望，忍耐着等待主人下令后才去吃盘里的食物；或是遵从主人的指令，跑到远方把皮球捡回来。

掌控意志力的部位是大脑的前额叶皮质，这个部位的确只有比较高级的动物才有。凯莉·麦高尼格（Kelly McGonigal）在《自控力》（*The Willpower Instinct*）一书中把意志力分成3股力量："我要去做""我不去做"以及"我真正想做"。

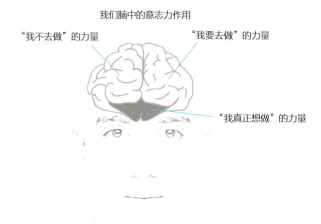

我们脑中的意志力作用

"我不去做"的力量　　"我要去做"的力量

"我真正想做"的力量

我要去做：此种意志力位于前额叶皮质的左上方，它能帮助人们完成困难、单调与艰辛的任务，例如你可能最害怕LSD课表，因为太长太无聊，每次进行这种课表的训练你都很想找理由逃避，这正是你需要运用意志力来行动的时刻，我把它称为"意志的行动力"。

我不去做：前额叶皮质右半边的功能可以帮你克制冲动与欲望，例如你想早起

练习跑步，就必须运用意志力，阻止自己按掉闹钟后又爬回床上，我把它称为"意志的自制力"。

我真正想做：此区域的位置最低，它专门用来记住你的目标和梦想，让你能一步步地实现它，我把它称为"意志的梦想力"。这是人类最特殊的能力，只有人类会为了在42公里的距离内突破个人最佳成绩而在每天上班前早起跑步。它是行动力和自制力的能量来源。

动物在意志行动力的展现上，可能让人类望尘莫及，像是鲑鱼与候鸟。它们的大脑会发出强烈的指令，让它们在季节转换时，横跨广阔的海洋，它们移动的距离与不到终点绝不罢休的毅力，就跟它们独特的运动能力一样，让大多数的人类都比不上。

但动物的意志力主要仅止于"我要去做"的力量，它们的自制力很差，也没有规划未来与实践梦想的能力。你无法叫一只鲑鱼停止洄游到出生地（自制力），它不会为了变成世界上游得最快的鲑鱼（梦想力），开始在海里训练游泳的肌肉和心"鳃"系统。你也无法要候鸟为了挑战最高飞行纪录而开始节食、减重和锻炼飞行能力。

人类会为了达成环游世界的梦想开始省吃俭用，但动物大都着眼于眼前的利益，满足当下的欲望，不会想太远，意思就是我们心里都有"真正想做的事"，其他动物没有想做什么，它们只是不同的基因打造出来的会动的生物，执行写在基因里的指定的任务，找吃的、保护自己、交配、哺育后代，人类的基因里也已经写入这些任务的程序，但人类的特殊之处在于我们可以为了长远的目标，不顾这些指令，忍受当前的痛苦，同时也忍耐着不去满足眼前的欲望，所以只有人这种动物在吃饱后（以现代概念来说是周末放假不用工作的空闲时间）不好好休息还到户外去跑个42公里。

能够设定长远目标，接着执行再达成的能力，只有人类才有，这是天生的，而且还能经过训练而变得更强。所以精英跑者的前额叶皮质都非常发达，因为跑步不只锻炼肉体，也锻炼了他们的意志力。

 ## 意志的梦想力：确立志向，让目标变得更明确

本书的目的是让你变成一位更强的马拉松跑者，要实现这个目的除了要知道上面所谈的那么多关于马拉松的科学训练知识，如怎么练体能、怎么练力量、怎么练技术之外，还要实践这些知识，要靠你的心来执行。但心的状态常常是"浮动"的，

漂来漂去，纷驰无依，没有定向。你要下指令给它定方向，它才能补充能量，完成某件事。我们都知道专心很重要，把精神力专注在同一个方向，所以孔子才一再强调"志"的重要性。《说文解字》载："志者，心之所之也。""志"拆开来看就是有"心"之"士"，一个人心的方向很明确，就不会时常被各种欲望与冲动拉着走。先确立志向，将来才有足够的行动力与自制力。

志向定得越明确，梦想力越强；梦想力越强，将来执行的行动力和自制力也会跟着强大起来。

对跑步来说，所谓的"立志"的具体步骤如下。

1. 先确立目标：你的目标赛事是哪一场？你的目标成绩是多少？

2. 想要达标的理由：详细地把你想要达成这个目标的理由一点一点地列出来。

3. 达标的步骤与方法：把每个周期的小目标列出来，拆得越细，越容易达成。

这也是姿势跑法的创立人罗曼诺夫博士（也曾多次担任奥运教练）强调要写跑步训练日志的原因，他认为在训练前要先把"今日训练重点"写下来，在写的过程中会强化你训练的动机，你的多巴胺会刺激你"想要训练"的神经元，因为目标明确，你也会练得更好。

意志的行动力：
先做简单的事，逐步达成目标

许多人的梦想无法实践的原因是太过远大、不够具体，所以不知从何做起。其实，应该从你已会做的简单的事情开始，而不是从能力范围边界的困难事情做起，困难的事当然也要做，但不能常常做，因为做困难的事需要动用到强大的意志力。经常挑战困难的课表，身心都会耗竭，本来就很难坚持。若你一开始就不断要求自己每天都跑2小时的LSD，这本来就是强人所难的事。也许你会说，为什么关家良一和斯科特办得到？那是因为他们的体力与意志力已经过长期的累积。意志力跟配速一样是非常个人化的事，就像你不能在比赛一开始时就跟着肯尼亚选手跑一样。

保持平日训练的毅力，比赛场上的求胜意志来得重要

简单的事，重复做，虽然在自己眼里还是一样简单，但做久了就会达到不简单的境界。"重复做自己能力范围里面的事，不要去想能力范围外的事"。

像是在进行周期化训练时，我们一再强调不要在大周期中改变E/M/T/I/R强度的

配速，比如说你在训练前测出来的跑力是44，各级的配速如下。

- E配速 = 每公里5分29秒 ~ 6分10秒。
- M配速 = 每公里5分03秒。
- T配速 = 每公里4分43秒。
- I配速 = 每公里4分21秒。

两个月后，你觉得E配速的5分29秒实在太简单了，因此你每次练E强度时都把它自动调成5分钟以内的配速，如此反而很容易提早用尽自己的体力与意志力，造成后继无力，使计划流产。从心理层面来说，人们很想挑战困难的事物，那的确是强化意志力的好方法，但如果太频繁又没有适度休息的话，那同时也是使你意志崩盘的最佳途径。因为意志力有限，就像肝糖一样，它会耗竭，也需要休息补充。

大部分我们认为很强的跑者，他们之所以很强并非他们一直挑战做不到的事。他们只是不断地重复去做一些本来就做得到、在能力范围以内的事。若我们把自己能做的事想成一个大圆，圆心附近是E配速，圆周则是有氧能力极限的I强度，I强度以内都在你有氧能力的范围。能耐得住性子不断重复做自己能力范围里的事（这当然就需要热情），则是毅力的展现。挑战全马，坚持到最后，只能算是具有坚定的完赛意志。毅力是需要长期培养的，培养的方式是优先从简单的事情做起，如此你就不用动用太多意志力，当重复够久，养成习惯之后，你就无须再动用意志力了。

习惯后就无须动用意志力

大学时代，我每天5点钟一到，就会自动走向泳池，跟泳池的管理员打声招呼，脱掉全身的衣物换上泳裤，走到池边热身，这些动作大多是在"半自动"的情况下完成的，有时候才回过神来，双脚脚趾已经扣着池边准备跳水开始训练了。很多游泳队的学长学姐称赞我训练很勤奋；学弟学妹则把我当成"精神标杆"，是自制力和毅力的代表。但其实我只是习惯了而已。要每年365天每天下水训练（包括周末和寒暑假），对某些人来说（还没有养成习惯的学弟学妹来说），可能需要具有很强烈的训练动机，动用大量的意志力，才能克服其他诱惑来到泳池练习，我一开始也经历过那种挣扎的过程，但经过一年之后，每天下课后到泳池训练这件事就变得非常自然，像是睡觉前要刷牙一样，对我来说并不需要动用意志力。

那段时间曾有两次被迫中断每天游泳的习惯，一次是学长骑摩托车载我摔车，伤口复原花了一个月，那一个月不能游泳的痛苦比伤口还难受，能再度下水的那一天就像久旱逢甘霖；还有一次是学校泳池整修，整个关闭无法训练，才没几天我就受不了了，买了附近私人泳池的一整本门票，总共买了好几万元，这对当时还是大学生的我来说是一大笔开销，学长学姐都说我练得好拼，真肯花钱。但其实我是忍不住，下水练习已经变成当时我的一项必要需求，我只是花钱来满足这项需求而已，这跟意志力无关。

已经习惯的行为，被迫中断后，在一定的时间内再回到原来的行为惯性中，也会比别人重新养成习惯要容易多了。就像从小练跑步的选手，因联考中断训练，之后要再练回到原本的水平，相对也会容易许多。

因为习惯后，就用不着意志力了，好比鲑鱼的神经系统中已"内建"了洄游的程序。但我后来也发现，有些东西是一辈子天天做也无法习惯的，所以一直要动用意志力来执行，例如跑I强度间歇（亚索800间歇）时那种乳酸堆积后缺氧的痛苦。我们需要一直动用意志力来制止身体想停下来休息的冲动，因为太痛苦了，停下来休息的渴望会非常强烈，当下意志力必须够强才能凌驾其上，驾驭那股想要休息的强烈冲动；本能上，呼吸自动加速、乳酸在体内乱窜、心率飙高，这是意志力所无法控制的，身心都会希望回到稳定与舒服的状态。趋向安逸是人的天性。我们能做的是动用意志力来忍受痛苦与克制想停下来回到舒适状态的欲求，不断告诉自己"再忍耐一下"，通过忍耐，我们的耐力与耐心都会与时俱进，而且，在痛苦忍过以后，随之而来的是满溢的成就感与超越感。

结论是：对于我们真正想做的事，能够养成习惯的就要开始规律去做，尽量节省意志力，才能把意志力用在真正需要坚持的时刻。

没有痛苦，马拉松就没有意义

痛苦是永远都无法习惯的事，面对痛苦时非得动用意志力不可，所以每一次面对痛苦我们都在锻炼它。

痛苦虽然无法习惯，但我个人时常觉得自己是非常需要它的，所以我常去自找痛苦：参加马拉松、比超铁（226公里长的铁人三项赛）、跑环岛（2008年与2013年各跑了一次）、在训练时把自己逼向极限。我想原因有二。

其一是通过终点那一刹那所体悟到的纯粹幸福感。在跑过终点线后，光停下来就是幸福，坐着休息、好好呼吸、喝口水、吃着主办单位准备的西瓜，那可是跟躺在沙发上喝水吃西瓜的感受天差地远，虽然水跟西瓜的质量并无不同，但在变强或超越极限、体验真实的痛苦之后，就能真切体会到水跟空气都甜美无比的纯粹幸福感。因为痛苦之后幸福的门槛总是降得特别低，全部的注意力都回到生理基本的需求上：空气、水、食物、他人的陪伴与鼓舞。像是到达马拉松的终点后，光是能停下来不动就会感到幸福，一杯水、一片西瓜、一阵微风与终点亲友的脸孔，就会带来当下俱足的愉悦感。所以我想，喜爱耐力运动的我们，正是想通过这种自找的痛苦，来加强自己正活着的触感。如果没有痛苦的话，我想没有人会刻意要挑战马拉松。如果跑马拉松跟走路逛街一样轻松的话，它本身的意义就消失了，所以我时常觉得自己需要痛苦，人生没有痛苦的话，很多美好的事物也会不再美好。

其二是自我控制能力的增加。 人的欲望是纷驰的，尤其活在营销手段充斥的现代，卖家刻意激发人们的各种欲望，让意志纷驰，让身体跟着欲望走，最好能在不自觉中下决定，按下购物键。通过痛苦的训练，我们控制自我的能力也提高了。要求身体去面对缺氧、乳酸堆积、肌肉酸痛与身心疲惫等痛苦时，都需要动用极大的意志力来克服天生趋向舒适与安逸的欲望。在极限边缘徘徊时，身体被痛苦充满，为了抵达终点，只能专心地与自己的身体对话，说服自己不要放弃，保持配速，保持在临界点往终点前进。若在痛苦的当下自己有能力超越它，不屈服于身体本有的限制而掌控它，那种超越感会一直延续到训练或比赛结束，让人产生面对人生的信心。

意志的自制力：人若无求自然强

冲动和欲望是意志力的最大克星，比如说你刚下班回到家正觉得饥肠辘辘时，太太煮了香喷喷的意大利面，在你看到美味食物的同时（虽然还没吃到），大脑中央部位会释放出一种名为多巴胺的神经传导物质，传送到控制注意力、动机以及行动的大脑区域，要你做出行动去满足填饱肚子的欲望。你上了一整天的班，已经很累了，原本计划好要练习跑1小时的LSD，但当下很想坐在沙发上边看电视边吃意大利面，相对于一个人外出跑步，温暖的家里的意大利面、电视与沙发会让大脑不断释放出多巴胺，此种物质像个小恶魔，它会不断说服你去满足它。

别担心，大脑进化出的另一个机制就是意志力，它会督促你去做真正重要的事。

那要怎么克服冲动，使自己不至于一直被想要立即满足欲望的小恶魔给出卖呢？答案是等待与忍耐，期间再把注意力放在呼吸上。

我们先来看一个有趣的"诱惑"实验：参与实验的是19只黑猩猩和40位大学生，这些大学生来自于美国哈佛大学与德国莱比锡的马克斯·普朗克协会。第一阶段：实验者拿葡萄诱惑黑猩猩，人类则用葡萄干、花生、M&M巧克力、香脆饼干和爆米花。一开始，桌上分别放着两盘食物，其中一盘每样6个，另一盘则有两个，黑猩猩和人类都可以自己选择。这项选择很简单，两种动物都选择6个那盘。接着第二阶段，实验者加上一点变化，提出两个选择：先拿出两个的盘，告诉他们可以直接拿去吃，或是先忍耐一下不要吃，等两分钟后会换6个的盘给他们。从第一阶段中，我们知道不管是人类还是黑猩猩都觉得6个比两个好，但他们是否愿意等待呢？结果有72%的黑猩猩选择等待，但大学生们只有19%的人愿意等。怎么可能，难道黑猩猩的自制力竟然比人类好?!当然不是，从各种分析来说人类的自制力强过世界上所有的动物，这也是人类的特征之一，那这项研究结果该做何解释？

我们引述作者凯莉在《轻松驾驭意志力》一书中的一段话来说明科学家的结论：

人类的复杂大脑往往不是做出最有利的决定，反而允许自己做出较不理性的举动。这是因为人类庞大的前额叶皮质不仅掌管自制力，也会将不好的决定合理化，说服自己相信下次会做得更好。那些黑猩猩想必不会告诉自己："我这次先吃掉两颗葡萄，下次再来忍耐，等6颗葡萄。"至于人的思想则会耍各种花招，说服自己明天再来抗拒诱惑，于是有庞大前额叶皮质的我们，竟一再屈服于立即满足的诱惑之下。

就像我们现在都知道周期化课表、力量训练、技术训练很好，做了一定会进步，但为什么不去做呢？就像哈佛大学生知道两分钟后可以用两个换6个，为什么不愿意等待？经济学家把这种行为称为"延迟折现"（Delay Discounting），意思是取得报酬的时间越长，该报酬对个人的价值就越低。也就是说对跑者而言，要等4个月后才能验收成果，时间拉太长，使得进步的价值低于随性练习跑步时的满足感或间歇训练所看到的明显成效。拖延是人的本性之一，但拖延的同时也出卖了未来更大的报酬。例如原本早上要跑步，但看到下雨就开始找理由，像是鞋子会湿掉、会感冒、没时间洗衣服、上班会迟到等，大部分人都曾为了当前温暖的被窝而出卖训练计划开始前的雄心壮志。

以上述的实验为例，如果哈佛的大学生都能在拿到两个的盘子时先告诉自己："等待30秒后再决定"，在这段时间里可能会焦躁不安，此时专心在呼吸上可以触发副交感神经，进而让身心放松。这30秒是在去欲望、去掉惯性的冲动。30秒后，意志的自制力就会变得更加坚定，开始有机会压制想要满足当下欲望的冲动。

做一些简单且重复性高的事可以增加自制力，像是呼吸、原地跑或是深蹲，意志力会在等待的过程中变得更加坚定，进而压制想立即获得满足的冲动。

当然，想要对抗冬日早晨温暖被窝里的小恶魔，靠意志力到寒流里练习跑步，30秒是不够的，意志力的研究专家凯莉认为，最佳的时间为10分钟。请给自己10分钟的时间，之后如果欲望还没消退，才让自己屈服。对跑者来说，在这10分钟时间里如果你很专心地去除所有思绪，专心呼吸与原地跑，最后还是很想回到被窝里，那可能就代表你太累了，休息也无妨。因为欲望不只是会出卖你，它也是从天生的需求（饮食、睡眠、性欲、穿暖）中转变出来的，叫你回去睡觉的小恶魔并非天生就坏，若10分钟后它还循循善诱，那很可能就是真的太累了，你就好好遵循"休息是训练的一部分"的原则！

等待可以消减小恶魔的力量，在你早晨昏昏欲睡、意志力最薄弱的时候，这种消极的方式是不得已的下策。但若在清醒时，你可以反过来主动出击，用意志力要求自己做10分钟后再放弃。例如原本课表是2小时的LSD，但今天早上身体有点不舒服，此时你可以先把目标切小一点，要自己先出门慢跑热身，等10分钟之后再决定是否继续训练。你可能会发现，一旦开始跑了，就会想继续跑下去。

我认为马拉松想要练得好，而且想要比赛时感到很踏实，在进终点时拥有最终的成就感，就必须在准备阶段先不断地丢掉其他东西，才有可能把生命的热情专注在特定的事情上，满足感才会从中产生，变强才有可能。

你的心不会同时想有2种、3种、4种需求，你的心只有一种需求，需求越少，你的内心越强大，所以老子说"无欲则刚"（出自《论语·公冶长》第五）。"无欲则刚"并不是说真的什么欲求都没有，人还是要吃饭睡觉，还是需要温饱，它强调的是要把欲望降到最低，你的内心就会是最强悍的。因为有欲必有所求，有求于人必受制于人，有求于物必受制于物，欲求多了则处处受制，又如何能刚强起来？这里的"刚"，不是指血气之勇，而是指一个人的意志力坚定不移，经得起考验，不被外力、外物屈服左右。对于一位可被称为跑者的人来说，早上能"舍"掉温暖的被窝，到户外去跑步，让身体从寒冬中逐渐温热起来；能"舍"掉朋友邀约的聚餐，和亲人放松闲聊的时光，一个人换上跑鞋外出跑步；能"舍"掉更多的工作和赚钱的机会，一个人默默地执行每天的课表。马拉松跑者除了要练体能、技术与力量之外，还要锻炼他的心。练心的方式就是要懂得割舍，舍得越多，你的内心越坚强。

在这不断丢弃的过程中，势必孤独。不孤独，无法真正成长。但在社会化的大环境下，我们身上的担子会越来越重，如何丢弃？这是老子所谓"损之又损"的功夫，不懂得"舍"，永远"得"不到最宝贵的礼物。那礼物不见得是名次、奖金或破个人纪录，而是一种去除多余的欲求后，实现了自我真心想追求的梦想之后所带来的满足感。

善用你水塔里有限的意志力

在花莲，常有台北的铁人朋友来找我一起训练，我大多会带他们到鲤鱼潭的开放式水域练习游泳。一次台北的朋友 B 小姐带来一群铁人来花莲训练，我打算在周六早上和他们一起从潭北横渡鲤鱼潭，游到潭南。但到了当天早上起床后听到雨声淅沥，实际骑车到外面去，风灌进衣领里，细雨从嘴角钻进去，只有 15 摄氏度的气温外加视觉上阴暗与冷雨的触感，我自己也不禁直哆嗦，这是最消磨人意志力的天气了。我想，不管是谁，本能上都会排斥下水。但我非常清楚，在最不想做的情况下，完成既定计划的畅快感是最丰沛的。因为战胜了自己，所以我一出门就下定决心非下水不可，而且我很想知道，这次来花莲的 10 位铁人，在这样的天气下，有几位有意愿下水训练（他们大都带了防寒泳衣，也都有实力游完）。

因为我出门时边骑边想接下来的场面，速度慢了些，晚了 10 分钟到。一到潭北，大家看着我，如我预期大家都一副不想下水的样子，我说："先去摸摸水，看水温如何再说。"因为我知道鲤鱼潭的水温变化不大，水温势必没有空气冷。我也清楚做任何事要先从简单的开始："先不想下水的事，先想'摸'水比较简单。"

因为人类大脑里"内建"了抗拒不舒服感觉的本能，只要想到"好冷喔，会冻着的"，就会不想也不敢下水。但我知道实际情况并非如此，大部分的人都游得完，只是害怕而已。这种害怕，跳下水后就好了。

前面我们已经把意志力分成我要去做（行动力）、我不去做（自制力）与我真正想做（梦想力）3 股精神力量。其中的"行动力"与"自制力"跟那天的情况很像，首先我必须先动用自制力，让我不断想逃避今天课表的思绪不要再蔓延，制止我把注意力放在冷的感觉上，之后最重要的是用行动力来强化自制力。

我的行动是（在做每一步时都不想下一步，意志力就不会分散）：先走到岸边摸水→拿泳具→把衣服脱掉→穿上防寒泳衣→走到岸边拍照（公诸于世：我要下水了）→跳下水。做到这一步，今天的课表就算完成 80% 了！

科学家研究意志力的结论是："我们的每一项意志力似乎都来自同一种力量，因此每当我们在某处成功发挥自制力，对于其他事物的意志力反而更显薄弱。"意志力领域研究的权威鲍梅斯特（Baumeister）用"自我耗损"（Ego Depletion）这个词来描述人类约束自我思想、感受行为的能力衰退。他发现意志力用光后（包括不断克制欲望或执行决策都在消耗意志力），人们就会屈服放弃。自我耗损是一种双重打击，因为当意志力衰退时，欲望也会比平常更强、更难克服。

贪图安逸也是欲望的一种。如果昨晚工作太累、太晚睡，早上已动用强大的意志力才从床上爬起来时（更可能发生的情况是早上的意志力不足以打败睡魔），那你今天就很可能在训练时觉得意兴阑珊，或直接屈服于温暖的被窝，抵挡不住心中的小恶魔不断说服你"今天太冷了，可能会感冒，不要外出"。

研究人员在观察实验室内外数千人之后，得到两点结论。

- 你的意志力是限量供应，而且越用越少。
- 当你应付各式各样的事情时，你用的是同一批意志力的存量。

意志力就像水塔里的水，供应有限，不管你洗澡、洗菜、洗车或饮用都用同一个水塔里的水。虽然每个人的水塔大小不一，因此每人每天的存量不同，但都是限量的，用完就没了。

 ## 意志力与专注力

因此专注力就变得非常重要。专注力就像用手指压住水管口让水柱射得更远更有力一样，既省水，力量又大。如果一次只把意志力用在一件事情上，事情就比较容易向前推进。就像在寒雨中横渡鲤鱼潭的步骤：岸边摸水→拿泳具→把衣服脱掉→穿上防寒泳衣→走到岸边拍照→跳下水中→游完全程。最后一步游完全程反而是比较容易的，比较困难的是要走到"跳下水中"这一步。就像练习跑步最难的通常都是穿上跑鞋出门。

如果一次只把意志力用在一件事情上，就比较容易持续专注好几个小时。就像水塔外部若只有一条水管，相同的水量就可以用比较久。意志力和专注力是两种不同的能力，你的水塔可能很大，水量也很充沛，但想做的事情太多，无法专心。你必须先把不重要的水管关闭，把水力集中在你最想做的事情上。但千万别每天都舍不得用意志力，意志力就跟肌肉一样越用越有力量（水塔会越练越大）。别省着积在水塔里，死水再多也无用，流动的水才有价值，我们需要的是把意志力用在自己真正想做的事情上。

另外，痛苦会让人失去专注力。我相信许多人都有牙痛的经验，牙痛时什么事都无心去做，更别谈要专心了。所以在执行I强度的间歇课表时，你水塔里的意志力全都要被迫用来抵抗痛苦，此时你将无法思考其他事情。

该何时锻炼意志力？如何练？

锻炼意志力的时机是在训练时，而非比赛时。比赛就像考试，你在考试时学到的很少，知识是通过平常累积起来的。因为你不会天天考试，但可以每天学习，如果只靠比赛锻炼，你的意志力和体能也不会好到哪里去，因为训练不足，身心都会有受创的风险。因此，平常训练时就该多多动用意志力去测试身体的极限，累积意志力的库存量。日常生活中由于各种欲望和冲动会遮掩掉你所设下的目标，但比赛时目标明确（终点），现场的氛围很容易就会让你的多巴胺神经元不断被触动，所以不用特别动用意志力你就可以一直跑下去。

怎么锻炼？快被欲望、冲动和本能征服时，等待10分钟，在这10分钟内什么都不做，想一想你所设立的目标和今天课表的训练目的，尽量不要想太远，也不要想把今天的课表推给未来的自己。10分钟后若内心还是兴起一堆"今天好忙"或"今天好累"之类让你不想练习的声音，此时因为自制力的肌肉已经弱掉了，开始用行动力的力量，请告诉自己："那我先练10分钟就好，看看身体是不是真的很累。"这就是前面所谓的"亲身去尝试"，试完10分钟之后你就能确定你所谓的忙与累是真是假了。若是真的，你10分钟后就可以返家忙你的工作或洗澡睡觉；若是假的，就继续完成今天的课表（假的情况占大多数）。不管是真是假，只要出门亲身尝试，都会锻炼到一次意志力。之后若能时而为之，你内心里装载意志力的水塔自然会越来越大。接下来就是要有充足的睡眠，科学家研究显示睡觉时意志力能恢复，就像抽水发动机会自动把水塔加满一样，若睡眠不足，不管怎么锻炼，效果都不大。

 ## 不要去猜自己的能力，要亲身去尝试

最后，10个人当中只有3个人跟我一起横渡鲤鱼潭（约1500米）。事后，我跟B小姐说明以上的论述，听完后她问我："那我怎么知道我的意志力是否用过头？若我

的意志力超过我的实力，贸然下水那不是很危险？"我听完后先跟她分享"意志力超过实力"的真实案例，有一次和马拉松选手张嘉哲见面时，我问他脚伤好点儿了没。因为他之前在2014年丹麦世界半程马拉松赛的比赛过程中胫后肌腱[1]撕裂拉伤。他说："之所以会受伤是因为带伤参赛，做错了决定，以为凭着意志力就可以跑完，谁知道靠意志力就断掉（胫后肌）了。"

面对危险时，人的本能是战斗或逃跑，比如说你碰到有人拿刀要砍你，你会有两种反应，要不赶快逃，不然就是拿起手边的武器跟他拼了。很少有人碰到危险不逃跑也不战斗，而是用意志力站在那任人宰割（那种是梦想力大到可以舍身取义的人，像是文天祥或黄花岗七十二烈士）。所以，当危险发生时，大脑最原始的本能开始掌管你的身体，大多数人的意志力此时会开始失效。

某些运动员具有强大的意志力，能超越本能，若还在身体的极限内就还好，怕的是超过身体本身的负荷，那就危险了。所以，有时意志力太强也不好！尤其是意志力强过实际能力时，在耐力运动场上通常是受伤、昏倒（最遭的情况是失去生命）。我在赛场上就曾昏倒过两次。所以要怎么知道自己的能力，以免锻炼出来的意志力过于强大，造成身体的伤害？答案是"Try It"。以B小姐的问题为例，虽然她游得不好，但只要她穿上防寒泳衣，在当天的情况下，她绝对能成功横渡鲤鱼潭，我知道她也很想挑战，但她害怕。人在碰到有危险性的挑战时，本能上会找各种理由限制意志力发挥功能，所以她在下水前会说："我下水的话会游太慢，让大家等太久，所以来帮大家拍照就好。"此机制的确能保证安全无虞，但也同时让自己留在安逸的舒适圈。而且最关键的一点在于她自己并不确定自己的能力，她只是猜测。在东华大学担任铁人三项校队的教练期间，我最常向学生们说的一句话就是："人没有你想象的那么脆弱。"台湾的小朋友从小就被灌输安全至上的理念，大部分的人都太低估身体天生所具有的能力。

B小姐说："我怕自己一跳下去就全身发抖、不听使唤，一慌张忘记游泳姿势该怎么办？"

我说："那只是你的猜测，你应该亲身跳下去试试看。"

若B小姐真的跳下去，也的确如她所料，不自觉全身发抖，紧张到忘记该怎么游，那当然该立即上岸，也证明她的直觉（害怕的感觉）是对的；但我相信包括B小姐在内的这10位台北来的朋友，跳下水后大都不会有原先猜想的生理反应。只要

---

1 胫后肌腱位于脚踝的内侧，负责支撑、稳定脚踝，对于跑者而言当然是关键的部位之一。

没跳下去，就永远没机会确认。

日常生活中所遇到的"是否动用意志力去执行你害怕的事？"或是比赛当中的恐惧："已经不舒服了，是否该动用意志力继续坚持把全马跑完，会不会受伤？"要确定答案很简单，就是要不断去尝试，试出自己的临界点，试得越多你就越了解自己。

 ## 越用越强韧：在强风吹拂下仍继续破风挺进

近几年来有几本以跑步为主轴的运动小说出版，对于热爱阅读与跑步的我来说，当然都依序入手，一本都不放过：从2008年2月出版的《强风吹拂》开始，2008年8月接着出版了另一本译自日文的《转瞬为风》，以百米短跑运动为主轴，一样写得精彩动人，2010年4月出版了风靡全世界的 Born to Run 中文版《天生就会跑》，在香港书市则悄悄在2010年10月出版了青春小品《400米的终点线》，到了2011年1月出版了《雨中的3分58秒》。这5本跑步小说都能触动我的心，而其中我却最爱三浦紫苑的《强风吹拂》。

5年前刚读到这本书时我就大为惊叹："怎么可以把跑步故事说得这么动人！用10个人的故事就把长跑的真谛诠释得如此全面！"如果文学里有"跑步小说"这种类型的话，我想将来应该很难有小说可以超越《强风吹拂》在跑步小说中的成就了吧！

之后，每每遇到也在跑步世界中追求速度的朋友时，我总会推荐这本书给他们，跟他们说这本书绝对感人、让人更热爱跑步，也能让人更了解热爱跑步的主因何在。因为我们天生爱美，我们在强风吹拂的世界里追求各种形式的美。

这本书之所以吸引我一再地重读，我想是因为每次都能从中找到继续训练下去的力量，当我对训练感到彷徨不安时，这本书每次都能安慰我，让我看清自己投入耐力训练的初衷：我要通过训练让自己变得更强！

孔子说："逝者如斯夫，不舍昼夜。"不再流动的河水就无法称为河水了。虽然流动本身对自己或他人没有任何意义，跟小说中阿雪的司法考试、KING 烦恼的打工、双胞胎追求的爱情、青竹庄其他的房客们追求毕业与之后的人生相比，跑步都像是"多余的行为"般，没——有——意——义！

虽然我们无法像小说中的藏原走一样，以每公里3分钟以内的速度，优美、流

畅、轻巧地从路面点地而过，跑出让人发出惊叹的成绩，但清濑说：最"快"并不是练习跑步的目的，而是最"强"。所谓"强"，是构筑在微妙的平衡之上的，某种美丽绝伦的东西。

跑得越快，所面对的风阻越大。在长跑的道路上，你想要跑得更快更远，却有太多外在的人、事、物要把你挡下，甚至把你击倒。在电影《洛基》中，洛基对他的儿子说了一段令人印象深刻的话：

这个世界不是永远阳光普照，彩虹满天。它是个险恶狡诈之处，不管你有多强悍，若你放心让它击倒你，你就永远站不起来。你、我、任何人的打击力度，都比不上人生。但重点不在打击力度有多强，而是在于你可以承受多重的打击，之后仍继续向前挺进。被打了多拳之后，再继续向前挺进，那就是制胜之道。若你知道自己有多强，就去争取你该有的一切。但你必须愿意承受打击，而不是瞎说你不该只是如此，胡乱怪罪别人害你跌倒。懦夫才会那么做，那不是你。你比那样更好。[2]

这段洛基对儿子说的话，就像对不断在强风吹拂下的跑者们说的似的：强风吹拂下仍继续挺进的行动本身就是意义！这强风可能是实质上12月的东北季风或西滨的海风，也可能是批评、社会主流价值与生活中的各种阻力，总之，完全顺风的时候很少，大多数时候都是速度越快，逆风越强。只要肯启动意志力跨出去面对强风的阻力，也具有休息的智慧，你就会变得越来越强韧。

---

2 原文：The world ain't all sunshine and rainbows.It's a very mean and nasty place... and I don't care how tough you are, it will beat you to your knees and keep you there permanently, if you let it. You, me or nobody, is gonna hit as hard as life.But ain't about how hard you hit... It's about how hard you can get hit, and keep moving forward... how much you can take, and keep moving forward. That's how winning is done.Now, if you know what you worth, go out and get what you worth. But you gotta be willing to take the hits. And not pointing fingers saying: You ain't what you wanna be because of him or her or anybody. Cowards do that and that ain't you! You're better than that!

Chapter **8**

跑步有什么用

跑步虽不能当饭吃，
却可以带来许多金钱买不到的价值！

在台湾几乎每位认真练过跑步的人，都被问过这样的问题："你花这么多时间练跑步有什么用？""你花那么多时间练习，花这么多钱到处去比赛，到底为了什么？"我也曾被问过好几次，一开始每次都答不出来。

我记得在东华大学攻读中文硕士期间，颜昆阳老师曾在黑板上写下"体用不二，相即不离"8个大字，他说这8个字是中国哲学思想中非常独特的见解。关于"体"与"用"这两个字的含义，颜老师举了一个很简单的例子，杯子是"体"，杯子能"用"来装水与喝水，杯子是根本，没有这个根本，功用也就消失了。当我听到这个论点后，每次再有人质疑我跑步有什么用时，我可以直接回答他们：用来锻炼强韧的身体。所以在西方此种哲学体系下，人们很强调身体的锻炼，他们认为没有了健康的身体，什么都做不了。所以我很喜欢古希腊的一句哲言："如果你想要健康，跑吧！如果你想要俊美，跑吧！如果你想要聪慧，跑吧！"

跑者的寿命比较长

练习跑步除了能使你的耐力与体力变好之外，还有一个绝佳的好处，这个好处时常被外界所忽略，也因为这个好处，全世界各地才有这么多的人喜欢跑马拉松，可能他们都不自知。那就是跑步这项运动可以同时增强我们的耐心与耐性。"耐"这个字是指经久、持久，忍受力高的意思。我们可以通过许多静态活动来培养自己的耐心，像是素描。大学时代我花了不少精力学习素描，必须静下心来观察某种事物，然后巨细靡遗地描绘，很花时间，但成就感也很高，一投入进去，时间就像流水般悄悄消逝。经过研究得知，这种耐心也是长寿的关键，心急气躁的人，寿命也比较短。

我们用量化的观点来讨论一下这件事：安静心率是每天刚起床时坐在床上量得的每分钟心跳次数（不能躺着量，因为躺姿的心率比站姿少10～12次/分钟）。安静心率是人处在最平静的情况下所量得的心跳数。我想，如果禅修的境界可以量化成某个数据的话，绝对非安静心率莫属了！

下面这张安静心率的曲线图[1]每次都会吸引我的目光。

书中的这张图是根据一位长跑选手一整个月的安静心率所绘制成的。每次经过高强度或长距离训练后，隔天的安静心率都会提高。这项信息对运动员帮助很大，

---

1 摘自罗伊·本森（Roy Benson）、德克兰·康诺利（Declan Connolly），陈鹏译：《心率训练法：专属你的耐力运动教练》，人民邮电出版社，2016年6月出版，10页。

因为如果这位选手知道他状态最佳的安静心率是51次/分钟，而某天早晨起床后的安静心率提高到59次/分钟（例如图中的第22天），那他就可以确定自己的体力尚未完全恢复，不但可以藉此确认身体恢复的状况，也可以实时调整训练内容以避免过度训练。

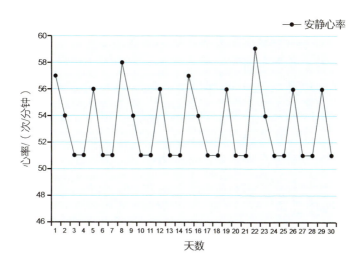

"最大心率不会因为锻炼而改变，但却会随着年纪而下降。"这项事实总是会让我联想到另一种无法证实的假说——"心率的命定说"：每个人一生的心跳总数是固定的，用完就代表生命走到尽头了！先不论这种说法的可信度，思考起来倒很有趣。太太临盆前几个小时，护士在她的肚子上装了传感器，随时监控宝宝的心跳，除非太太在阵痛，不然宝宝的平均心率大都落在120～140次/分钟之间。

心率会随着年龄的增加而逐渐变慢，14岁时的心率就跟成人很接近了。成人的心率高低跟心脏大小和个子高低有关……人类一生的心率平均下来是72次/分钟（平均每天跳103680次）。为了计算人类一生的平均心跳总数，我们以2014年9月发布的"台湾人平均寿命统计表"来看，台湾人平均寿命为79.12岁（其中男性为75.96岁、女性为82.47岁）。我们就以72次/分钟的心率与79.12年的寿命来算。

- 台湾人平均每年的总心跳数是：37843200次（72次/分钟×365天×24小时×60分钟）。
- 79.12年下来平均每位台湾人的心跳总数为：2994153984下（79.12年×37843200次），也就是30亿次左右。

我们假设心率命定说是对的（当然无法验证），也就是心跳从出生起就从2994153984开始递减，跳完就没了！那就会产生一个有趣的命题："常拿心脏来锻炼

的运动员不就比较短命？"我们以训练最严苛的职业马拉松选手为例，他们平均一周的训练时数为35小时，每天训练5小时左右。

- 假设训练时的平均心率为172次/分钟。
- 每分钟比平均值高出100次（172减去72）。
- 5小时（300分钟）的心跳总数就比平常多出了30000次，看起来好像很可怕，5小时就比平常多用掉了30000次的存量！

但当我们把运动科学家归纳的结论："安静心率却会因为有氧训练而下降"考虑进来，就变得有趣了。以2000年悉尼奥运会的马拉松金牌得主高桥尚子小姐为例，她的安静心率只有35次/分钟，她平常休息或从事静态活动时的心率平均在42次/分钟左右，一天当中剩下20小时的心率都是处在低挡状态，跟一般人相比她每分钟都少用了30次的存量（72减去42），这20小时（1200分钟）总共节省了36000次（30×1200），以如此的训练量来估算，扣掉训练时多用掉的30000次，每天还可以比平常人多节省6000次心跳，算起来运动员还是赚得比较多。高桥尚子小姐实际节省的天数如下。

- 每天总共替心脏省下6000次心跳。
- 每年总共省下2190000次心跳。
- 一年省下来的心跳数可以够她再用21天（2190000÷103680），也就是说训练10年下来，高桥尚子小姐可以多活210天！！

上面还是以最严苛的职业运动员为例，若以我的安静心率52次/分钟和每天的训练时间来说，刚好处于中间水平，没过度使用，但安静心率的确比一般人少了20次。所以只要持续训练的话，一年可以省下70天，每多训练10年就可以多活700天啊！！

这种从假说开始的推论，当然无法验证，但运动能保持体力与意志力这件事，却是在各种行业都成立的事实。

跑步是"体"，创作是"用"

村上春树曾在《当我谈跑步时，我谈些什么》这本书中提到：他开始跑步是在完成《寻羊冒险记》之后，那时候他一天要抽60根烟，全身都是烟味，他知道这样对身体不好，他也很想在漫长的人生中以小说家的身份继续活下去，所以必须找出能继续保持体力的方法。他选择了跑步。村上曾说：跑步是让他能在写小说这种慢性毒药的浸渍下还健康活下去的一帖良方。

写小说是不健康的作业，这种主张，基本上我想赞成。我们在写小说的时候，也就是在用文章把故事塑造起来时，无论如何都必须把人性中根本存在的毒素挖出表面来。作家多少必须向这毒素正面挑战，明明知道危险却必须利落地处理。没有这种毒素的介入，是无法进行真正意义上的创造行为的（很抱歉以奇怪的比喻来说，就像河豚那样有毒的地方才最美味，或许有点像）。这不管怎么想都不能算是"健康的"作业吧。

为了能对抗这种精神上所产生的毒素，所以他不得不通过跑步让身心保持健康、具有良好的抵抗力，才能把毒素代谢掉，就像锻炼过T强度的身体能够增加排乳酸的能力一样。村上从29岁开始写小说，今年（2015年）已经65岁，创作量与质量也越来越高。他之所以能把写作这项身体的其中一项功能发挥到如此境界，势必要拥有够强壮的身心。我一直认为，不管才能如何，实力可以靠累积而成，但一个人的身体如果50岁就病痛不断，累积的过程就势必停止，意志再坚定，不健康的身体也很难让你继续坚持下去。拿村上来说，如果他没开始跑步，可能60岁之后就被肺病缠身。若拖着憔悴的身体，我想村上是不可能写出《1Q84（上中下）》这部质量精良的长篇巨著的。我这么想，要能在某个专业上持续创作与具有生产力，不管是工程师、艺术家、工匠、教师还是医师，生产出来的作品质量要越来越高，除了经验之外，体力和精神力也要尽量保持（当然能变强更好）。

强调功用是西方的哲学，就中国思想来说很少直接说"体"，而是"从用求体"。直接说"体"变成只是概念的描述而已，那是西方人的说法，中国人很少那样谈的，所以我们不可能用有限的语言去表述一个无限的"道体"。那时我一直不懂颜昆阳老师讲这段话的意思，某天当我在晨跑时才有所体悟：以村上春树小说家的身份来说，他的作品是书；李安的作品是电影；马友友的作品是大提琴所演奏出来的音乐；潘冀的作品是他的建筑；丹尼斯（Dennis Kipruto Kimetto，目前马拉松世界纪录保持者，2014年柏林马拉松2小时02分57秒）的作品就是他跑步时的身体。前几位"用"身体创作出书、电影、音乐和建筑，而丹尼斯所创作出来的作品正是他在柏林赛场上那2小时02分57秒的过程中感动数万人的身体，身体既是他的"体"，也是他最终用来展现的作品。他把身体的其中一项功用——跑步——发挥到极致，成为一种艺术的展现，仅在网络上看丹尼斯跑步，就能感动到一位远在天边与他毫不相关的台

湾人。

"我们都受到了自身的限制，但我们都能在自己这个身体的限制底下追求极限！"像是我的心脏太小，致使最大摄氧量只能练到68毫升/（公斤·分钟），脚踝多次扭到的旧伤、略O形的腿。我想，我们这群跑者都喜欢在自己的限制下追求自我的极限，利用跑步这个既单纯又朴素的动作，来体验身体的无限可能，同时在属于自己的最亲密的物体——我们的身体——上进行创造。那天晨跑当我思考到此，便决定投入耐力训练的研究，因为研究如何通过训练变强这件事，是如此接近中国哲学的核心思想"体用不二，相即不离"。当然身体也能用来写书和盖房子，但书和房子都是外在之物，不像你的跑步成绩和你身体的强弱密切相关，两者之间互不相离。

身体即我们这群跑者所要创造的作品

每次训练完，我都会更喜欢我自己。

如果你是经验老道的赛场老将，是否曾有这种经验：当你在操场上练习跑步的时候有许多附近的居民在跑道上健走与慢跑，你会兴起一股自豪感，一圈又一圈，你从他们身旁飞奔而过，你跑得很入神，同时感觉自己很帅（很美）！因为你会觉得这个"身体"是你努力锻造出来的作品，在众人面前，这个艺术品是值得被欣赏的。

跑步这种运动，虽然很简单，但要变得够强，实在包含太多的知识（前面几章我们已经花了很多篇幅来整理有关跑步的科学训练知识）。我们利用这些知识，花时间从生理、技术、肌肉与精神层面雕琢自己的身体，创作出世上独一无二的作品。我深深觉得这种可实践的知识实在是太棒了，世上有哪种知识是可以直接通过自己的身体实际去验证的呢？物理、化学、数学、语文、英文、音乐与美术……都是学习外在的东西，创造外在的新事物，那些当然都是人类文化中很重要的成果与资产，就像电影、音乐、画作与书。但唯有运动这门科目，是学习自己身体的事，身体既是本体，又是最终显现成果的主角。

那些知名跑者的身体就是当代的艺术品，他们有他们的追求，我们有我们的追求，因为不同的身体，有不同的限制。训练的主要目的是在自己的限制下追求进步，并不是要赢过别人；是为了让自己的身体在赛场上变成一件可以感动人心的艺术品，并不是为了名次与奖金。当然获胜、得名次与拿奖金也很值得自豪，但我们要知道跑步的根本是什么。

根本是超越与感动，不管是场上还是场下都一样。场上的超越需要场下的智慧与耐心，更需要知识上的提升与意志上的修炼，绝对不只是体能上的锻炼而已。再者，如果你所创作的作品无法在完赛时感动你自己，又怎能感动他人？一件无法感动人心的作品，就算获胜也不能算是成功。这也是为什么当世界知名自行车选手阿姆斯特朗被曝出在多次环法赛期间吃禁药时，众人会如此严厉地批判他，因为原本因他的卓越表现而感动的粉丝都被他的行为深深伤害了！因此，就算他拿过7次环法冠军，作假之后都无法再感动人心。

身体即我们这群跑者所要创造的作品，如果我们能抱着这个信念来练马拉松，跑步所带来的许多美妙的价值都会接续而来。更进一步，如果我们每次跑在赛道上与通过终点时都能不断地感动自己，我们将不仅仅是一位跑者，而将通过一次次的比赛变成一位更为圆满的人。

跑步家

开始训练之后，我不希望只是做一个运动员，而是希望成为一位运动家。运动家通过训练与竞赛，让自己达到一个更圆满的境界。我认为，若能在某种活动状态中感到安心与自在，你就可称自己为"××家"。若你也把跑步当成一种可以"安住"的归宿，在路上跑步时你就会觉得安心与自在。

知止而后有定，定而后能静，静而后能安，安而后能虑，虑而后能得。（朱熹：《四书·大学》）

那是一个把跑步当作自在、舒服、归宿的地方，每当有什么烦恼都会想回去的"家"。"家"是心之所安之处。平静之后才能心安。关于"心安"，颜昆阳老师在《后山的存在意识》中有非常深刻的论述：

从存在主义的观点来看，每个人都只是毫无选择地被"抛掷"到世界的某个角落罢了。因此，人的存在从"无家"开始，终其一生，都在寻寻觅觅自己的归宿；而这个归宿的"家"，并不是一座硬件建设，而是一个使自己的生命存在能实现其意义、进而能"安住"的地方。

　　若你也能把辛苦的训练菜单当成家常便饭般吃完，把跑步当成日常生活的一部分，像"家"一样理所当然地自在穿梭其间，跑步就能达到安心与静心的功效。虽然练习很苦，工作和家庭的责任很重，但你却"安于"如此简朴的过程。练到此种以跑步为家的心境，我认为比成绩进步更有意义。这也才是跑步家的"体"，体稳固了，训练自然会有成效，成绩只是最终的结果。成为一位自己认可的跑步家，才是本书想要传达的价值。柏拉图曾说过："为了让人类拥有成功的生活，神提供了两种渠道：教育与运动。它们不仅是分离的（一个为了心灵，另一个为了肉体），也是并行的。通过这两种渠道，人类便能臻至完美。"

　　"没有人是完美的"，但我心目中的跑步家是一个想象中接近完美的人格典范。他当然并非人人可当，但这种人会成为其他人的楷模，就像历来伟大的作家、音乐家与艺术家一样，"通过跑步来实践自我的意义"。像是超马界的名将斯科特·杰瑞克（Scott Jurek），他在超马的领域里"体悟生命的真义"。从他自传性的著作《跑得过一切》（Eat & Run）中我们可以发现斯科特甚为好学，他的生活中除了吃和跑之外就是读书，他不仅吸收有关跑步的理论知识，而且通过知识的实践来重新锻造自我，不断审视世界跟自己的关系。斯科特说他跑超马是"想更深入了解身体和意志的真相，想丢掉自我"。斯科特在不断追求强韧境界的过程中，变成一位只吃素食与研究素食料理的人，也从一位运动员变成一位修道者。

　　许多人都会问，为什么会有人想跑24小时超马赛？综合大家的疑问……问题不外乎是：为什么选择这个时候参加？你想证明什么？你想逃避什么？答案非三言两语可以说尽，我确实想再夺下冠军。我确实想进入"无我"与"无念"的境界，而唯有千篇一律的24小时赛可以让我达成这个目标。（斯科特·杰瑞克著：《跑得过一切》，台北市：远流出版社，2013年9月出版，280页）

　　当代禅修大师萨姜·米庞仁波切（Sakyong Mipham Rinpoche）也是一位跑者，他说：身体的本质是"色"与"物质"，心的本质是"意识"；由于两者的不同本质，对其有帮助者也各具不同的性质。运动对身体有益，而寂静对心灵有益。跑步是身体的训练，禅修是心灵的训练。变强的过程发生在静止休息的时候。斯科特深知这一点，所以他不只通过跑超马来磨练"身"与"心"，同时精选喂养身心的食物，通过吃和跑来重新锻造更强的身体与心灵，也通过身心修炼来让自己跑得更好。他不断学习外在的食物、身体的知识，才把身心锻造得如此强韧，夺下一场又一场的世界超马赛冠军。如果你也是跑步的爱好者，一定要认识这位把跑步融入生活的跑者，因为你会了解到一位跑步家的具体样貌：他在比赛中可以一再进入庄子《逍遥游》中提到的"无己无功无名"之境，在那种境界中连自我都消失了，遑论成绩与名次。

跑步家的3种能力

村上春树是我最尊崇的作家之一，他也是一位跑者。村上曾写过一本《当我谈跑步时，我谈些什么》散文集，书中第4章的标题是《我写小说的方法，很多是从每天早晨在路上跑步中学来的》。其中有一句话，深深打动我的心："在每个人个别被赋予的极限中，希望能尽量有效地燃烧自己，这是所谓跑步的本质，也是活着（而且对我来说也是写作）的隐喻。"他认为要成为一个优秀的小说家，必须具备才能、专注力与持续力。我认为要成为一位优秀的跑步家也是。所谓的跑步家，不是说你可以跑多快，或是可以每次跑步比赛都登上领奖台，不少精英运动员就算跑进奥运会的殿堂也称不上跑步家。我们回过头再看看村上春树是怎么谈这3种小说家的必备能力的。

- **才能**：这是天生的，它像是藏在身体里的秘密水脉，有的人的水脉很浅，而且在身体里四通八达，很好挖。但有的人的才能隐藏在自己内在的深处，除了需要运气，还需要忍气吞声，用铲子，一面流汗一面努力挖掘。若能碰巧挖到一直藏在深处的秘密水脉，当然也有运气的成分，但村上认为这种"幸运"之所以可能，还是因为坚持，以及过往通过挖掘的动作已经培养出的强大力量。他认为"那些晚年之后才开花结果的作家们，应该多少都经历过这一类的过程"。

- **专注力**：这是一种把自己所拥有的才能，专注到必要的一点的能力，如果没有这个，什么重要的事情都无法达成。反之这种力量若能有效运用，某种程度上可以弥补才能的不足或不均。这就是前一章所说的能舍弃其他事物，放下一切到外头去跑步。想想看，如果某个人天生是跑步奇才，但若他想做的事情太多，既想玩音乐，也想踢足球，还喜欢打篮球、看电影和上夜店，那就算有卓越的才能，不够专注在训练上的话，什么好成绩也跑不出来。

- **持续力**：专注力之后必要的是持续力。就算每天都能够腾出2～4小时专注于训练，但如果持续一个星期就累垮（过度训练），那也练不出成绩，反而容易受伤。为了不过度训练与把自己搞受伤，每天不但要持续训练，还要不断地

　　跟身体对话，跑步家被要求具有保持健康与持续变强的能力。

　　我是在18岁才开始正式接受游泳训练的，也才开始知道训练是怎么一回事，但刚开始不管怎么练都没什么进步，虽然游泳队一星期团练3次，但我每天都下水训练，一星期7天，每次都至少3000米以上，但成绩始终没有起色，甚至到了大二，许多一样都没有经验的大一学弟学妹，刚进来练没几个月都能游得比我快。说不气馁是不可能的，练了那么久，连女生都游得比我快。虽然游不快，但也不是没进步，只是进步非常缓慢而已。我还是坚持每天都去训练，就算是期末考试期间也从没停过，每天都会到泳池去练一下教练、学长或自己开的课表。不过成绩还是平平，在大学最后一年的大专运动会的1500米比赛中，也只游出了23分03秒，乙组第9名的成绩。

　　大学毕业后我来到东华大学加入铁人三项队，好像突然开窍了一般，就像是村上说的"挖到秘密水脉"的感觉，成绩很快地提升上来，出去比赛竟然能得奖，而且不只在乙组能得名次，跟甲组或更高级别的选手比赛时竟也能超越他们，好像终于挖到自己的水脉所在似的。到了2012年，我不只在泰国拿到铁人三项冠军，也在台东拿到超铁226公里的冠军，在垦丁举办的Ironman Taiwan 70.3也拿到分组冠军（台湾选手总排名第二）。事后想想，若在大学时代不够专一（肯舍弃一切外在事物专心训练），也没在大学毕业后继续坚持下去，这些成绩和感动都不会出现。

跑步的疗效

　　过去我跟过不少跑团训练，时常听到社团里的朋友说家人反对他们跑步："下班一回家就跑出去练习，都不陪家人""周末一早就不见人影，小孩都不顾就跑出去，快中午才回来，一吃饱饭又呼呼大睡"。"跑到抛家弃子"是这些社团里那些大哥大姐时常被家人冠上的指控，我们先不谈他们这样做是对是错，我们来思考一下为什么他们会那么热衷练跑步这件事。

　　在办公室或家里时，必须满足许多人的期望，像是上司、业主、家人或孩子，你必须为了满足他们的需求而活。外出跑步，能够让人暂时甩开社会上的羁绊，面对自己。在跑步时能单纯地面对自己的内心世界享受一个人的自由，让自己能好好安静下来反省自己最近的所做所为，把被工作、家庭切割成片断的自己重组起来。

　　我想，练习跑步使这些大哥大姐能暂时"逃避"社会与家庭责任，"逃向"自由的独处时光。在段义孚所著的经典著作《逃避主义》中提到关于"逃避"一词，虽然在社会上多多少少带有一些贬义的意味，但它却是人类进步的原动力之一。

逃避主义具有一定消极的意味，因为从一般的观点来看，人们逃避的是真实，逃向的是幻想。人们会这样说："我厌倦了工作中的激烈竞争，我想到夏威夷去，去享受那里美丽的海滩与宜人的风光。"夏威夷在人们的心目中是天堂的象征。

夏威夷只是人们幻想与神游的出口，当然幻想与神游的出口很多，像是与朋友聚会闲聊、到KTV去欢唱一夜、到电影院去沉浸在另一个世界的故事里、读一本好小说、在家里放空听音乐或是到五星级旅馆住上一夜，不管是逃向哪里，这些我们向往的地方似乎都比我们日常所处的环境质量要高。这种高质量的生活环境一般源于简化的过程，像是从忙碌的大都市跑到花莲过一段简朴的生活，或是从一周的繁杂工作中抽出身来到河滨公园跑一段LSD，缓解压力。

这种简化的过程，看似逃避，但只是暂时的，当跑者们从路上回到社会、工作中或家庭里的时候，精神上反而会更坚定、更有活力，因为跑步具有一种"疗效"，就像睡眠在生理上让生命再生的疗效一样。文艺复兴时期的法国作家蒙田，在其《蒙田散文集》中曾说道："他们退后一步，只是为了站得更稳，跳得更远，以便能够更有力地跳回到人群里面去。"跑步对我们这群有正职的人来说，补充了重新面对生活的能量，也让我们从社会上的各种创伤中恢复。

太过强调跑步的疗效可能会让一些跑步爱好者嗤之以鼻，因为会让其他人把跑步美好的本质简化成一种手段，而忽略了它本体所具有的价值。因为有许多人本来就对工作充满热忱，也有幸福的家庭，但他们仍会寻找生活中的片刻时光独自踏上路途去跑步。因为他们投入跑步并非为了逃避某种坏的东西，而是在跑步中追寻某种更好的东西。除了逃向孤独之外，有些人是想通过跑步满足自我实现的愿望，也就是说他们暂时离开社会与家庭责任，到操场去跑步，很单纯只是为了想要进步，想要变强，想要用跑步来雕琢自己的身体与意志。

 ## 离开忧郁，提升专注力

关于跑步的效用，当我读到《运动改造大脑》（*Spart: The Revolutionary New Science of Exercise and the Brain*）时，开始有了另一番思考。书中提到当我们在活动肌肉时，身体会制造出某些蛋白质，像是"类胰岛素一号生长因子"（IGF-1）和

"血管内皮生长因子"（VEGF），它们会随着血液进入脑部，促进脑神经中突触的生长。这也是为什么我们完成跑步后，除了心情感到特别平静之外，思路也会特别清晰与敏捷，专注力也会提升。

没错，我自己经常把跑步当成是沉淀思绪的手段。像是之前在翻译《丹尼尔斯经典跑步训练法》时，碰到句子翻不出来的情况，前后句意思接不起来，有时一句就能卡住一小时，我最常做的事情就是去外面跑一跑，边跑边想，让句子在脑中沉淀下来，几乎每次都能从步伐声中找到适当的答案。

思考特定的难题时，我也喜欢出去边跑边想，尤其是练一场长距离的LSD后，难题通常都能迎刃而解。因为人类在长距离跑步的过程中，脑下垂体会分泌一种叫内啡肽（Endorphine）的物质，它对脑部产生的效果如同吗啡和鸦片一般，让人感到愉悦并且具有止痛的效果，为天然的镇定剂。因此，有些医生会建议忧郁症患者以长跑驱赶低落的情绪。一般来说运动超过2小时较有可能分泌大量的内啡肽，因此与其他运动项目的选手相比，马拉松选手比较常体验跑者的愉悦感。一般认为，跑者的愉悦感是使运动员能够撑过艰苦训练的原因，运动员在训练过程中受内啡肽影响，忍痛能力会跟愉悦感一起提高。当我们陷在难题中时，心情不低落才怪，所以此时出去跑步，不但心情会变好，在难题中挣扎的忍受力会变强，解决困难的机会也会大增。但近年来，德国研究人员通过精良仪器发现，在跑步机上跑步不会分泌内啡肽，这可能是由于缺乏知觉上的刺激，因为在跑步机上感受不到风景，以及随着步伐消逝被轻风拂过皮肤的知觉。

此外，内啡肽也可以提升人体免疫力与自信心。在愉快且信心高涨的情况下，巨大难题中的小问题也会一一浮现，也就是说边跑边思考会比较容易发现问题当中的症结点，跑完后也比较有耐心静下心来一一处理掉。因为难题通常是由一个个小问题堆栈而成的，就像用Photoshop处理照片般，原本一整张的图片看起来好像有很多问题，但只要利用"放大检视"功能来处理图片中有瑕疵的点就会觉得容易多了。但当你的专注力不足时，大脑放大检视与处理问题的能力就会消失。跑步可以帮我们找回这种能力。这是由于跑步能促进大脑分泌多巴胺和正肾上腺素，这两种物质正是调节注意力系统的主角。跑步能提高注意力的原理，就在于它能增加这些神经传导物质的含量，而且是立即见效，每次跑必有效。有了规律的跑步习惯之后，我们就能通过刺激某些脑部区域的神经新生，提升多巴胺与正肾上腺素的基准值，也就是分泌量比平均值高，你的专注力也会高于一般不运动的人。

跑步能维持我们大脑与身体平衡

在《和羚羊竞速：动物在跑步和生活上能教导我们什么》（*Racing the Antelope: What Animals Can Teach Us about Running and Life*）一书中，生物学家伯恩德·汉瑞奇（Bernd Heinrich）把人类描述成一种耐力型的掠食者，今日主宰着我们身体的基因，都是从数十万年前进化而来的，那时我们总是处于活动状态，无论觅食，还是耗费好几天的时间在大草原上追羚羊。汉瑞奇提到我们的老祖先即使面对羚羊这种数一数二的动作飞快的动物，还是能够耗尽它们的精力（不停地在后面追逐，直到它们没有力气脱逃）成功将其猎取。羚羊是短跑健将，它们的新陈代谢系统没办法让它们无止境地跑下去，我们却可以，而且我们的快缩肌纤维与慢缩肌纤维的分布相当均匀，因此即使横越了数公里远，我们还是拥有短距离冲刺与进行猎杀的新陈代谢能力。

当然，今天我们不再需要靠狩猎维生，但我们的基因却已"内建"了这种机制，我们的大脑也注定会发出这些指令，把这项机制拿掉，也就是打破了历经数十万年微调的精细生物平衡。所以道理很简单，我们只要让这种耐力十足的新陈代谢功能派上用场，就能使身体和大脑保持在最佳状态。

原始人的大脑，是为了解决原始生活中的各种问题而进化出来的。为了解决这些问题，原始人必须运用身体，通过走路、慢跑、长途跋涉采集食物，或是遇到猎物时使出短距离冲刺的猎杀绝招，在进行这些身体活动时，大脑同时分泌出各种物质来保持身心的坚强。如今，在现代社会中我们不必长途跋涉采集食物，也不用逃避或追捕猎物……长期久坐的身体不只让身体失衡，也让大脑失衡，各种文明病当然随之而来，跑步这种最原始的运动，正是保持我们大脑与身体平衡的关键机制。

 团练的价值：寻求共苦的归属感

我相信跑者们大都能从团练中寻求到不同的满足感。以我自身为例，在大学时代能够跟一群志同道合的人一起训练，那种愉快的感觉，现在还深深地刻在脑海中。我想，许多跑友之所以喜欢加入跑步社团，是因为可以有一群伙伴共同练习，互相

交流，一起享受共苦的归属感。

果真如此：在跑团中，大家一起执行一份艰苦的间歇课表，之后共同拉伸，停下来休息，一起吃早餐时闲聊着，就算不刻意谈论，大家也都能共同体会训练时的艰苦感，因为这份共有的经验，使大伙在同桌吃饭，或一同安静下来（不再跑步）谈话时，也会跟一般其他团体的聚餐有着截然不同的感受。

跟着团体训练有许多好处，除了可以学习前辈的训练与比赛经验，也能在训练时分担痛苦，像是练间歇时若是有一群人跟你一起冲，跑起来也会比较有劲，训练气氛也会让训练的心情好很多，比较不容易偷懒。一大早的跑道上有一群同好在那边集结准备团练的日子，你也会有早起训练的心情。若只有独自一人，在寒冬中闹铃响起时你可能就会想："好冷喔！不要勉强训练造成感冒了，今天休息一天好了！"这种退缩的心情，在团体中就比较不容易出现，就像在战场上当大家一起冲锋时，你就不会想那么多，很容易就被带着一起往前冲。而且在团体中互相竞争会让人不断激起求胜的斗志，例如社团中有另一位伙伴的成绩跟自己差不多，是同一时期入团的，你就会很容易拿他来比较，在比赛时也会想比他早一点冲过终点，这种比较的心情会激励人持续锻炼下去。

关于团练还会出现一种很鲜明的对比，如"表演者"与"观赏者"，这两种角色的心理状态会使团练激荡出一种很高昂的训练气氛。这是誉寅在某次参加三重箭歇团团练时观察出来的。

那次，他去三重箭歇团训练时，一次间歇训练，有三四十人参与，有些人是精英选手等级的，速度非常快，有些人则是刚入门的，所以执行另一份距离较短的课表。虽然他们的速度不快，但他们也都非常乐于参与团练。这两种角色在训练过程中的心理状态非常不同，而且其中的不同点也很有趣，这种不同点所激荡出来的气氛正是这种团练吸引人的地方。

速度快的跑者很明显会有一种表演的心态：我能跑这么快。因为他们知道自己是这一群人当中少数几个有能力跑这么快的跑者，所以若当次团练是练间歇，就会尽情地跑，不只是为了训练效果，也是因为能做到，所以表现出来给那些做不到的人看一下，会有一种自豪感。这种表演的心情很像演唱会上的歌手，花了很多时间创作歌曲、编舞、设计舞台效果，然后在舞台上尽情地挥洒自己，表现自己独特且优异的歌唱或舞蹈能力，这种感觉很过瘾，但过瘾的关键在于有观众懂得欣赏。若只是一个人在舞台上唱独角戏，兴奋感就不存在了。所以演唱会除了台上的主角是关键之外，台下的观众也很重要。台下的观众也会跟着台上的明星一起唱，但他们并不想上台，就像团练时的大部分跑者，并不想冲到最前头去当表演者，只是想感受团练的氛围，只想在台下欣赏主角们的风采，为他们加油打气。更重要的是，同时间一起吃苦、一起成长，会在这种路跑社团内形成一种跑者间独有的归属感。

 ## 独跑的价值：体验精神上的自由感

大部分喜欢进行跑步训练的跑者，除了想追求变强的成就感与体验训练完后那种身心合一的纯粹感受之外，另一项吸引他们投入跑步的原因是：能够独处。一位在大陆的朋友说：只有跑出门后才能撇开与计算机、网络、电视、朋友和家人的联系，单纯地面对自己。我想，寻求孤独，是某些人能够一直跑下去的原因。我个人也是。我在2008年完成第一次17天环台路跑之后，2013年再跑一次环台，主要就是希望断开俗事的枷锁，投身到道路上去真诚面对自己，重新反省自己，把身体逼到疲惫的极限，如此我的心就会达到一种空灵的状态。

外出跑步时，我们能按自己的方式用自己的身体产生能量移动身体本身，而且越是训练，自己所能控制的速度范围就越大。除了身体的自由度之外，更重要的是在跑步的过程中寻求精神上的自由，像庄子就喜欢以类似"跑步"一词的"御""腾""逍遥""游"来形容人道合一之后那种超越一切的自由状态。跑步时常可以让人暂时摆脱社会的束缚，自由自在地遨游于自我与自然之中。当生命只深潜在步伐中时，经验的边界似乎就变得漫无止境了！

团练当然也能够为我带来乐趣，过去我喜欢跟东华铁人队一起享受晨间训练时光，或是在中和捷豹路跑与教练们团练，我也喜欢跟花莲当地的吉安路跑社一起从吉安庆丰，延着中央山脉山脚下的产业道路跑到鲤鱼潭，绕个几圈再拖着沉重的步伐从原路折返。但在跟他人一起跑步时，无论是多么友善或热心的跑友，他们难免都会对你有所要求，要求听他们讲话，要求跟上他们的步伐，或是要求跟着大伙的课表一起练。你会被要求融入大伙团练的开心气氛中，也就是涉入团体的意识中，当自己的意识和团体的意识混而为一，没错：痛苦感会变得更为淡薄，团练也会比独练更愉快，尤其是LSD的时间也会过得比较快，但跑步所带来的独处的美好，以及孤独的各种价值也会因此消失。那也是我现在更喜欢独自一人训练的原因。

菲利普·科克（Philip Koch）花了一本书的篇幅说明"孤独"的定义、本质与价值。他在《孤独》（Solitude）的第一章"孤独的各种面貌"中旁征博引，反复思辩，最终对"孤独"这一概念给定了明确的界定，他说：

> 那么，归根究底，孤独是什么？那是一种持续若干时间、没有别人涉入的意识状态。有了这个核心的特征，孤独的其他特征也就跟着源源而出了：孤身一人；具有反省的心态；拥有自由，拥有宁静；拥有特殊的时间感和空间感。

这不就是跑步带给我们的价值？让我们能拥有一段持续若干的时间，没有别人涉入，独自在路上移动脚步，感受特殊的时间感和空间感，感受平静的心灵与自由无比的精神状态。

一个人到咖啡馆和图书馆，不一定就能享受独处的乐趣，因为你还是有可能不自觉地想到别人，你所在意的某人还是会从你的脑中蹦出来，涉入你的意识中，如此就不能称为孤独。但在跑步时，你会因为"跑者的愉悦感"（Runner's High），进入无人涉入的自给自足状态。

独自跑步的美妙，在于能够诚实地面对自己，现在与未来的界线开始模糊，一切混而为呼吸、心跳与步伐声。这种美妙的滋味是那种能守住孤独心灵与懂得损之又损的人才能享有的，你必须先暂时舍弃一切，换上跑鞋独自一人面对跑道。有些人是守不住孤独的。要一个人面对长时间的训练，只有懂得孤独之美而不会感到寂寞的人才能做到。

寂寞（Loneliness）跟孤独不同，它是一种情绪，而情绪乃是由你目前的生理感受、过去生活中所累积的价值观、身心的欲望以及知觉模式所共同构成的聚合体。哲学家菲利普对"寂寞"下了绝佳的定义：寂寞是一种不愉快的情绪，一种渴望与他人发生某种互动的情绪。

孤独与寂寞非但不同，而且是对立的，因为寂寞是一种渴求跟他人在一起的情绪，当某人感到寂寞的那段时间，也正是别人在他意识中涉入最深的时刻。就像是你在欣赏月光的同时思念起外地的恋人一样，那是一种寂寞的情绪，而非孤独。

电影中有许多失恋或苦苦思念另一半时在街头奔跑的画面。有些人因为失恋或思念而买醉，或找好友填补寂寞的心灵，但其实从寂寞光谱这一端要移往另一端的方法就是跑步，当血液高速流动、心脏加速跳动，你的意识能逐渐远离他人的涉入状态，你会逐渐奔向孤独，甩开他人的羁绊，感受到自由的滋味。

在独跑时，自己能够从世俗中抽离出来，好好反省与检视自我。在规律摆动身体的过程中，我们能把被社会切碎的自己花时间一片片地拼凑起来，找回真实自我的面貌。除此之外，在大自然中独跑，能让身心体会与大自然合而为一的感觉。尤其在原始非柏油路面上跑步时所发出的干脆的触地声，每一下着地我们都能感受到脚掌与石砾和泥地接触时所回传的声波，那触感让我们觉得自己就像某种在野地间奔跑的野生动物似的。这种感觉会让身体重拾它最原始的韵律感。实验心理学已经证实在林间野地出现最多的绿色和浅蓝色，对人类有着特殊的安抚效果。野地的分贝量，也刚好位于人类神经系统最能接受的水平。这一切都让独跑后的自我产生一股有用感和自信感。

独跑者除了寻求精神的自由之外，也为了解开精神上的枷锁与困境，像是人际关系的纠纷或是工作上无法解决的难题。在跑步的过程中随着规律的步伐，我们的心情会平静下来，在平静的心湖上创意亦时常灵光乍现。

跑步不只带来健康，还能替你锻造出强韧的身心，通过跑步你能够体验自由、宁静、特殊的时间感与空间感，在简单的步伐声中沉思，变成一个更好的人。这是跑步的用处，也是花再多钱都买不着的价值。

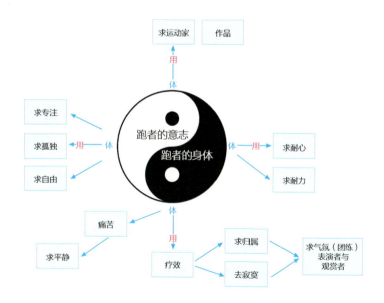

比赛中的配速策略

如何利用心率计跑出最佳成绩

作为一个马拉松跑者，进行漫长的训练无非都是想要在目标比赛中发挥出自身最大的潜能，谁也不想在重大比赛时发生任何状况，最常见的包括错误配速、补给不足、心理压力等，因此在赛前制定一个适当的比赛策略绝对不可或缺。

丹尼尔斯博士根据自己几十年的教练经验以及研究成果指出，马拉松比赛时最佳的心率应该是落在最大摄氧量的75%～84%之间，或是最大心率（HRM）的79%～89%之间。经过适当且足够训练的马拉松跑者，保持在这个区间之内通常都能跑出一场满意的全马。

半马比赛策略

- 前3000米先把心率压在85%～88%HRM。
- 3～10.5公里，尽量让心率维持在85%～88%HRM区间，但此时可视情况调整，感觉不错的话可拉升到88%，状态不好则可降至85%来调整步调。
- 10.5～16.1公里，可以让心率再升高到89%～90%HRM。
- 16.1～18.1公里（倒数5公里），可以再把心率升到92%HRM。此时虽然升高了心率，但因为肌肉已经过于疲惫，所以速度可能不变，甚至比前一段还慢一些，对此请不要在意，不必刻意保持速度。
- 18.1～21.1公里（最后3公里），如果已经觉得有点勉强，请保持92%HRM的强度，但如果觉得还可以，最高可升至95%HRM，此强度应该可以再撑15分钟左右，目的是跑到终点时刚好衰竭。

全马比赛策略

初阶/初马跑者：

- 前20公里的心率控制在75%～80%HRM，介于E强度与M强度之间，前面的20公里就当作是热身跑。

- 20 ～ 35公里的心率在80% ～ 84%HRM，此时应该仍然感觉游刃有余。
- 35 ～ 42公里的心率在84% ～ 89%HRM，最后7公里，千万不能急，平稳地到达终点即可。

进阶跑者：

- 前20公里的心率控制在80% ～ 84%HRM，尽量不要超过84%，保持适当的配速前进。
- 20 ～ 30公里的心率在84% ～ 86%HRM。
- 30 ～ 35公里的心率在86% ～ 88%HRM。
- 35 ～ 40公里的心率在88% ～ 92%HRM。
- 40 ～ 42公里，最后2公里，若有余力的话就试着把力气用尽吧（92% ～ 95%HRM），或是保持在88% ～ 92%HRM直到冲过终点线。

心率计的警示功能：
让心率计成为你赛场上的好伙伴

在进行长跑训练或马拉松比赛时，可以利用心率计的警示功能，定出理想的区间，当心率或配速超出或低于设定范围时（建议以M心率区间为指标），会发出声音和振动提醒，这样就可以使自己全程都能够在合理的范围内前进。

除了使用心率计之外，你还可以设定M配速上限的警示功能。因为在马拉松的赛场上，最容易犯的错是觉得很顺就越跑越快，此时可能心率没有实时反映，而让你在赛场上跌入超速的陷阱中。确定自己M配速的方法如下。

1. 在周期4竞赛期前半段找一天来测验10公里，测验前减量训练至少3天。
2. 通过跑力表或耐力网来找出自己的跑力。
3. 把跑力加1，以此数值来找出对应的M配速。
4. 把它当成你此次比赛的速度上限值，避免在比赛中超速。

假设测验出来的10公里成绩为40分钟，耐力网计算出来的跑力为52，加1为53，对应出来的M配速为每公里4分18秒。因此4分18秒每公里即为你此次马拉松比赛时的速度上限。你最好把它设为警示值，除非是跑下坡路，否则当你的速度超过它时，就应该立即放慢。

马拉松配速时间表

全马时间	平均每公里	5公里	10公里	15公里	20公里	半马	25公里	30公里	35公里	40公里	全马时间
02:00:00	00:02:51	00:14:13	00:28:26	00:42:40	00:56:53	01:00:00	01:11:06	01:25:19	01:39:32	01:53:45	02:00:00
02:10:00	00:03:05	00:15:24	00:30:49	00:46:13	01:01:37	01:05:00	01:17:01	01:32:26	01:47:50	02:03:14	02:10:00
02:20:00	00:03:19	00:16:35	00:33:11	00:49:46	01:06:22	01:10:00	01:22:57	01:39:32	01:56:08	02:12:43	02:20:00
02:30:00	00:03:33	00:17:46	00:35:33	00:53:19	01:11:06	01:15:01	01:28:52	01:46:39	02:04:25	02:22:12	02:30:00
02:40:00	00:03:48	00:18:58	00:37:55	00:56:53	01:15:50	01:20:01	01:34:48	01:53:45	02:12:43	02:31:41	02:40:00
02:50:00	00:04:02	00:20:09	00:40:17	01:00:26	01:20:35	01:25:01	01:40:43	02:00:52	02:21:01	02:41:09	02:50:00
03:00:00	00:04:16	00:21:20	00:42:40	01:03:59	01:25:19	01:30:01	01:46:39	02:07:59	02:29:18	02:50:38	03:00:00
03:10:00	00:04:30	00:22:31	00:45:02	01:07:33	01:30:03	01:35:01	01:52:34	02:15:05	02:37:36	03:00:07	03:10:00
03:20:00	00:04:44	00:23:42	00:47:24	01:11:06	01:34:48	01:40:01	01:58:30	02:22:12	02:45:54	03:09:36	03:20:00
03:30:00	00:04:59	00:24:53	00:49:46	01:14:39	01:39:32	01:45:01	02:04:25	02:29:18	02:54:11	03:19:05	03:30:00
03:40:00	00:05:13	00:26:04	00:52:08	01:18:12	01:44:17	01:50:01	02:10:21	02:36:25	03:02:29	03:28:33	03:40:00
03:50:00	00:05:27	00:27:15	00:54:31	01:21:46	01:49:01	01:55:01	02:16:16	02:43:32	03:10:47	03:38:02	03:50:00
04:00:00	00:05:41	00:28:26	00:56:53	01:25:19	01:53:45	02:00:01	02:22:12	02:50:38	03:19:05	03:47:31	04:00:00
04:10:00	00:05:55	00:29:37	00:59:15	01:28:52	01:58:30	02:05:01	02:28:07	02:57:45	03:27:22	03:57:00	04:10:00
04:20:00	00:06:10	00:30:49	01:01:37	01:32:26	02:03:14	02:10:01	02:34:03	03:04:51	03:35:40	04:06:28	04:20:00
04:30:00	00:06:24	00:32:00	01:03:59	01:35:59	02:07:59	02:15:01	02:39:58	03:11:58	03:43:58	04:15:57	04:30:00
04:40:00	00:06:38	00:33:11	01:06:22	01:39:32	02:12:43	02:20:01	02:45:54	03:19:05	03:52:15	04:25:26	04:40:00
04:50:00	00:06:52	00:34:22	01:08:44	01:43:06	02:17:27	02:25:01	02:51:49	03:26:11	04:00:33	04:34:55	04:50:00
05:00:00	00:07:07	00:35:33	01:11:06	01:46:39	02:22:12	02:30:01	02:57:45	03:33:18	04:08:51	04:44:24	05:00:00
05:10:00	00:07:21	00:36:44	01:13:28	01:50:12	02:26:56	02:35:01	03:03:40	03:40:24	04:17:08	04:53:52	05:10:00
05:20:00	00:07:35	00:37:55	01:15:50	01:53:45	02:31:41	02:40:01	03:09:36	03:47:31	04:25:26	05:03:21	05:20:00
05:30:00	00:07:49	00:39:06	01:18:12	01:57:19	02:36:25	02:45:01	03:15:31	03:54:37	04:33:44	05:12:50	05:30:00
05:40:00	00:08:03	00:40:17	01:20:35	02:00:52	02:41:09	02:50:01	03:21:27	04:01:44	04:42:01	05:22:19	05:40:00
05:50:00	00:08:18	00:41:28	01:22:57	02:04:25	02:45:54	02:55:01	03:27:22	04:08:51	04:50:19	05:31:48	05:50:00
06:00:00	00:08:32	00:42:40	01:25:19	02:07:59	02:50:38	03:00:01	03:33:18	04:15:57	04:58:37	05:41:16	06:00:00

CIP